헌법요론

憲法要論

백윤철 · 이준복 · 문재태

박영사

머 리 말

헌법이란 국민의 기본권과 국가 통치기구의 조직과 작용에 관한 법이다. 본 저서는 헌법의 주요 내용인 헌법관, 헌법의 서설, 헌법의 기본원리, 헌법의 민주적 기본질서, 기본권, 통치기구 등을 중심으로 구성하였다.

헌법의 최대 사명은 국민의 기본권을 최대한 보장하는 것이므로 통치기구의 조직원리는 국민의 기본권 보장을 전제로 운용되어야 한다. 본 저서는 기본권과 통치기구를 일원적으로 이해하여 통치기구는 국민의 기본권을 최대한 보장하는 수단으로, 기본권은 통치기구가 나아가야 할 방향 내지 목표임을 나타내고 있다. 이처럼 헌법은 국민의 기본권 보장의 초석인 동시에 성문의 바이블이라 할 수 있다.

최근 공무원시험 헌법과목의 출제형식에 있어서 사례 및 판례 유형의 비중이 증대됨에 따라 헌법재판소와 대법원 판례의 중요성이 커지고 있다. 따라서 국가시험 수험생들은 본 저서와 판례 기본서를 함께 학습하기를 권한다.

수험생들은 각종 공무원시험 준비과정에서 사례를 접근할 때 이론과 학설에 치우쳐 공부하는 경향이 있는데 이는 바람직하지 않은 수험방법이다. 사례의 해결은 먼저 실정법인 조문을 중심으로 접근하고, 조문이 없을 경우에 학설이나 이론 내지 최고법원 판례의 내용을 참고하는 것이 합리적인 방법이라 할 것이다.

본 저서는 헌법학습자와 수험생이 헌법의 기초체계를 효율적으로 습득하고, 수험준비 과정 중에 사례해결을 위한 이론 및 판례의 참고자료로서 실질적인 도움이 되도록 내용을 구성하였다. 특히 본 저서가 공무원시험을 준비하는 수험생들, 특히 서경대학교 공공인적자원학부 및 대구사이버대학교 복지행정학과 학생들에게 많은 도움이 되었으면 한다. 끝으로 이 책이 출판되기까지 도와주신 고마운 분들 중, 박영사 안종만 회장님 이하 임직원분들께 심심한 감사의 말씀을 드린다.

2019년 8월
공저자 백윤철 · 이준복 · 문재태

차 례

헌법총설   1

대한민국헌정사   26

국가형태와 구성요소   31

기본권총론   76

법원(法院)   328

헌법재판소   354

헌법재판소의 심판절차   361

헌법재판소의 권한   365

헌법총설

Ⅰ. 헌법의 의의

▋ 헌법이란

국가의 근본규범을 정한 법을 말한다.

- 국가의 통치조직과 작용의 원칙(제도보장의 대상이 되는 것은 제외)
- 국민의 기본권 보장을 위한 최고의 법

▋ 헌법의 개념: 이중성

- 한 나라의 권력관계 혹은 통치형태: 정치적 사실에 착안
- 한 나라의 권력관계 혹은 통치형태를 규율하는 법규범: 법규범에 착안

1. 사회학적 헌법개념

(1) 사실적 권력관계로서의 헌법: 라살레(Lassalle)

- 한 나라의 사실적 권력관계: 헌법
- 사실적 헌법이 법적 헌법의 근원

(2) 정치적 통합과정의 질서로서의 헌법: 루돌프 스멘트(R. Smend)

- 국가는 정치적 통합을 형성해가는 과정이고,
- 헌법은 정치적 통합의 형성과정의 질서 내지 생활형식

(3) 헌법제정권자의 근본결단으로서의 헌법: 칼 슈미트(C. Schmitt)

- 국가적 정치생활의 종류와 형태에 관하여 헌법제정권자가 내린 근본결단인 헌법

2. 법학적 헌법개념

헌법은 일면 정치적 현실을 반영하나 타면 정치적 현실과 대립되는 당위의 세계에서 정치적 현실을 규제하여 정치생활, 국민생활의 있어야 할 형태의 기준을 제시하는 법규범

- C. Schmitt: 헌법 = 최고이며 궁극의 통일적이고 완결된 체계

- K. Stern: 국가의 통치질서와 가치질서의 기본원칙에 관한 최상위 법규범의 표현

▌역사적 발전과정에서의 헌법개념

1. 고유의미의 헌법

- 국가의 근본조직법
- 국가최고기관의 조직과 권한 및 그 상호관계, 국민과의 관계 규정
- 형식 여하에 관계없이 시소를 불문하고 존재

2. 근대 입헌주의적 의미의 헌법

- 개념: 시민혁명 성공 후 근대 입헌국가가 성립되면서 탄생된 헌법
- 사상적 기초: 개인주의, 자유주의
- 정치적 기초: 민주주의
- 경제적 기초: 자본주의
- 구성원리: 국민주권주의, 기본권 보장원리, 권력분립원리, 성문헌법주의, 법치주의, 경성헌법주의, 국민대표주의

3. 현대 복지주의적 의미의 헌법

- 근대 입헌주의적 의미의 헌법을 실질화한 헌법
- 생존권 보장을 통한 모든 국민의 인간다운 생활 보장
- 국민복지 향상을 도모하는 적극국가 지향
- 재산권의 상대화와 재산권 행사의 공공복리 적합의무
- 국가의 규제, 조정을 통한 경제민주화
- 구성원리: 국민주권주의의 실질화, 기본권 보장과 사회정의 실현, 실질적 법치주의, 국제평화주의, 사회적 시장경제질서 등

▌실질적 의미의 헌법과 형식적 의미의 헌법

1. 실질적 의미의 헌법

- 법규범의 내용을 기준으로 파악한 헌법개념
  ※ 역사적 발전과정에서 고유의미의 헌법과는 관점상의 차이만 있음

2. 형식적 의미의 헌법

- 법규범의 외형적 특징인 존재형식, 형식적 효력 등을 기준으로 파악한 헌법개념

- 헌법전, 혹은 최고의 형식적 효력을 가진 법

3. 양자의 관계

- 대체로 일치하나 완전히 일치할 수 없음

(1) 입법기술상 이유

(2) 편의상 이유

(3) 실질적 헌법사항의 가변성

Ⅱ. 헌법의 특성

▌ 헌법의 사실적 특성

1. 정치성(政治性)

- 권력적 지배관계와의 불가분성
- 헌법의 제정, 개정, 변혁, 파괴는 정치투쟁의 소산 혹은 정치 그 자체
- 헌법의 내용은 정치적임
- * 허영 교수는 헌법의 정치성의 내용으로 추상성(제정 당시의 정치현실에 입각해서 미래의 정치발전을 예상으로 추상적 정치용어를 사용), 개방성(미래의 정치투쟁에 의해서 결정될 사항을 유보해 두고 그에 대해 개방적인 입장), 유동성(유동성을 가지고 유동적인 정치현실에 대응), 미완성성(외교관계, 국제경제관계 등 미래의 미지의 사항을 헌법에 유보해 두고 그에 대해 개방적인 입장) 등이 있다고 한다.
- * 이에 반해 권영성 교수는 이를 정치성의 내용이 아닌, 헌법의 구조적 특징이라고 설명한다.

2. 이념성(理念性)

- 특유의 이념(이데올로기)과 가치 내포
- 헌법정신의 중핵(이러한 이념과 가치는)

3. 역사성(歷史性)

- 일정한 역사적 조건과 상황 속에서 성립하는 헌법
- 내재된 이념과 가치는 현실의 역사적 조건과 지배상황에 의해 제약되는 역사적

인 이념, 가치임

▌헌법의 규범적 특성

1. 최고규범성
- 법체계 중 정점에 위치하고 가장 강력한 형식적 효력(형식적 의미의 헌법에만 인정)
- 주권자인 국민에 의해 제정되기 때문
- 그 결과 다른 법규범의 존재, 효력을 수권하고 그 해석의 기준이 됨

2. 기본권보장규범성
- 국민의 인권목록을 규정함으로써 국가권력에 의한 자의적인 제한, 침해 제한

3. 수권적 조직규범성
- 국가 최고의 권력기관(입법부, 행정부, 사법부) 조직
- 각각의 기관에 통치권 부여
- 통치의 기본구조를 정함
- 국가의 조직, 작용은 헌법에 기초해야 함

4. 권력제한규범성
- 수권적 조직규범성과 표리의 관계
- 국가기관의 분립, 견제, 균형
- 수권의 이면에는 수임기관의 권한을 한정하는 의미 내포

5. 생활규범성
- 국민의 생활 속에 존재하면서 국민의 일상생활에 의해 실현되고 발전되는 규범 (허영)

6. 자기보장성
- 법률과 명령 등 하위규범과는 달리 헌법은 그 실효성을 확보하거나 그 내용을 직접 강제할 수 있는 기관이나 수단을 구비하고 있지 아니하다(권영성).

▌헌법규범의 효력

1. 국가기관, 국민, 사회 제 세력을 구속
2. 실효성과 타당성을 지님

3. 강제력은 미약하나 입법, 행정, 사법에 의해 강행할 수 있음

4. 헌법규범의 실효성 확보

 - 사법적, 입법적 집행이 중요
 - 실효성 확보수단으로 헌법보장제도 존재(특히 위헌심사제가 중요)

5. 동일 헌법전에 규정된 헌법규범간의 효력의 상하관계

 - 학설: 단계구조(위계질서) 긍정

   ※ 헌법제정규범 → 헌법핵 → 헌법개정규범 → 헌법률

 - 헌법재판소: 단계구조에 소극적

헌재 1995. 12. 28. 95헌바3 … 헌법의 제 규정 가운데는 … 이념적, 논리적으로는 규범 상호간의 우열을 인정할 수 있는 것이 사실이다. 그러나 이때 인정되는 규범 상호간의 우열은 … 그것이 헌법의 어느 특정 규정이 다른 규정의 효력을 전면적으로 부인할 수 있을 정도의 개별적 헌법규정 상호간에 효력상의 차등을 의미하는 것이라고는 볼 수 없다.

* 헌법의 기능

   구병삭, 권영성, 허영 교수 등은 헌법의 기능을 설명하고 있다. 다음은 권영성 교수의 견해만 간단히 알아보고자 한다.

1. **정치적 기능**: 국가구성적 기능, 국민적 합의기능(국가적 공동생활의 형태와 기본적 가치질서 등에 관한 국민적 합의를 법률적인 논리체계로 규범화), 공동체의 안정과 평화유지의 기능(기본질서를 유지하기 위한 기관과 절차의 형성, 국가기관 상호간이나 국민과 국가간의 분쟁을 조정할 절차와 규정을 마련), 국민통합기능, 정치과정합리화기능

2. **규범적 기능**: 법질서창조기능, 기본권보장기능, 권력통제기능

Ⅲ. 헌법의 분류

▌존재형식에 의한 분류

1. 성문헌법: 문서화된 헌법
2. 불문헌법: 관습헌법

▌개정방법에 의한 분류

1. 연성(軟性)헌법
- 일반 법률의 개정과 동일 또는 유사한 절차와 방법으로 개정 허용
- 영국, 1947년 뉴질랜드, 1848년 이탈리아

2. 경성(硬性)헌법
- 일반법률보다 신중하고 까다로운 절차와 방법으로 개정 허용
- 대부분의 국가에서 채택

3. 경성헌법주의의 채택목적
- 정국안정
- 집권자의 자의적 헌법개정을 방지

▌제정주체에 의한 분류

1. 흠정(欽定)헌법: 군주가 제정
- 1814년 프랑스헌법, 1850년 프로이센헌법, 1890년 일본명치헌법

2. 협약(協約)헌법: 군주와 국민 또는 그 대표의 협의에 의해 제정
- 1830년 7월혁명의 소산인 프랑스헌법

3. 민정(民定)헌법: 국민이 직접 또는 그 대표자를 통해 제정
- 오늘날 거의 모든 공화국의 헌법

4. 국약(國約)헌법: 국가간의 협약에 의해 제정
- 미국연방헌법, 1871년 독일제국헌법

▌독창성 여하에 의한 분류(K. Löwenstein)

1. 독창적(獨創的) 헌법: 유례가 없는 독창적인 내용을 지닌 헌법
- 영국의 의원내각제헌법
- 미국의 대통령제헌법
- 프랑스의 나폴레옹헌법(국민투표적 독재헌법)
- 소련연방헌법
- 중국국민당헌법(5권분립제)

  - 폴란드헌법(필수츠키의 신대통령제)
2. 모방적(模倣的) 헌법: 기존의 외국헌법을 본떠 만든 헌법
  - 우리나라를 비롯한 대부분의 헌법

▌ 헌법규범과 헌법현실과의 관계를 기준으로 한 분류 (존재론적 분류: K. Löwenstein)

1. 규범적(規範的) 헌법
  - 헌법규범이 헌법현실을 완전히 규율
  - 헌법의 규범적 실효성이 그대로 발휘되는 헌법
    예 영국, 미국, 독일, 스위스, 프랑스 등
2. 명목적(名目的) 헌법
  - 헌법규범이 헌법현실을 불완전하게 규율
  - 전제조건이 충족되면 규범적 실효성을 발휘할 수 있는 교육적 효과를 가진 헌법
    예 멕시코, 남미 각국의 헌법, 아시아 각국의 헌법
3. 장식적(裝飾的) 헌법
  - 헌법규범이 헌법현실을 규율하지 못함
  - 권력담당자의 지위 안정의 도구로서의 헌법
    예 독재주의헌법

Ⅳ. 헌법의 제정

▌ 의의

  - 국민의 정치적 존재에 관한 근본적인 결단을 내리는 정치적 의사인 동시에 법적 권능
  - 헌법제정권력자가 헌법제정권력을 행사하여 헌법을 창조하는 행위
  - 헌법의 법전화

▌ 헌법제정권력

헌법제정권력은 헌법을 창조하는 힘(사실상의 힘+헌법을 정당화시키는 권위 또

는 가치)을 말한다.

1. 칼 슈미트(C. Schmitt)
   ▪ 고유의 정치적 실존의 종류와 형태에 관하여 구체적인 근본결단을 내릴 수 있는 권력이나 권위를 가진 정치적 의사라고 봄
2. 마운쯔 (T. Maunz)
   ▪ 국민의 정치적 존재형식에 관하여 근본적인 결단을 내리는 정치적 의사, 법적 권능이라고 파악함
3. 부르도 (G. Burdeau)
   ▪ 정치와 법의 교차점에 위치하는 것이라고 함

▌헌법제정권력이론

1. 국민주권사상: 루소와 로크의 국민주권론과 결부
2. 근본법사상: 절대군주도 근본법에 따른 권력행사만이 가능하다.

▌헌법제정권력의 본질과 한계

1. 본질(本質)
   ▪ 시원성: 헌법과 헌법질서를 창조
   ▪ 자율성: 어떠한 형식이나 절차에 따르지 않음(스스로를 정당화)
   ▪ 항구성: 한번 행사되었다고 소멸되는 것이 아님
   ▪ 단일불가분성: 입법권, 행정권, 사법권의 포괄적 기초를 이룸
   ▪ 불가양성: 민주국가에서는 국민만이 헌법제정권력을 지님
2. 한계(限界): 근본규범, 근본가치와 관련됨
   (1) 이론적 대립
   ▪ 한계부정설: 본질에 비추어 볼 때 무제한적 권력임
     1) 시에예스: 시원적 권력이므로 한계 없음
     2) 슈미트: 헌법제정권자의 결단은 규범과 대립하는 사실로서의 힘이기 때문
   ▪ 한계긍정설: 불변의 근본가치나 자연법상의 원리에 의해 제약됨
     ※ 결어: 한계긍정설이 타당
   ▪ 부정설에 따를 경우 인권을 유린하는 사실력의 행사를 정당화

(2) 헌법제정권력의 한계의 종류

1) 이데올로기적 한계

▪ 헌법제정 당시의 시대사상, 정치이념, 생활감각과 일치해야 함

2) 법원리적 한계

▪ 정의, 이성, 법적 안정성 등 가장 기본적 법원리를 존중

3) 자연법적 한계

▪ 기본권 보장

4) 국제법적 한계

▪ 패전국, 식민지 등의 경우

▌헌법제정권력의 주체

주장자	시에예스	옐리네크	슈미트
주 체	국 민	국 가	중세: 신 전제군주시대: 군주 귀족제, 과두제: 소수엘리트 미국독립, 프랑스혁명 후: 국민

▌헌법제정권력의 행사

1. 절차문제

▪ 시원적, 창조적인 것이므로 그 행사방법에 제한 없음

▪ 다만, 결단에 필요한 최소한의 요건은 필요, 즉 국민다수 참여, 민주적 방법 채택, 피치자가 결단에 참여, 결단은 숙의의 결과여야 함

2. 행사방법

(1) 국민회의적 성격: 제헌의회에서 헌법안을 이결, 확정

(2) 혼합형 제헌절차: 제헌의회가 헌법안제정(의결) 국민투표로 확정

(3) 연방국가: 연방국가의 참여와 승인

▌우리 헌법상 헌법제정권력

1. 명문규정은 없음

2. 간접규정: 헌법전문, 헌법 제1조

(1) 헌법전문: 자유민주적 질서를 더욱 확고히 하여

(2) 헌법 제1조 제1항: 민주공화국

(3) 헌법 제1조 제2항: 헌법제정권력의 주체가 국민임을 선언

V. 헌법개정권력(憲法改正權力)

▌의의

- 헌법개정권력이란 헌법규범을 개정하는 힘을 말함
- 헌법제정권력에 의해 제도화(조직화)된 제헌권(制憲權)이라고도 함

▌주체

- 각국의 헌법에 규정된 자가 행사함
- 현대국가의 헌법은 일반적으로 국민주권의 원리를 채택하고 있으므로 유권자(有權者)의 일단 또는 그 대표자가 헌법개정권자가 됨

VI. 헌법의 개정

▌의의

- 헌법에 규정된 개정절차에 따라(형식적 요건)
- 헌법의 기본적 동일성을 유지하면서(실질적 요건)
- 헌법조항을 의식적으로 수정, 삭제, 증보하고 새로운 조항 추가
- 헌법의 형식이나 내용에 종국적인 변경을 가하는 행위
- 즉, 헌법에 규정된 개정절차에 따라, 헌법의 기본적 동일성을 유지하면서, 헌법 전 중의 개개 조항을 의식적으로 수정·삭제·증보함으로써 형식이나 내용의 변경을 가하는 것

▌ 필요성

1. 헌법의 실효성 유지
   - 헌법의 사회변천에의 적응
   - 헌법규범의 불비(不備)와 흠결 보충
2. 헌법파괴의 방지
   - 개정금지 시 폭력적 파괴방지
3. 새로운 정치집단에게 헌법형성에의 참여기회 보장
4. 헌법규범과 헌법현실의 간격 축소

▌ 구별개념

1. 헌법파괴
   - 성문헌법을 폐기할 뿐만 아니라 제정권력의 주체를 변경하는 협의의 혁명이다.
2. 헌법폐제
   - 헌법제정권력은 그대로 유지하면서 기존헌법을 폐지하는 것(정권담당자의 교체)
3. 헌법침해
   - 헌법을 배제·정지함이 없이 1개 조항 내지 수개 조항을 일시적으로 침범하는 것
4. 헌법정지
   - 특정 헌법규정의 효력을 일시적으로 중지시키는 것
5. 헌법변천
   - 헌법현실과 헌법규범에 차이가 생겨서 헌법을 변경하겠다는 직접적인 의사 없이 헌법에 실질적인 내용변화가 생기는 현상

▌ 헌법개정의 유형

1. 개정의 형식
   - 증보형식(미국연방헌법), 수정, 삭제, 새로운 조항 삽입
   - 전면개정과 일부개정
     ※ 일부개정이 일반적 개정형식임

2. 개정의 방법

 (1) 국민투표

 ▪ 강제적(필수적) 국민투표(현행 헌법, 일본, 스위스 등)

 ▪ 임의적(선택적) 국민투표(프랑스 제5공화국, 이탈리아, 한국 제7차개헌)

 (2) 국회의 의결

 ▪ 특별헌법의회

 ▪ 연방국가: 연방의회＋각주의 비준

 ▪ 일반국회: 절차의 엄격화

▌헌법개정의 한계

 ▪ 헌법상 개정절차에 따르면 어떤 헌법조항도 개정이 가능한가의 문제

 ▪ 이에 관한 규정이 없을 때 특히 문제

1. 학설

구 분	부정설(무한계설)	긍정설(한계설)
개 념	▪ 국가가 모든 법의 근원 ▪ 국가의사에 따라 개정 가능	▪ 헌법내부의 위계질서 강조 ▪ 헌법개정의 대상은 헌법률
주창자	안쉬츠, 라반트, 토마, 옐리네크, 뷔르도, 박일경 교수	슈미트, 스멘트, 엠케, 마운쯔, 트리펠, 바호프 등
논 거	▪ 제헌권과 개헌권의 구별부인 ▪ 헌법의 현실적응성의 요청 ▪ 헌법규범등가론: 헌법내부의 위계질서 부인	▪ 제헌권과 개헌권의 구별인정 ▪ 자연법상의 원리에 의한 제약 ▪ 헌법 각 조항의 가치의 우열 인정(헌법의 위계질서) ▪ 개정행위의 형식적 합법성 외에 실질적 정당성 중시

 ※ 소결

 ▪ 헌법개정금지 규정이 있든 없든 법리상의 일정한 한계 긍정(通說)

2. 한계의 내용

 (1) 초헌법적 한계: 헌법개정을 제약하는 초헌법적, 이념적 사유

 ▪ 헌법의 동일성 유지, 자연법상의 원리, 국제법상의 일반원칙

 (2) 헌법내재적 한계

 1) 법논리상 한계

 2) 시기상 한계: 공정한 개정을 기대할 수 없는 시기의 개정금지

3) 방법상 한계

(3) 실정헌법상의 한계

 ▪ 명문으로 특정조항, 특정사항의 개정을 금지한 경우

1) 개정가능설

2) 개정금지조항의 개정 후 가능설

3) 개정불가설

(4) 헌법개정의 한계를 무시한 헌법개정의 효력

 ▪ 법적으로 무효이며, 일종의 혁명행위에 해당

 ▪ 무효이지만 현실적으로 적용되는 경우: 헌법수호(보장)제도의 문제로 전환

▮ 현행 헌법상 개정절차(헌법 제128조~제130조)

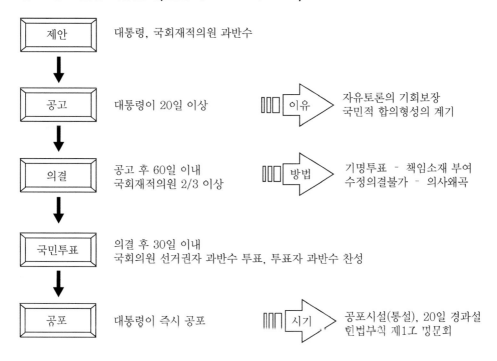

▮ 우리의 헌법개정사(改正史: 9차례 개정)

 ▪ 전부개정: 제5차, 제7차, 제8차, 제9차 개정

※ 헌법전문(前文)도 동시 개정
- 일부개정: 제1차, 제2차, 제3차, 제4차, 제6차 개정
- 국민발안이 인정된 헌법: 제2차, 제5차 개정

▐ 현행 헌법상 개정의 한계는 없음

- 대통령의 임기연장, 중임변경을 위한 헌법개정은 개정안 제안 당시의 대통령에 게는 효력이 없다(제128조 제2항).
- 헌법개정효력의 적용대상 제한조항
- 임기연장이나 중임변경을 위한 헌법개정 가능
- 개정 당시 대통령에게는 효력 배제

VII. 헌법의 변동

▐ 의의

- 헌법개정절차에 따르지 않은 헌법의 변경
- 헌법개정절차에 따랐지만 그 기본적 동일성이 파괴된 경우
위의 양자를 포함해서 헌법의 변동이라고 지칭함

▐ 구별개념

1. 헌법개정과의 구별
- 헌법개정권자의 헌법개정의사의 유무
- 헌법에 규정된 개정절차의 준수 여부
- 헌법의 기본적 동일성 유지 여부

2. 헌법변천과의 구별
- 의식적 또는 명시적인 것: 헌법변경
- 암묵적인 것: 헌법변천

▌ 헌법변동의 유형

1. 헌법의 파괴(파기)
- 기존헌법의 소멸, 헌법제정권력 변경, 헌법의 기본적 동일성 상실
- 협의의 혁명
- 프랑스 혁명, 러시아 혁명

2. 헌법의 폐지(폐제, 배제)
- 기존 헌법의 배제, 헌법제정권력의 주체와 헌법의 기본적 동일성은 유지
- 정변이나 쿠데타 등에 의한 헌법의 교체
- 드골헌법, 한국의 제3, 4, 5공화국헌법

3. 헌법의 침해
- 위헌임을 알면서 헌법조항에 반하는 명령이나 조치를 취하는 경우

4. 헌법의 정지
- 특정 헌법조항의 효력을 일시적으로 중단시키는 것

Ⅷ. 헌법의 변천

▌ 의의

- 헌법규범을 변경하겠다는 직접적 의사 없이 헌법규범의 적용을 달리하는 경우
- 헌법규범은 그대로 있으면서 그 의미나 내용이 실질적으로 변화하는 경우

▌ 헌법변천의 요건(계기)

1. 헌법에 반하는 입법이 있는 경우
2. 국가기관이 헌법으로부터 위임받지 아니한 사항에 대해 동일한 권한행사를 반복
3. 법원이 헌법의 내용과 상이한 판결을 반복할 경우
4. 헌법에 위반되는 관행, 선례가 누적되는 경우
5. 이에 의해 헌법조항의 규범적 의미가 상실되고 특정 사실에 규범으로서의 가치를 인정하는 국민의 일반적 동의(공감대)가 존재

▌헌법변천의 예

1. 일본: 자위대조항

第9條 日本國民は正義と秩序を基調とする國際平和を誠實に希求し國權の發動たる戰爭と武力による威嚇又は武力の行使は國際紛爭を解決する手段としては永久にこれを放棄する。2 前項の目的を達するため陸海空軍その他の戰力はこれを保持しない。國の交戰權は、これを認めない。(일본국민은 정의와 질서를 기조로 하는 국제평화를 성실하게 희구하고 국권의 발동인 전쟁과 무력에 의한 위하 또는 무력의 행사는 국제분쟁을 해결하는 수단으로서는 영구히 이를 포기한다. 2. 전항의 목적을 달성하기 위한 육해공군 기타의 전력은 이를 보지하지 않는다. 국가의 교전권은 이를 인정하지 않는다.)

---

2. 노르웨이: 국왕의 실질적 법률안거부권의 형식화

3. 미국

- 연방대법원의 위헌법률심사제
- 대통령간선제의 직선제적 운영
- 주 상호간의 통상조항의 해석 등

4. 영국

- 수상의 내각지배와 국왕의 실질적 권한 상실
- 다수당에의 정권이양

5. 우리나라

- 제1차 개정헌법에서의 양원제 국회를 단원제로 운용
- 역대헌법에서의 지방의회의 구성연기

▌헌법변천의 평가

1. 긍정설

- 헌법적 관습으로서의 성격＋국민의 법적 확신으로 긍정(명시적, 묵시적 불문)하면
- 당해 헌법조항의 변천이 형성됨

2. 부정설

- 헌법과 모순되는 국가행위는 반복되어도 규범이 되지 않음(한번 불법행위면 영원히 불법행위이다)
- 헌법의 합법적 변경은 개정절차에 의해서만 가능

3. 결어

- 일률적으로 긍정 또는 부정은 자제

- 헌법변천의 동기와 내용에 따라 평가해야 함
- 헌법의 이념과 기본원리를 존중하기 위한 것이면 긍정
- 공권력의 불행사, 정치적 필요에 의한 헌법의 침해는 부정

Ⅸ. 헌법수호(=보장)의 의의

▎개념

- 헌법(=기본원리나 기본적 가치질서)의 규범력과 기능을 수호하기 위하여
- 위헌적 행위(=위헌적 공권력행사 기타 헌법 적대적 행위)의 방지, 배제를 도모함으로써
- 헌법의 규범성, 실효성을 확보하기 위한 것

▎헌법수호제도의 유형

1. 옐리네크(Jellinek)의 유형
(1) 사회적 보장: 사회적, 문화적 제 세력에 의해 형성된 이익과 조직에 의한 보장

(2) 정치적 보장: 권력분립의 원리 채택, 헌법준수의 선언

(3) 법적 보장: 통제, 개별적 책임제도, 재판

2. 메르크(Merk)의 유형
(1) 광의의 헌법보장

(2) 협의의 헌법보장

3. 켈젠(Kelsen)의 유형
(1) 사전예방적 보장

(2) 사후교정적 보장

▎평상적 헌법보장제도와 비상적 헌법보장제도

1. 평상적 헌법보장제도
(1) 사전예방적 보장: 헌법에 대한 위협이나 침해를 사전에 방지

(2) 사후교정적 보장: 현실적으로 헌법침해가 있을 때 침해행위를 배제, 효력부인을

통해 헌법의 최고규범성과 그 규범력을 복원

2. 비상적 헌법보장제도

- 평상시 헌법보장제도로는 헌법의 수호가 불가능한 경우에 이용되는 특수한 제도

(1) 국가긴급권

(2) 저항권

▌정치적 보장과 사법적 보장

1. 정치적 보장

- 권력분립의 원리: 견제와 균형
- 국민투표제

2. 사법적 보장

- 헌법재판제도: 위헌법률심사
- 법원과 헌법재판소

※ 김철수 교수의 분류

① 정치적 보장(=공무원의 정치적 중립성, 정부불신임제, 권력분립, 양원제, 법치행정, 헌법 개정의 국민투표)

② 사법적 보장(=위헌법률심사, 탄핵심판, 위헌정당해산제, 위헌위법명령규칙처분심사제)

③ 선언적 보장(=최고규범성선언, 헌법준수의무선언, 헌법개정곤란성, 헌법정지 및 파괴금지)

④ 미조직적 보장(=국가긴급권, 저항권)

※ 허영 교수의 분류

① 하향식 헌법침해에 대한 보호수단(=경성헌법성, 헌법소송, 권력분립, 저항권)

② 상향식 헌법침해에 대한 보호수단(=헌법내재적 보호: 기본권실효제, 위헌정당해산제, 헌법외적 보호: 형사법적 보호, 행정법적 보호)

▌헌법의 수호자(헌법수호기관)

1. 독일의 슈미트와 켈젠의 논쟁

- 슈미트: 대통령
- 켈젠: 대통령, 의회, 헌법재판소 모두

2. 영국의 케이드와 라스키의 논쟁

- 케이드: 국왕
- 라스키: 내각

3. 헌법수호자

(1) 공무원: 대통령 기타 공무원의 헌법준수의무

(2) 국민: 최후의 수호자

- 정치적 수단: 선거제도, 국민투표제도
- 법적 수단: 청원권, 재판청구권, 국가배상청구권
- 저항권: 비상의 보장수단

X. 현행 헌법상 헌법수호제도

▌평상적 헌법수호제도

1. 사전예방적 보장

- 정치적 보장: 선거·국민투표에 의한 국정통제, 정당정치의 구현
- 법적 보장: 헌법의 최고규범성 선언, 헌법수호의무의 선서, 경성헌법성, 방어적
  민주주의 채택

2. 사후교정적 보장

위헌법령심사제, 탄핵제도, 헌법소원심판, 국무총리국무위원해임건의제도, 국회
의 국정감사 및 조사권, 공무원의 책임제도

▌비상적 헌법수호제도

1. 국가긴급권

- 계엄선포권, 긴급명령권, 긴급재정·경제명령권

2. 국민의 저항권 행사

XI. 국가긴급권(國家緊急權)

▌의의

- 평상시의 입헌주의적 통치기구로는 대처할 수 없는 비상사태가 발생하여
- 국가의 존립, 헌법질서를 보존하기 위하여 필요한 조치를 취함으로써
- 비상적 위기상황을 극복할 수 있는 권한

▌연혁

양차대전을 거치면서 위기정부체제 하에서 국가긴급권 대두

▌유형

1. 위기의 정도에 따른 분류
- 비상집행적 국가긴급권: 평상시의 헌법체제 유지, 집행부의 기능강화
- 합헌적 국가긴급권: 헌법 자체가 미리 비상사태를 예상하여 독재적 권력행사를 인정(＝계엄)
- 초헌법적 국가긴급권: 헌법의 제한을 무시한 독재권의 행사

2. 시간적 관점
- 사전예방적 국가긴급권
- 사후교정적 국가긴급권

3. 위기정부의 성격
- 행정형: 계엄(기본권정지, 행정권강화)
- 입법형: 긴급명령(행정부에 입법권 위임)

4. 법계에 따른 분류
- 대륙법계형: 성문헌법에 제도화
- 영미법계형: 개별입법으로 인정

▌이론적 근거

1. 합헌적 국가긴급권의 인정근거
- 평상시 입헌주의제도의 한계

- 헌법파괴의 방지
- 국가긴급권의 남용 방지

2. 초헌법적 국가긴급권의 인정 여부

(1) 긍정설
- 긴급하고 부득이한 경우에는 허용

(2) 부정설
- 어떤 긴급한 상황에서도 정당화될 수 없음
- 초헌법적 국가긴급권은 불법

▌국가긴급권의 한계

1. 목적상 한계
- 국가의 보전, 헌법질서의 유지
- 국민의 기본권 보장

2. 시간상 한계
- 일시적, 임시적일 것

3. 상황상 한계
- 긴급권발동이 필요한 비상사태의 발생

▌역대헌법과 국가긴급권 규정의 변천

역대헌법	내 용
제1공화국(건국헌법)	계엄선포권, 긴급명령권, 긴급재정처분권
제2공화국(1960년 헌법)	계엄선포권, 긴급재정·명령처분권
제3공화국(1962년 헌법)	계엄선포권, 긴급재정·경제처분 및 긴급명령권
제4공화국(1972년 헌법)	계엄선포권, 긴급조치권
제5공화국(1980년 헌법)	계엄선포권, 비상조치권
제6공화국(1988년 헌법)	계엄선포권, 긴급명령권, 긴급재정·경제상의 처분 및 명령권

XII. 저항권(抵抗權)

▌의의

- 입헌주의적 헌법질서의 침해(← 국가기관 또는 공권력의 담당자)
- 다른 법적 구제방법이 없는 경우(보충성)
- 헌법적 질서의 유지 및 회복을 위한 최후의 비상수단(최후수단성)
- 주권자로서의 국민의 초실정법적 권리

▌입법례

1. 미국: 1776년 독립선언문, 각 주의 권리장전에 규정
2. 프랑스: 1789년 인권선언문, 1791년 및 1793년 헌법에 규정
3. 독일: 1968년 제17차 개헌에서 규정
4. 일본: 명문규정이 없음
5. 우리나라
   - 명문의 규정 없음
   - 간접규정: 헌법전문상 "불의에 항거한 4.19민주이념을 계승…"

헌재 1997. 9. 25. 97헌가4 노동조합및노동관계조정법등위헌제청 저항권은 국가권력에 의하여 헌법의 기본원리에 대한 중대한 침해가 행하여지고 그 침해가 헌법의 존재 자체를 부인하는 것으로서 다른 합법적인 구제수단으로는 목적을 달성할 수 없을 때에 국민이 자기의 권리·자유를 지키기 위하여 실력으로 저항하는 권리이므로, 국회법 소정의 협의 없는 개의시간의 변경과 회의일시를 통지하지 아니한 입법과정의 하자는 저항권 행사의 대상이 되지 아니한다.

▌저항권의 본질 및 법적 성격

1. 본질: 헌법보장을 위한 수단으로 보는 견해와 기본권으로 보는 견해 대립
   - 양자의 성격을 동시에 갖는 것
2. 법적 성격: 자연권적 권리로 보는 견해, 실정법적 권리로 보는 견해 대립
   - 자연권적 권리
   - 주권재민의 원리를 구체화, 정의의 이념 수호를 위한 것

▌ 저항권 관련 판례

1. 독일헌법재판소의 판례

- 독일공산당(KPD)판결에서 저항권의 존재 인정

2. 우리 대법원의 판례

- 1960. 6. 30. 3.15 부정선거관련 인정
- 민청학련사건 불인정
- 10.26사건 불인정(소수의견 3명은 인정)

대법원 1980. 5. 20. 80도306 (다수의견) 현대 입헌 자유민주주의 국가의 헌법이론상 자연법에서 우러나온 자연권으로서의 소위 저항권이 헌법 기타 실정법에 규정되어 있든 없든 간에 엄존하는 권리로 인정되어야 한다는 논지가 시인된다 하더라도 그 저항권이 실정법에 근거를 두지 못하고 오직 자연법에만 근거하고 있는 한 법관은 이를 재판규범으로 원용할 수 없다고 할 것인바, 헌법 및 법률에 저항권에 관하여 아무런 규정없는 우리나라의 현 단계에서는 저항권이론을 재판의 근거규범으로 채용, 적용할 수 없다.
(소수의견) 형식적으로 보면 합법적으로 성립된 실정법이지만 실질적으로는 국민의 인권을 유린하고 민주적 기본질서를 문란케 하는 내용의, 실정법상의 의무이행이나 이에 대한 복종을 거부하는 등을 내용으로 하는 저항권은 헌법에 명문화되어 있지 않았더라도 일종의 자연법상의 권리로서 이를 인정하는 것이 타당하다 할 것이고 이러한 저항권이 인정된다면 재판규범으로서의 기능을 배제할 근거가 없다고 할 것이다.

▌ 저항권행사의 주체

1. 민주국가: 국민주권의 원리
2. 궁극적으로 국민(개개의 국민 + 단체, 정당 포함)

▌ 저항권의 행사요건

1. 상황적 요건

- 민주적 기본질서의 전면적 부인
- 법질서의 유지나 재건을 위함
- 그 불법이 객관적으로 명백할 것
- 최후의 수단

2. 행사목적 요건(소극목적)

- 입헌주의적 헌법질서의 유지, 수호

  ※ 사회, 경제적 체제개혁 등 적극적 목적을 위한 행사는 불가

3. 행사방법 요건

- 가장 평화적인 방법

※ 저항권과의 구별개념

1. 시민불복종권(市民不服從權)

① 의의: 저항권행사의 요건을 갖춘 경우는 물론 단순히 정의에 반하는 내용의 개별법령이나 법제도, 정책의 변혁을 목적(적극목적)으로 행사

② 국가권력에 대한 비판적 복종에 저항권과 유사(허영)

③ 주체: 국민

④ 행사시기: 정의에 반하는 법령이나 정책이 실시되는 경우 특별 제약조건 없이 행사

⑤ 행사방법: 비폭력

2. 혁명권(革命權)

① 기존 헌법적 질서를 폭력적 수단으로 파괴하고 새로운 헌법적 질서 수립 목적

② 주체: 군인이나 단체

③ 행사방법: 폭력

XIII. 방어적 민주주의(防禦的 民主主義)

▌의의

- 민주주의의 이름으로 민주주의 그 자체를 파괴 또는 말살하려는 민주적·법치국가적 헌법질서의 적에 대항하여 민주주의를 유지하기 위한 헌법수호제도
- 다수결의 원리에 의하더라도 민주주의 자체를 부정하는 민주주의는 용납할 수 없다는 사상에 기초
- 투쟁적 민주주의, 전투적 민주주의

▌연혁

1. Nazis 독재정권의 역사적 경험에 대한 반동
2. 서독기본법의 탄생과 함께 독일연방헌법재판소의 판례를 통해 확립

3. 사회주의국가당(SRP)의 위헌판결(1952)
  - 복수정당제의 부인
  - 당내 조직과 그 운영이 자유민주주의에 반하는 지도자원리에 기초
  - 당원의 활동이 기본권 경시
4. 독일공산당(KPD)의 위헌판결(1956)
  - 그 정강이 독일연방공화국의 헌법적 질서에 대한 도전

방어적 민주주의의 법적 성격

1. 민주주의의 내용이 정해져 있다는 가치관적 헌법하에서만 수용가능한 이론
2. 헌법수호를 위한 수단
3. 다수의 횡포로부터 소수자보호
4. 현대적 권력분립의 요소인 동시에 권력남용방지의 성격

방어적 민주주의의 수단

1. 기본권상실제도
2. 위헌정당해산제도

방어적 민주주의의 한계

1. 방어적 민주주의라는 명목으로 민주주의의 본질침해 금지
2. 국민주권, 법치국가 등 헌법상 기본원리의 침해 내지 파괴 금지
3. 소극적, 방어적 성격만을 부여

대한민국헌정사

I. 헌법의 제정

▌1948. 5. 10. 제헌국회 구성(198명의 의원), 1948. 7. 17. 공포

▌건국헌법의 내용

1. 대통령제(主) + 의원내각제 요소 가미
2. 정·부통령의 국회간선제(임기 4년, 재임만 가능)
3. 대통령의 법률안 거부권 및 법률안 제출권 허용
4. 단원제국회
5. 헌법위원회제도, 탄핵재판소 제도
6. 국무총리제
7. 통제경제체제
8. 국무원 설치
   ※ 정당조항이나 통일조항 없음

II. 헌법의 개정

▌제1차 개정(1952년 7월 7일: 발췌개헌)

1. 한민당의 내각책임제개헌안(1950), 정부의 직선제개헌안(1951) 부결
2. 정부의 개헌안(1952)에 대해 발췌통과
3. 공고절차에 위반된 개헌, 비상계엄령 하에서 토론의 자유 없이 강행
4. 내용
   - 정, 부통령의 직선제 채택
   - 국회의 양원제(최초 참의원구성 안 됨: 헌법변천)

　▪ 국무원 불신임제(연대책임제)

▌ 제2차 개정(1954년 11월 29일: 사사오입개헌)

1. 초대 대통령에 대한 중임규정의 폐지 개헌안
2. 의결정족수 미달(재적 203명 중 찬성 135표)
3. 초대 대통령에 한해 중임제한 철폐 · 평등원칙 위반
4. 내용
　▪ 초대 대통령의 중임제한 철폐
　▪ 국무총리제 폐지: 국무위원의 개별책임제 도입
　▪ 국민투표제 도입: 주권의 제약과 영토변경의 경우
　▪ 군법회의의 헌법적 근거 마련
　▪ 자유시장경제체제로 전환

▌ 제3차 개정(1960년 6월 15일: 내각책임제 개헌 ─ 제2공화국)

1. 이승만의 4기집권을 위한 3.15 부정선거
2. 4.19 민주의거 발발 · 이승만 하야
3. 허정(내각수반) 중심의 과도정부 구성, 국회의 헌법개정기초위원회 구성
4. 내용
　▪ 의원내각제(순수, 고전적), 대통령은 국회에서 간선(형식적 권한부여)
　▪ 최초의 양원제 실시(지역대표형 양원제): 정당조항 신설
　▪ 대법관 선거제와 헌법재판소(9인)의 설치
　▪ 중앙선거관리위원회의 헌법기관화
　▪ 공무원의 신분보장과 정치적 중립성

▌ 제4차 개정(1960년 11월 29일)

1. 3.15 부정선거의 주모자 등의 처벌을 위한 근거규정으로 부칙개정
2. 특별재판부와 특별재판소 설치
　※ 건국 초 반민족행위자처벌을 위한 소급입법에 이은 두 번째 소급처벌 허용

▌제5차 개정(1962년 12월 26일: 전면개정 ― 제3공화국)

1. 5.16 군사쿠데타 후 국가재건비상조치법에 따라 개정된 헌법(최초의 국민투표로 개헌)
2. 내용
   - 대통령제로 환원(직선제)·의원내각제 가미, 부통령제 폐지
   - 극단적 정당국가화, 복수정당제보장 명문화
   - 국회의 단원제(지역구＋최초로 전국구)·회기계속의 원칙 채택
   - 헌법재판소의 폐지와 대법원에의 위헌법률심사권 부여
   - 감사원, 국가안전보장회의, 경제과학심의회 신설
   - 인간의 존엄과 가치, 양심의 자유, 예술의 자유, 직업선택의 자유 ― 신설
   - 손실보상에 관한 정당보상 규정 신설
   - 헌법개정시 필수적 국민투표제 신설

▌제6차 개정(1969년 10월 21일: 3선 개헌)

1. 대통령의 연임횟수 연장: 장기집권의 계기 마련
2. 내용
   - 국회의원의 국무위원 겸직 허용
   - 대통령에 대한 탄핵소추요건 강화
   - 국회의원 정수 증원(상한 250명)

▌제7차 개정(1972년 12월 27일: 유신 개헌 ― 제4공화국)

1. 체제개혁을 위한 비상조치를 바탕으로 헌법개정
2. 내용
   - 대통령의 긴급조치권, 국회해산권 신설
   - 통일주체국민회의 신설: 주권적 수임기관
   - 국정감사권 삭제
   - 대통령의 간선제: 통일주체국민회의
   - 대통령의 모든 법관 임명과 헌법위원회 신설
   - 기본권 제한기준에 국가안전보장 추가

▌제8차 개정(1980년 10월 27일 — 제5공화국)

1. 10.26 사태 후 12.12 정치쿠데타
2. 정부내 헌법개정위원회의 개정안을 국민투표로 확정
3. 내용
   - 대통령: 임기 7년, 대통령선거인단에 의한 간선제
   - 대통령에의 비상조치권, 국회해산권 인정
   - 국회의 국정조사권 부활
   - 국회의 국무총리 및 국무위원에 대한 해임의결권 인정
   - 정당에 대한 국고보조금제도 신설
   - 대법원장에게 일반법관 임명권 부여
   - 징계처분에 의한 법관의 파면 금지
   - 기본권 강화: 행복추구권, 사생활의 비밀과 자유권, 환경권, 무죄추정권, 연좌제 금지, 재외국민의 보호, 근로자의 적정임금 보장, 독과점 규제, 소비자보호 등 신설
   - 국민투표에 의한 헌법개정 절차의 일원화

▌제9차 개정(1987년 10월 29일: 전면 개정 — 제6공화국)

1. 1985년 12대 총선 후 국민의 민주화요청·6.29 민주화선언(대통령직선제)
2. 내용
   - 전문(前文)개정
   - 총강: 재외국민에 대한 국가보호의무, 민주적 기본질서에 입각한 평화통일정책 수립, 국군의 정치적 중립성 준수 명시, 정당의 목적의 민주화 요구
   - 기본권 보장의 강화: 신체의 자유의 강화, 언론·출판에 대한 허가나 검열금지 및 집회결사에 대한 허가금지, 통신·방송의 시설기준과 신문의 기능보장에 대한 법정규정신설, 재산권의 수용 등에 대한 법률규정에 의한 정당한 보상지급, 근로권 강화, 법률규정에 따른 대학의 자율성 보장, 모성보호규정의 명시

- 국회권한의 강화: 임시회소집요건 완화, 정기회연장(100일), 연간회기일수제한 규정삭제, 국정감사권의 부활, 국무총리·국무위원에 대한 해임건의권 부여
- 대통령권한: 대통령직선제, 임기 5년의 단임제, 권한축소(국회해산권·비상조치권 삭제), 긴급명령권 부여
- 법원: 대법관임명 시 국회동의, 군법회의 명칭을 군사법원으로 변경
- 헌법재판소 설치

국가형태와 구성요소

I. 국가의 개념

▌의의

일정한 지역(영토)을 기초로 그 구성원의 공공의 이익증진을 목적으로 존재하는
사회의 조직화된 집단

- 일정한 지역을 기초로 하는 지역사회
- 통치권에 의해 조직된 사회
- 최고독립의 지역적 통치조직의 사회

▌국가성립(발생)에 관한 학설

학 설	대표자	내 용
신의설	뷔슈에, 슈탈	신에 의해 창조되거나 신의 명령에 따라 성립
가족설	필머, 켈젠	가족→씨족→부족→국가 순으로 단계적 확대를 거쳐 형성
실력설	오펜하이머	한 종족이나 계급이 다른 쪽을 실력으로 정복, 착취하여 형성
계약설	홉스, 로크, 루소	인간 상호간의 계약(복종·위임·사회)에 의해 성립

▌국가본질에 관한 학설

학 설	대표자	내 용
유기체설	기르케(Gierke), 쉘링(Schelling)	생물학상의 유기체와 세포와의 관계처럼 국가 는 단순히 개개 국민의 총화와는 다른 독립된 의사를 가신 난체
착취설	오펜하이머, 엥겔스(Engels)	강자가 약자를 억압하는 지배형태 유산계급이 무산계급을 착취하는 지배형태
법질서설	켈젠(Kelsen)	법학적 국가론, 국가＝법질서 자체
이원적 국가설	엘리네크(Jellinek)	사회학적 성격＋법학적 성격 모두 포함

도덕설	볼프(Wolff) 헤겔(Hegel)	윤리적 이념의 발현이며 객관적 정신의 최고의 발전단계
법인설	알브레히트(Albrecht)	법인격을 가진 단체
부분사회설	라스키(Laski), 매키버(MacIver), 콜(cole)	모든 부분사회 중의 하나

Ⅱ. 국가형태

▌의의

- 국가의 전체적 성격 내지 그 기본질서를 기준으로 분류한 국가의 유형
- 사회적 전통과 문화적·시간적인 차이에 따라 다양하게 나타남

▌고전적 국가형태론

주창자	내 용
헤로도투스 (Herodotus)	국가형태분류의 선구자 ① 1인 통치형태, ② 소수통치형태, ③ 전체국민의 통치형태
플라톤 (Platon)	지배자의 수와 그 윤리적 성격 ① 군주국, ② 민주국
아리스토텔레스 (Aristoteles)	지배자의 수, 그 윤리적 성격 ① 군주국(폭군정: 暴君政), ② 귀족국(과두정: 寡頭政), ③ 민주국(중우정: 衆愚政)
마키아벨리 (Machiavelli)	권력보유자의 수 ① 군주국, ② 공화국
몽테스키외 (Montesquieu)	① 공화국(인민이 주권 보유), ② 군주국(한 사람이 법에 의해 통치), ③ 전제국(한 사람이 법을 무시하고 자의적으로 통치)

▌근대적 국가형태론

1. 옐리네크의 분류: 국가의사의 구성방법 기준

군주국: 한 개인의 자연적 의사가 곧 국가의사	군주의 선거 여부	세습군주제	
		선거군주제	
	군주권력의 제한 여부	전제군주제	
		제한군주제	귀족군주제
			입헌군주제
공화국: 다수인에 의하여 국가의사 결정	귀족공화국		
	민주공화국		

2. 렘(Rehm)의 분류: 복수표준설

국가형태(=국가권력의 최고담당자)	군주국, 귀족국, 계급국, 민주국
통치형태(=국가권력의 최고행사자)	민주정과 공화정, 간접민주정과 직접민주정, 연방제와 단일제, 입헌정과 비입헌정

▌현대적 국가형태론

1. 군주국과 공화국의 구별

(1) 구별기준: 의례적 존재나 군주의 존재 여하

(2) 군주국

- 세습적·종신적 군주에 의해 지배되는 국가

- 전제군주국, 제한군주국

(3) 공화국: 군주제를 부정하는 국가를 통칭

2. 민주공화국과 전제공화국

(1) 민주공화국

- 기본원리: 국민주권의 원리, 자유민주주의, 권력분리, 의회주의와 법치주의, 사회와 국가의 구별

- 통치권의 모습 여하: 단일공화국, 연방공화국

- 권력분리의 정도: 대통령제, 의원내각제, 의회정부제의 공화국

(2) 전제공화국

- 단일의 권력담당자에게 국가권력이 집중

- 다른 국가기관에 의한 그 권력의 통제가 불인정

- 기본원리: 절대주의적 세계관, 군부나 단일정당이 권력독점, 사회와 국가의 구별 모호, 중앙집권적 권력구조

Ⅲ. 대한민국의 국가형태

▌국가형태에 관한 헌법규정

대한민국은 민주공화국이다(헌법 제1조 제1항).

▌헌법 제1조 제1항에 관한 학설

1. 국체, 정체설: '민주'는 정체, '공화국'은 국체
2. 정체설: 제1항은 정체를, 제2항은 국체를 규정한 것
3. 국체설
4. 국가형태설: 국가형태에 관한 규정(다수설)

▌민주공화국의 법적 성격

1. 군주국의 모든 원리 부정
2. 국민의 자유와 책임에 의한 국민의 국가를 부인하는 의미

▌민주공화국의 규범성

1. 헌법제정권자의 근본적 결단
2. 헌법개정절차에 의한 개정금지

Ⅳ. 대한민국의 구성요소

▌국가권력: 주권(主權)과 통치권(統治權)으로 구성

대한민국의 주권은 국민에게 있고, 모든 권력은 국민으로부터 나온다(제1조 제2항).

1. 주권
   - 국가의사를 결정하는 최고의 원동력으로서 모든 권력의 상위에 서는 근원적인 힘
   - 국가의사의 최고성(대내주권)과 독립성(대외주권)을 가진 권력
   - 단일불가분성
   - 통치권과 동일한 의미로 사용할 때 대인고권, 영토고권 그 자체
2. 통치권
   - 국가목적을 수행하기 위해 필요한 조직된 지배권력의 총체
   - 헌법제정권력에 의해 조직된 권력의 총체
   - 형식적 내용: 입법권(법의 정립), 행정권(법의 집행), 사법권(법의 적용)

- 실질적 내용: 자주조직권(권한고권), 대인고권(영민고권), 영토고권

(1) 자주조직권(自主組織權)

- 국가의 근본조직을 국가 스스로 결정하는 권한

(2) 대인고권(對人高權)

- 국내외를 불문하고 자국민을 지배할 수 있는 권력

(3) 영토고권(領土高權)

- 영토 안에 존재하는 모든 사람과 물건을 배타적으로 지배할 수 있는 권력
- 치외법권자 제외

(4) 주권과 통치권과의 관계

- 통치권은 주권으로부터 유래되며, 주권은 통치권에 의해서 구체화됨
- 제1조 제2항에서 … 주권 = 최고결정권을, 모든 권력 = 통치권

구 분	주 권	통치권
주 체	국민	국가
성 격	단일불가분, 자율적 권력	가분적, 수단적 권력
내 용	헌법제정권력 국가의사의 최고결정권력	형식적: 입법권, 행정권, 사법권 실질적: 자주조직권, 대인고권, 영토고권

▌ 국민(國民)

1. 개념

- 국가에 소속하여 통치권에 복종할 의무를 지는 개개의 자연인
- 국가를 전제로 하는 법적 개념

    ※ 구별개념

    인민: 국가적 질서와 대립되는 사회적 개념

    민족: 혈연을 기초로 한 문화적 집단

2. 국민의 요건(=국적)

- 대한민국의 국민이 되는 요건은 법률로 정한다(제2조 제1항).
- 국민이 되는 자격 또는 국민으로서의 신분
- 입법주의: 국적헌법주의와 국적법률주의(민법에서 규정, 단행법 – '국적법'으로
    규정)

3. 국적(國籍)의 취득(取得)

종 류	내 용	
선천적 취득 (=출생)	혈통주의(=속인주의, 원칙): 부모양계혈통주의 출생지주의(=속지주의, 예외): 부모가 불분명 또는 무국적자, 기아(棄兒)	
후천적 취득 (=출생 이외의 일정한 사실에 의한 국적취득)	① 혼인(婚姻)	
	② 인지(認知)	혼인 외의 출생자에 대해 생부 또는 생모가 자기의 자식이라고 인정함으로써 법률상의 친자관계를 발생시키는 제도 민법상 미성년자, 출생당시 부 또는 모가 대한민국 국민일 것
	③ 귀화(歸化)	외국인이 우리나라 국적을 취득하는 것 일반귀화: 5년 이상 국내주소 보유, 성년 간이귀화: 3년 이상 국내주소 보유 특별귀화: 대한민국에 주소 보유, 특별한 공로가 있는 자
	④ 수반취득	일정 관계에 있는 자가 국적을 취득하면 이에 수반하여 본인도 국적을 취득하는 것
	⑤ 국적회복	국적상실자가 대한민국에 주소를 가진 때 법무부장관의 허가를 얻어 국적을 취득하는 것

4. 국적의 상실(喪失)

국적상실의 원인	상실의 효과
① 자진하여 외국국적 취득 ② 외국인과 혼인 ③ 외국인에게 입양 ④ 외국인인 부 또는 모의 인지 ⑤ 배우자나 미성년자의 수반취득 ⑥ 이중국적자로서 외국국적을 선택하고자 국적이탈을 신고한 때	① 국민의 지위 상실 ② 권리양도: 국적을 상실한 날로부터 3년 이내

5. 국적의 회복과 재취득

- 국적회복: 대한민국의 국적을 상실한 자가 법무부장관의 국적회복허가를 받은 경우
- 재취득: 대한민국의 국적상실자가 1년 이내에 취득한 외국국적을 포기한 때

6. 재외국민의 보호: 8차 개헌에서 신설, 9차 개헌시 국가의무로 개정

국가는 법률이 정하는 바에 의하여 재외국민을 보호할 의무를 진다(제2조 제2항).

- 한국국민으로서 외국정부로부터 영주허가를 받았거나 계속하여 장기간 외국체류자
- 국적을 갖지 않는 해외거주 한민족은 직접 보호대상 아님

- 취지: 교민의 의사의 국정반영, 교민의 이익보호

▌영역(領域)

1. 개념: 국가가 국제법상 제한이 없는 한 배타적으로 지배할 수 있는 장소적 공간
2. **영토(領土)**
   - 국가영역의 기초가 되는 일정한 범위의 육지(＝ 토지)
   - 지배권은 표면과 지하까지 미침
3. **영해(領海)**
   - 영토에 접속한 해면(海面)의 일정한 범위의 해역(海域)
   - 영해및접속수역법: 12해리(원칙), 대한해협: 3해리   ※ 1해리 ＝ 1.852km
   - 접속수역
   : 영해(領海)에 인접한 일정 범위의 공해(公海), 24해리
   : 연안국이 관세·재정·출입국관리·위생에 관한 법규위반행위 단속권한 인정
4. **영공(領空)**
   - 영토와 영해의 수직적 상공
   - 지배가능한 범위 내로 한정됨(통설: 실효적 지배설)
5. **영역의 변경(變更)**
   (1) 영역 변경의 원인
   - 법률행위: 합병(전부변경), 할양(cession, 割讓), 교환, 매매(일부변경)
   - 자연조건: 무주물선점, 토지의 융기, 화산폭발
   (2) 영역 변경의 법적 성질
   - 이전 국가의 영토고권이 신국가에 승계된다는 견해
   - 신국가의 통치권이 확대 또는 축소되는 것이라는 견해
   (3) 영역 변경의 효과
   - 영역에 대한 영토고권의 변경
   - 주민의 국적 변화
   - 그 지역의 질서도 변화 발생
   : 헌법은 신국가의 것이 적용
   : 기타 사법(私法)의 경우에는 신법에 의해 변경될 때까지 구법 적용

6. 헌법 제3조의 의의

(1) 개념
- 정치적 의미: 구한말영토승계론, 국제평화지향론
- 규범적 의미: 유일합법정부론, 미수복지역론

(2) 문제점
- UN동시가입과 남북합의서 체결
- 통일조항(제4조)과의 논리적 모순

(3) 헌법재판소
- 이중적 성격 긍정
- 조국의 평화적 통일을 위한 동반자＋반국가단체

헌재 1997. 11. 6. 92헌바6.26, 93헌바34·35·36 국가보안법위헌소원 현 단계에 있어서의 북한은 조국의 평화적 통일을 위한 대화와 협력의 동반자임과 동시에 대남적화노선을 고수하면서 우리 자유민주주의체제의 전복을 획책하고 있는 반국가단체라는 성격도 함께 갖고 있음이 엄연한 현실인 점에 비추어, 헌법의 전문과 제4조가 천명하는 자유민주적 기본질서에 입각한 평화적 통일정책을 수립하고 이를 추진하는 법적 장치로서 남북교류협력에관한법률 등을 제정·시행하는 한편, 국가의 안전을 위태롭게 하는 반국가활동을 규제하기 위한 법적 장치로서 국가보안법을 제정·시행하고 있는 것으로서, 위 두 법률은 상호 그 입법목적과 규제대상을 달리하고 있는 것이므로 남북교류협력에관한법률 등이 공포·시행되었다 하여 국가보안법의 필요성이 소멸되었다거나 북한의 반국가단체성이 소멸되었다고는 할 수 없다.

V. 헌법전문(前文)

▌의의
- 헌법의 본문 앞에 위치
- 헌법전의 일부를 구성하는 헌법서문

▌법적 성격

1. 효력부정설(안쉬츠, 마이어, 위어, 코윈, 미국연방대법원)
- 헌법의 유래, 헌법제정의 목적, 헌법제정시 국민의 결의 등 기술

2. 효력긍정설(슈미트, 케기, 슈멘트, 헷세, 라이프홀츠, 독일연방헌법재판소, 우리의 통설)
   - 헌법제정권력의 소재 천명, 헌법의 본질적 부분을 내포
   - 형식적으로는 헌법전의 일부 구성, 실질적으로는 헌법규범의 단계구조 중 기초형성
3. 결어
   - 헌법의 본질적 부분을 구성, 개개 헌법조항 및 법령의 해석기준
   - 최고규범성, 재판규범성 보유
   - 헌법개정의 한계사유: 전문의 기본원리를 깨뜨리지 않는 범위 내에서 자구수정

▎현행 헌법의 전문의 내용

1. 국민주권의 원리와 헌법제정권력 명시
2. 건국이념과 대한민국의 정통성
3. 국가적 이념과 정치질서의 기본으로서 자유민주주의적 기본질서의 확립
4. 국가적 목표로서의 민주화의 천명
5. 정의로운 사회국가의 지향
6. 민주주의적 민족주의의 지향
7. 평화통일과 국제평화주의의 지향
8. 우리 국민의 국민적 과제: 국민 모두의 안전과 자유와 복지사회의 조화적 실현

Ⅵ. 한국헌법의 기본원리

▎의의

정치적 존재방식과 존재형태에 관하여 헌법제정권력자가 내린 근본적 결단 내지 사회적 통합을 위한 근본적 가치질서를 형성하기 위한 지도적 원리

▎기본원리의 기능

1. 개개 헌법조항과 법령을 해석하는 기준

2. 입법과 정책수립의 방향 제시

3. 공직자와 모든 국민의 행동지침

헌재 1996. 4. 25. 92헌바47 축산업협동조합법 제99조 제2항 위헌소원 헌법의 기본원리는 헌법의 이념적 기초인 동시에 헌법을 지배하는 지도원리로서 입법이나 정책결정의 방향을 제시하며 공무원을 비롯한 모든 국민·국가기관이 헌법을 존중하고 수호하도록 하는 지침이 되며, 구체적 기본권을 도출하는 근거로 될 수는 없으나 기본권의 해석 및 기본권 제한입법의 합헌성 심사에 있어 해석기준의 하나로서 작용한다.

4. 헌법개정의 한계사유

▍기본원리의 분류에 관한 견해

학 자	내 용
김철수 교수	① 국민주권, ② 권력분립, ③ 평화통일, ④ 문화국가, ⑤ 기본권존중, ⑥ 복지국가, ⑦ 군의 정치적 중립성, ⑧ 사회적 시장경제, ⑨ 국제평화
허 영 교수	① 국민주권과 그 실현원리(자유민주주의, 법치주의), ② 정의사회와 그 실현원리(사회적 기본권, 사회국가, 수정자본주의), ③ 문화민족과 그 실현원리(문화국가, 혼인가족제도), ④ 평화추구와 그 실현원리(평화통일, 국제법 존중)

Ⅶ. 국민주권(國民主權)의 원리

▍헌법규정: 헌법전문, 헌법 제1조 제1항(간접적 규정), 제2항 전단

▍주권개념의 발전과정

1. 군주주권론(君主主權論)

   - 15~16세기 보뎅(Bodin)이 주장하고 홉스(Hobbes)에 의해 발전

   - 이론적 기초: 왕권신수설, 지배복종계약설

   - 주권은 국가의 독립적 권력으로서 군주에 귀속됨

2. 국민주권론(國民主權論)

   - 16~17세기 알투지우스가 주장, 로크를 거쳐 루소에 의해 완성

   - 이론적 기초: 자연법사상, 사회계약설

   - 국민이 대내적, 대외적 최고권력으로서의 주권을 보유

3. 국가주권론(國家主權論)

- 19세기 알브레히트, 게르버, 라반트를 거쳐 옐리네크에 의해 체계화
- 이론적 기초: 법실증주의, 국가법인설, 국가기능이론
- 독립된 단체인격을 가진 국가가 대내적·대외적 최고권력인 주권을 보유

▌국민주권의 원리의 의의

- 국가적 의사를 전반적, 최종적으로 결정할 수 있는 최고권력인 주권은 국민이 보유
- 모든 국가권력의 정당성의 근거는 국민

▌국민의 의미 내지 성격

1. 정치적, 이데올로기적 개념으로서의 국민

- 국민전체가 권리주체로서의 인격을 가져야 하나 현실적으로 불가능하므로
- 국가권력의 정당성의 근거를 부여하는 개념

2. 법적 개념으로서의 국민

- 구성원의 가변성에도 불구하고 하나의 통일체로 관념할 수 있으므로
- 국가권력의 직접적인 정당성의 근거, 모든 법적 구속력의 근거

▌국민의 범위

1. 국민전체설: 이념적 통일체로서의 자연인인 국민 전체(성별, 연령, 선거권 유무 불문)
2. 유권자전체설: 국민 중 선거권을 가진 사람의 총체
3. 인민주권설: 개인으로서 사회계약에의 참가자 전원

▌국민주권의 구현

1. 대의제(간접민주제)에 의한 구현
2. 직접민주제에 의한 구현
3. 정당제도에 의한 구현
4. 기본권 보장에 의한 구현
5. 지방자치제에 의한 구현
6. 기타의 구현방법: 직업공무원제도, 법치주의의 채택, 헌법재판소제도, 권력분립주의

▌국민주권과 인민주권의 비교

구　분	국민주권론(Nation주권)	인민주권론(Peuple주권)
주체적 국민	전체국민	유권적 시민 총체
┤현원리	간접민주주의(대의제)의 원리	직접민주주의의 원리
선거원리	제한, 차등선거 원칙	보통, 평등선거 원칙
대표기관	자유위임(무기속위임)	명령적 위임(기속위임)
정당성요소	주권의 주체와 그 행사자의 분리 치자와 피치자의 불일치	주권주체와 그 행사자의 일치 치자와 피치자의 일치
통치조직원리	권력분립주의	권력통합주의

Ⅷ. 자유민주주의의 원리 및 민주적 기본질서

▌헌법규정: 헌법전문(4.19민주이념, 조국의 민주개혁, 자유민주적 기본질서), 제1조(민주공화국), 제8조(민주적 기본질서), 제32조(민주주의원칙), 제119조(민주화)

▌자유민주주의의 원리

1. 자유주의와 민주주의가 결합된 정치원리
2. 1948년 Bonn기본법에서 최초로 헌법원리로 채택

▌자유민주주의의 내용

1. 독일연방헌법재판소의 판결
   - 폭력적 지배와 자의적 지배 배제
   - 다수의 의사, 자유·평등에 기초한 국민의 자기결정을 토대로 한 법치국가적 통치질서
2. 우리나라 헌법재판소의 판결(헌재 1990. 4. 2. 89헌가113)
   - 자치·자유·평등의 기본원칙에 바탕을 둔 법치국가적 통치질서
   - 기본적 인권의 존중, 권력분립, 의회제도, 복수정당제도, 선거제도, 사유재산제와 시장경제를 골간으로 하는 경제질서, 사법권의 독립 예시

헌재 1990. 4. 2. 89헌가113 국가보안법 제7조에 대한 위헌심판 자유민주적 기본질서에 위해 (危害)를 준다 함은 모든 폭력적 지배와 자의적 지배 즉 반국가단체의 일인독재 내지 일당독재를 배제하고 다수의 의사에 의한 국민의 자치, 자유·평등의 기본원칙에 의한 법치주의적 통치질서의 유지를 어렵게 만드는 것으로서 구체적으로는 기본적 인권의 존중, 권력분립, 의회제도, 복수정당제도, 선거제도, 사유재산과 시장경제를 골간으로 한 경제질서 및 사법권의 독립 등 우리의 내부체재를 파괴·변혁시키려는 것이다.

헌재 2016. 9. 29. 2014헌가3 구 집회 및 시위에 관한 법률 제3조 제1항 제3호 위헌제청 규제대상인 집회·시위의 목적이나 내용을 구체적으로 적시하지 않은 채 헌법의 지배원리인 '민주적 기본질서'를 구성요건으로 규정하였을 뿐 기본권 제한의 한계를 설정할 수 있는 구체적 기준을 전혀 제시한 바 없다. 이와 같은 규율의 광범성으로 인하여 헌법이 규정한 민주주의의 세부적 내용과 상이한 주장을 하거나 집회·시위 과정에서 우발적으로 발생한 일이 민주적 기본질서에 조금이라도 위배되는 경우 처벌이 가능할 뿐 아니라 사실상 사회현실이나 정부정책에 비판적인 사람들의 집단적 의견표명 일체를 봉쇄하는 결과를 초래함으로써 침해의 최소성 및 법익의 균형성을 상실하였으므로, 이 사건 제3호 부분은 과잉금지원칙에 위배되어 집회의 자유를 침해한다.

▌민주적 기본질서(民主的 基本秩序)

정치이념 및 정치형태로서의 민주주의가 헌법상 정치적 기본질서로 표현된 것

▌민주주의의 본질

1. 생활의 실천원리: 실천 속에서 형성된 개념
   ▪ 시간과 장소를 초월하여 모든 인간생활에 타당한 원리
2. 정치원리: 특정한 정치적 원리

▌정치형태(방식: 켈젠) vs. 정치이념(목적: 아들러)의 대립

1. 정치형태: 국민에 의한 정치가 민주주의(by the people)
   ▪ 국민에 의한 국민의 지배, 다수결의 원칙, 정치과정의 자유와 공개성
2. 정치이념: 국민을 위한 정치가 민주주의(for the people)
   ▪ 수단과 방법을 불문, 자유나 평등의 실현

▌민주주의의 이상향

1. 원칙: 정치형태로서의 민주주의 + 정치이념으로서의 민주주의의 동시조화적 구현
2. 차선책: 정치질서 형성을 위한 수단으로서의 민주주의에 가치 부여

▌민주주의의 구현방법

1. 직접, 간접적 국민의 정치참여 보장
   - 자유보장: 언론의 자유, 정치적 기본권(선거, 국민투표, 정치활동, 여론형성의 자유)
   - 평등보장: 모든 영역에서의 균등한 기회와 동등한 처우의 보장
2. 국민의 민주의식 함양

▌헌법상 자유민주적 기본질서와 민주적 기본질서의 용어의 혼용

1. 자유민주적 기본질서: 헌법전문, 헌법 제4조
2. 민주적 기본질서: 헌법 제8조 제4항
3. 양자의 관계
   - 민주적 기본질서가 공통분모적 상위개념이라는 견해(권영성 교수)
   - 자유민주주의와 사회민주주의 등을 내포하는 공통개념이라는 견해(김철수 교수)

▌민주적 기본질서의 규범력

1. 국가적 이념이자 목표, 정치적 기본질서
2. 우리 법질서상 최고규범: 모든 법해석의 기준, 기본권의 내재적 한계사유
3. 모든 국가작용 구속: 공권력 발동의 기준이면서 타당성의 근거

▌민주적 기본질서의 침해와 보장

1. 민주적 기본질서의 침해
   - 침해유형: 적극적 침해와 소극적 침해
   - 침해자: 모든 국가기관, 개인, 정당 등

2. 민주적 기본질서의 보장

(1) 적극적 방법에 의한 보장

- 자유로운 의견발표의 보장
- 정치과정의 공개

(2) 소극적 방법에 의한 보장

- 침해 후의 교정방법에 의한 보장
- 위헌정당해산제도
- 탄핵제도와 국무총리, 국무위원의 해임건의
- 위헌법률심사제: 국회의 입법
- 국민침해시: 형법, 국가보안법 등에 의한 처벌

IX. 법치주의(法治主義)의 원리

▌헌법규정: 명문의 규정은 없으나 여러 규정들에 비추어 인정됨

▌법치주의 원리의 의의

1. 국민의 자유와 권리를 제한, 새로운 의무를 부과
   - 국민의 대표기관인 국회가 제정한 법률에 근거
2. 이 법률은 국민뿐 아니라 국가권력의 담당자도 구속

▌법치주의 이론의 전개

◆ 영국의 법의 지배(rule of law)

(1) 17세기 군주대권의 절대적 우위에 대한 법의 우위의 형식으로 등장

(2) 자연법의 지배, common law의 지배, 의회주권주의에 의한 국법일반의 확립

- 군주권의 우위에 대한 사법부와 입법부의 공동투쟁의 산물
- 명예혁명을 통해 제도적으로 확립

(3) 절차법적 측면에 중점을 두는 법원리: 개인의 자유와 권리의 효율적 확보 목적

◆ 독일의 법치국가론

(1) 경찰국가, 관료국가에 대립하는 개념

(2) 오토 마이어: 행정의 법률적합성을 기반으로 하는 국가

(3) 슈탈, 슈타인: 시민적 자유보장을 위한 방법 내지 법기술적인 것

(4) 슈미트: 국가권력의 제한과 통제의 원리, 시민적 자유의 보장과 국가권력의 상대
화체계

▎법치국가원리의 본질과 내용

1. 목적: 국민의 자유와 권리의 보장
2. 제도적 기초: 권력분립의 원리, 기본권 보장
3. 개별적 내용: 법률의 우위, 법률에 의한 행정, 법률에 의한 재판
   ▪ 법률의 우위: 의회가 제정한 법률에 의해서만 법규사항의 제정이 가능함
   ▪ 법률에 의한 행정: 행정은 법률의 존재를 전제로, 그에 기초하여 행해져야 함
   ▪ 법률에 의한 재판: 사법도 법률의 존재를 전제로, 그에 기초하여 행해져야 함

▎법치국가원리의 변천과정

1. 형식적 법치국가(법치주의)
   ▪ 시민적·고전적 법치국가에서의 법치주의
   ▪ 시민적 자유를 보장하기 위한 방법 내지 법기술적 성격으로 이해
   ▪ 법률을 도구로 이용한 합법적 지배 의미
2. 실질적 법치국가(법치주의)
   ▪ 법률의 목적과 내용도 정의에 합치하는 정당한 것임을 요청
   ▪ 국민의 생존권 보장, 인간다운 생활 보장, 공공복리 및 사회정의 실현
   ▪ 모든 국가권력의 기본권 및 법과 법률에의 구속

▎현행헌법과 법치국가원리

1. 성문헌법주의
2. 기본권 보장의 선언
3. 권력분립주의의 채택
4. 행정부에 대한 포괄적 위임입법의 금지
5. 위헌법률심사제의 채택

6. 공권력행사의 예측가능성의 보장과 신뢰보호의 원칙
7. 실질적 법치주의의 구현
- 국민생활의 균등한 향상: 헌법전문
- 평등의 원칙: 헌법 제11조
- 인간다운 생활을 할 권리: 헌법 제34조 제1항
- 기본권의 본질적 내용 훼손금지: 헌법 제37조 제2항 단서

▌법치주의의 예외

1. 대통령의 긴급명령권, 긴급재정·경제처분 및 명령권
2. 대통령의 계엄선포권

X. 사회국가(=복지국가)의 원리

▌헌법규정: 헌법전문, 제23조 제2항 — 재산권 행사의 공공복리적합성, 사회적 기본권, 경제관련조항

▌사회국가원리의 의의

1. 개인의 자유존중 토대
2. 법치국가적 방법에 의한 사회정의의 실현으로 모든 국민의 복지실현

▌사회국가의 등장배경

1. 자본주의의 고도화에 따른 사회적 폐해의 시정
- 노사 간의 대립과 갈등, 근로자의 생존을 위협하는 실업·빈곤·질병 등
2. 양차대전을 거치는 과정에서 나타난 병폐의 시정
- 인플레이션, 피난민 문제 등
3. 건강하고 문화적인 인간다운 생활을 보장하기 위한 생활배려의 달성
4. 기반: 자본주의적 생산양식
5. 실현: 국가적 책임 아래 광범한 사회보장과 완전고용의 달성

▌사회국가(원리)의 법적 성격

1. 국가목표규정으로서의 성격
   - 자본주의질서의 수정, 광범위한 사회보장과 완전고용실현(국가적 책무)
   - 건강하고 문화적인 생활을 누릴 수 있는 국민의 권리(국가의 책임)
2. 입법위임규정으로서의 성격
   - 정의로운 사회질서를 구현하기 위한 방법의 일차적 책임의 주체: 입법자

▌사회국가원리의 내용

1. 사회개량정책을 통한 계급적 갈등의 해소
2. 사회정의의 구현
   - 모든 국민의 복지가 균등하게 추구
   - 능력에 따른 사회적 급부와 사회적 부담의 차등화
3. 국가의 적극적 정책개발과 개인의 생활영역에의 적극 개입
   - 기존의 경제질서와 법체계의 테두리 안에서
4. 개인적 생활에 대한 국가적 책임, 개인의 사회에 대한 책임 강조

▌사회국가원리의 한계

1. 사회국가원리의 목표달성은 사회개량적 방법의 범위 내에서만 가능
2. 법치국가의 원리를 바탕으로 한 사회적 정의의 달성
3. 기본권 제한상의 한계
   - 자유와 권리의 본질적 내용 침해 금지
4. 재정, 경제력에 의한 한계
5. 보충성의 원리에 의한 한계
   - 경제적, 사회적 문제해결의 1차적 주체는 개인, 그 능력 밖의 경우에 국가가 해결주체

▌사회국가원리의 구현

- 헌법전문: 사회정의실현, 기회균등, 국민생활의 균등한 향상 선언

- 인간의 존엄과 가치의 보장, 행복추구권 보장(헌법 제10조)
- 인간다운 생활권, 사회적 기본권 보장(헌법 제34조, 제31조 내지 제36조)
- 사회보장제, 사회복지정책의 추진
- 재산권의 사회적 기능 강조
- 경제질서에 대한 규제와 조정, 소비자보호운동

▌사회적 시장경제질서(社會的 市場經濟秩序)

1. 사회국가의 유형에 대응하는 경제질서
2. 기반: 사유재산제의 보장 + 시장경제질서(자유경쟁)
3. 국가의 규제, 간섭: 사회정의 실현, 사회경제적 약자 보호 실현

▌사회적 시장경제질서의 등장배경

1. 자본주의경제의 모순과 폐해: 극복의 필요성 등장
   - 소유권절대의 원칙
   - 무제한의 자유경쟁: 노사간의 계급갈등 심화
2. 경제적 자유, 정치적 안정, 사회적 공평성의 동시조화적 보장 지향의 경제질서

▌사회적 시장경제질서의 한계

민주국가적 헌법원리에의 위반금지
- 사유재산제와 시장경제의 원리가 유지되는 범위 내에서 허용
- 경제에 관한 규제·조정은 법치국가적 방식에 의거
- 개인의 재산권 제한은 보상을 전제로 해야 함

XI. 현행 헌법상 경제질서

▌**헌법규정: 제9장(제119조 ~제127조), 재산권의 일반보장, 지적재산권 보장, 직업선택의 자유, 헌법전문, 인간의 존엄성, 생존권 보장, 대통령의 경제에 관한 긴급권**

▌경제질서의 기본원칙

1. 자유경제질서의 채택: 헌법 제119조 제1항
2. 경제적 자유의 통제: 헌법 제119조 제2항
3. 사유재산제의 보장: 헌법 제23조

헌재 1996. 4. 25. 92헌바47 축산업협동조합법 제99조 제2항 위헌소원 우리나라 헌법상의 경제질서는 사유재산제를 바탕으로 하고 자유경쟁을 존중하는 자유시장경제질서를 기본으로 하면서도 이에 수반되는 갖가지 모순을 제거하고 사회복지·사회정의를 실현하기 위하여 국가적 규제와 조정을 용인하는 사회적 시장경제질서로서의 성격을 띠고 있다. 즉, 절대적 개인주의·자유주의를 근간으로 하는 자본주의사회에 있어서는 계약자유의 미명 아래 "있는 자, 가진 자"의 착취에 의하여 경제적인 지배종속관계가 성립하고 경쟁이 왜곡되게 되어 결국에는 빈부의 격차가 현격해지고, 사회계층간의 분화와 대립갈등이 첨예화하는 사태에 이르게 됨에 따라 이를 대폭 수정하여 실질적인 자유와 공정을 확보함으로써 인간의 존엄과 가치를 보장하도록 하고 있다.

헌재 2000. 6. 1. 99헌마553 농업협동조합법 위헌확인 협동조합 역시 하나의 경제주체로서 경제적 정의를 이루기 위한 국가의 활동영역에서 예외가 아닐 뿐만 아니라, 오히려 자본주의가 고도화되어 국가가 적극적으로 사회적 시장경제질서를 추구하게 됨에 따라, 이제는 단순히 국가로부터 소극적 보호를 받는 대상에 그치지 않고, 오히려 국가의 편에 서서 국가 경제정책의 목적달성을 위한 수단으로서의 역할까지를 담당하게 되었다. 즉 오늘날 사회복지국가가 경제에 관여하는 수단으로서 공공조합이라는 법형식을 이용하게 되자, "협동조합은 본래의 자조적 협동조합적 성격으로부터 지배단체적 성격으로 변질되는 모습을 보이게 된 것"이라고 하면서, 국민경제, 국가 전체의 경제와 관련된 이들 협동조합의 공공성을 확인한 바 있다.

▌경제질서에 관한 구체적 규정

1. 재산권의 보장
   - 재산권의 사회화, 상대화
   - 재산권의 공공성
   - 재산권의 제한
2. 경제에 관한 국가의 규제와 통제: 제119조 제2항
3. 천연자원의 개발이용

- 광물 기타 중요한 지하자원, 수산자원, 수력(水力), 경제상 이용할 수 있는 자연력
- 채취, 개발 또는 이용을 법률이 정하는 일정 기간 특허(特許)

4. 국토개발계획의 수립

5. 농지소작제 금지와 농지의 임대차·위탁경영의 법률유보

6. 국토의 효율적 이용

7. 농어업보호육성: 제123조 제1항

8. 농어민의 이익보호: 제123조 제4항

- 농수산물의 수급균형, 유통구조 개선

9. 지역경제육성의무: 제123조 제2항

10. 중소기업의 보호·육성: 제123조 제3항, 제5항

11. 소비자 보호: 제124조

12. 대외무역의 육성과 규제, 조정: 제125조

13. 사영(私營)기업의 국·공유화와 통제, 관리의 금지: 제126조

- 국방상 또는 국민경제상 긴절한 필요＋법률이 정한 경우는 예외

14. 국민경제의 발전과 과학기술의 창달, 진흥

15. 국가표준제도의 확립

▌경제질서에 대한 국가적 개입의 한계

1. 경제적 사적 자치의 원칙이 유지되는 범위 내에서

2. 법치국가적 방식에 따른 규제와 조정

3. 개인의 재산권 제한은 필요한 한도 내에서

4. 개인의 재산권 제한은 보상을 전제로

5. 자본주의의 범위 내에서 제한

▌우리나라 경제질서의 변천과정

개헌시기	내 용
제헌, 1차	통제경제중심 광범위한 국유화, 사회화 규정
2차, 3차, 4차	자본주의적 자유시장경제체제로 전환(자유시장경제체제는 이후 기본원칙으로 설정)
5차, 6차	경제에 대한 규제와 조정 인정: 사회적 시장경제질서의 확립

7차	간섭확대: 모든 경제적 변수를 정부가 조정
8차	고도성장에 따른 부정적 요소 제거: 독점규제 및 조정
9차	경제의 민주화 추구

XII. 문화국가(文化國家)의 원리

▌**헌법규정: 헌법전문, 헌법 제9조, 제31조 제1항·제2항·제5항, 제69조**

▌**문화의 개념**

- 경작하다, 돌보다의 라틴어 'cultura'
- 사회 내의 전형적인 생활양식, 가치관 및 행위양식의 총칭(사회학적 개념)
- 국가와 특별한 관계를 가지는 인간의 정신적·창조적 활동영역(법학적 개념)

▌**문화국가의 개념**

1. 국가로부터 문화활동의 자유가 보장되고, 국가에 의하여 문화가 공급되어야 하는 국가
2. 문화의 자율성을 존중하면서 건전한 문화육성이라는 적극적 과제의 수행을 통하여 실질적인 문화적 평등을 실현하려는 국가(홍성방, 헌법1, 현암사, p.139)

▌**문화국가의 내용**

1. 문화적 자율성의 보장
   - 문화활동에 대한 국가의 문화정책적 중립성과 관용
   - 자의적 문화활동의 제한: 문화활동의 사회적 책임
2. 문화의 보호, 육성, 진흥, 전수
   - 문화의 자율성을 고려한 지원
   - 모든 사람의 문화에 대한 지원
   - 문화에 대한 지원은 국가재정능력을 고려한 합리적 기준에 근거한 차별적 지원 가능
3. 문화적 평등권 보장
   - 누구든지 문화활동에 참여할 수 있는 기회

- 그 기회의 국가와 타인에 의해 방해받지 않을 것
- 이미 존재하는 문화활동의 결과를 평등하게 향유

▌ 현행 헌법상 문화국가원리의 구현

1. 인간으로서의 존엄성 존중
2. 인간다운 생활의 보장
3. 전통문화의 계승발전과 민족문화의 창달
4. 정신적 자유권과 교육제도의 보장

XIII. 평화국가(平和國家)의 원리와 평화주의적 국제질서

▌ 헌법규정: 헌법전문, 헌법 제5조 제1항, 제6조 제1항, 제60조, 제69조

▌ 평화국가의 개념

1. 국제협조와 국제평화의 지향을 그 이념적 기반으로 하는 국가
2. 평화공존, 국제분쟁의 평화적 해결, 각 민족국가의 자결권 존중, 국내문제 불간섭

▌ 평화국가원리의 실정화

1. 1차대전 이후 국제연맹규약의 성립: 1919년
2. 전쟁포기에 관한 조약(부전조약): 1928년
3. 2차대전 이후 국제연합헌장: 1945년

▌ 현행 헌법상 평화국가원리의 구현

1. 침략전쟁의 부인
   - 영토확장, 국가정책의 관철, 국제분쟁의 해결수단으로 행하는 전쟁: 금지
   - 자위전쟁은 가능
   - 국군의 사명, 국민의 국방의무, 대통령의 국군통수권, 국가안전보장회의에 관한 규정

2. 평화통일의 지향

- 자유민주적 기본질서에 입각한 통일추구
- 자유와 평등 추구, 국민주권의 원리 존중

▌국제법존중주의

1. 국제법질서의 준칙인 국제법규와 조약의 준수와 이행
2. 국제법규의 효력을 국내법과 동일시: 헌법 제6조 제1항
3. 국제법의 국내법적 효력

(1) 조약

1) 국가간의 법률상 권리의무를 창설·변경·소멸시키는 문서상의 합의

2) 우리나라가 체결·공포한 조약에 한정

3) 조약의 체결·비준

- 체결: 대통령의 권한
- 비준: 국가원수가 전권대표가 서명한 조약이 국제법상 유효함을 확인하는 행위

4) 국회의 동의

- 국민의 권리의무, 국가재정에의 영향력, 국내법과 같은 효력 보유
- 국민적 합의와 대통령의 권한에 대한 민주적 통제수단

5) 조약의 효력

- 유효하게 성립하고 공포된 조약: 국내법과 동일 효력
- 조약 vs. 헌법 충돌시: 헌법우위설
- 위헌조약의 사법심사: 헌법우위설에 따라 사법심사 가능
- 사법심사기관: 법률(헌법재판소), 명령(각급법원)

헌재 1998. 11. 26. 97헌바65 특정범죄가중처벌등에관한법률 부칙 제2항등 위헌소원 마라케쉬 협정도 적법하게 체결되어 공포된 조약이므로 국내법과 같은 효력을 갖는 것이어서 그로 인하여 새로운 범죄를 구성하거나 범죄자에 대한 처벌이 가중된다고 하더라도 이것은 국내법에 의하여 형사처벌을 가중한 것과 같은 효력을 갖게 되는 것이다. 따라서 마라케쉬협정에 의하여 관세법위반자의 처벌이 가중된다고 하더라도 이를 들어 법률에 의하지 아니한 형사처벌이라거나 행위시의 법률에 의하지 아니한 형사처벌이라고 할 수 없다.

헌재 2011. 8. 30. 2006헌마788 대한민국과 일본국 간의 재산 및 청구권에 관한 문제의 해결과 경제협력에 관한 협정 제3조 부작위 위헌확인 이 사건 협정은 헌법에 의하여 체결·공포된 조약으로서 헌법 제6조 제1항에 따라 국내법과 같은 효력을 가진다. 그런데 위 협정 제3조 제1항은, "본 협정의 해석 및 실시에 관한 양 체약국 간의 분쟁은 우선 외교상의 경로를 통하여 해결한다.", 같은 조 제2항은, "1.의 규정에 의하여 해결할 수 없었던 분쟁은 어느 일방 체약국의 정부가 타방 체약국의 정부로부터 분쟁의 중재를 요청하는 공한을 접수한 날로부터 30일의 기간 내에 각 체약국 정부가 임명하는 1인의 중재위원과 이와 같이 선정된 2인의 중재위원이 당해 기간 후의 30일의 기간 내에 합의하는 제3의 중재위원 또는 당해 기간 내에 이들 2인의 중재위원이 합의하는 제3국의 정부가 지명하는 제3의 중재위원과의 3인의 중재위원으로 구성되는 중재위원회에 결정을 위하여 회부한다."라고 각 규정하고 있다.

(2) 일반적으로 승인된 국제법규
  1) 국제사회의 보편적 규범으로서 세계 대다수 국가가 승인한 법규
  2) 국제관습법
  ▪ 포로의 살해금지와 그 인도적 처우에 관한 전시국제법상 기본원칙
  ▪ 외교관의 대우에 관한 국제법상 원칙
  ▪ 국내문제불간섭의 원칙, 민족자결의 원칙 등
  3) 일반적으로 승인된 조약: 유엔헌장 중 일부, 포로에관한제네바협정, 집단학살금지협정 등
  4) **효력**: 헌법우위를 전제로 한 국내법과 같은 효력
  5) 사법심사
  ▪ 재판의 전제가 된 경우
  ▪ 해당 법규의 일반적으로 승인된 국제법규인지 조사(1차적 심사)
  ▪ 헌법에의 저촉여부 심사 후 헌법재판소에 위헌심사 제청

▎외국인의 지위보장

1. **외국인**: 우리나라 국적을 가지지 않는 자와 무국적자
2. **외국인의 지위**
  ▪ 평등주의: 미국, 일본
  ▪ 상호주의: 우리나라 및 대다수 국가
    ※ 헌법 제6조 제2항: 외국인은 국제법과 조약이 정하는 바에 의하여 그 지위

　가 보장된다.

3. 내용

(1) 국가상호간 조약에 의해 보장

(2) 상호주의를 채택하고 있으므로 모든 외국인에게 동일한 지위 보장은 불가능

(3) 외국인의 기본권 보장의 주체성 여부

　1) 긍정: 인간의 존엄성 조항, 행복추구권, 평등권, 전국가적 자유권 등 인간의 권리

　2) 부정: 실정법적·국가내적인 권리(참정권, 사회적 기본권)

XIV. 헌법과 제도적 보장

▌제도적 보장의 의의

1. 국가존립의 기반이 되는 일정한 제도의 헌법수준에서의 보장
2. 특히 입법권·행정권·사법권의 침해로부터의 보장
3. 주관적 공권이 아닌 객관적 제도를 헌법에 규정함으로써 이러한 제도 본질을 보장하려는 것

▌제도적 보장의 연혁

1. 바이마르헌법의 해석상 필요에서 나타난 기술적 개념
2. Wolff에 의해 제기되고 Schmitt에 의해 체계화

▌제도적 보장과 기본권의 차이

1. 자연권설에 의하면 기본권과 제도적 보장은 본질적으로 전자는 주관적 공권을 후자는 객관적 가치질서에 중점을 두어 이를 구별
2. 기본권의 이중성을 인정하는 학설에 의하면 제도적 보장은 기본권의 반사적 효과로 보며 기본권이 실질적으로 보장되기 위해서는 기본권 속에 제도적 보장이 들어 있어야 한다고 한다. 즉 제도적 보장과 기본권은 성질과 내용에 다소 차이는 있으나 제도보장은 기본권 속에 들어 있는 하나의 효력에 불과하다고 함

3. 헤벨레의 제도적 기본권설은 기본권이 자연권성을 가진다고 하더라도 제도화된 기본권이 아닐 경우에는 효력이 없다고 한다. 이는 결국 실정권설에 귀착한다.

▌제도적 보장의 목적

1. 개인주의적, 자유주의적 질서와 제도의 최소한의 수호
2. 기본적 인권의 수호

▌제도적 보장의 성격

1. 모든 국가권력을 구속하는 직접적 효력을 가지는 재판규범

▌제도적 보장의 내용

1. 보장의 대상
   - 기존의 전통적·객관적 제도: 사회·국가의 이익보호를 위한 제도
   - 대통령제나 의원내각제 등 헌법규정으로 창설되는 제도가 아님
   - 제도 그 자체이지 인권은 아님
     - ※ 궁극적 목적은 인권보장의 강화에 있음
2. 보장의 정도
   - 최소한도의 보장
   - 특정 제도의 본질적 내용의 보장
   - 본질적 내용을 훼손하지 않는 범위 내에서 법률로 그 제도의 내용 형성 가능

헌재 1997. 4. 24. 95헌바48 구지방공무원법 제2조 제3항 제2호 나목등 위헌소원 기본권 보장은 "최대한 보장의 원칙"이 적용됨에 반하여, 제도적 보장은 그 본질적 내용을 침해하지 아니하는 범위 안에서 입법자에게 제도의 구체적 내용과 형태의 형성권을 폭넓게 인정한다는 의미에서 "최소한 보장의 원칙"이 적용될 뿐이다.

헌재 2008. 4. 24. 2004헌바47 지방공무원법 제57조 제2항 제1호 등 위헌소원
[헌법불합치 의견] 기본권 보장은 "최대한 보장의 원칙"이 적용됨에 반하여, 제도적 보장은 그 본질적 내용을 침해하지 아니하는 범위 안에서 입법자에게 제도의 구체적 내용과 형태의 형성권을 폭넓게 인정한다는 의미에서 "최소한 보장의 원칙"이 적용될 뿐이다.
헌법 제33조 제1항이 근로자의 노동3권을 규정한 것은 근로자에게 노동3권에 관한 자유를 보장할 뿐만 아니라 근로자의 인간다운 생활을 보장하기 위한 것이다. 근로자의 노동3권은

인간의 존엄과 가치를 보장하기 위하여 필수불가결한 것이므로 국가는 이를 최대한 보장할 의무를 진다. 이는 사기업의 근로자이든, 공기업의 근로자이든, 공무원인 근로자이든, 다를 바 없다.

3. 보장의 효과
   - 모든 국가권력 구속
   - 헌법개정권자는 불구속: 헌법개정시 변경 가능
   - 객관적 법규범: 재판규범

▌기본권 보장과 제도적 보장의 관계

구 분	기본권	제도적 보장
차이점	전국가적 최대한 보장 주관적 권리 모든 국가권력과 헌법개정권력 구속	국가내적 최소한 보장 객관적 법규범 헌법개정권력은 불구속

1. 기본권 보장과 관계없이 제도 그 자체만 보장하는 경우
   - 직업공무원제도, 지방자치제도
2. 기본권 보장을 위해 제도적 보장이 필요한 경우
   - 정치적 기본권과 선거제도
3. 기본권 보장이 동시에 제도적 보장인 경우
   - 재산권의 보장과 사유재산제
4. 제도적 보장으로 기본권이 간접적으로 보호되는 경우
   - 복수정당제의 보장과 정당의 설립 및 가입, 탈퇴 등 보장

XV. 정당제도(政黨制度) ─ 복수정당제

▌헌법규정: 헌법 제8조

▌정당의 성립

1. 정당의 성립: 특수 이익을 대변하기 위한 조직으로 출발

2. 정당에 대한 국가적 태도(트리펠: Triepel)

 적대시 단계 → 무관심 단계 → 합법화 단계 → 헌법적 수용단계

▌정당의 기능과 역할

1. 분산된 국민의 정치적 의사를 유도, 결집: 상향적으로 국가의사결정에 반영
2. 시민에게 정치적 책임을 알리는 교육기능
3. 정치지도자 선택의 기능

▌정당제민주주의의 특징

1. 정당을 매개체로 하여 국민이 실질적이고 현실적 행동통일체가 됨
2. 국가권력 통합현상
3. 국회의원의 정당에의 예속: 무기속위임의 원칙이 명목화
4. 선거의 성격이 정부선택을 위한 국민투표제적 성격으로 변질

▌정당의 개념

1. 사회적·정치적 개념: 정치적 영역에서 필수적인 사회적 행동통일체
2. 법적 개념: 국가 내의 특수한 목적·과업으로 인해 특별한 법적 지위가 부여된 인적 단체

1991. 3. 11. 91헌마21 지방의회의원선거법 제36조 제1항에 대한 헌법소원 헌법이 보장하고 있는 정당(제도)의 본래적 존재의의가 국민의 정치적 의사의 형성에 참여하는 데 있으며(제8조 제2항 후문), 오늘날 대의민주의에서 이러한 참여의 가장 중요한 형태가 선거를 통한 참여임은 의문의 여지가 없는 것이다.

3. 정당법 제2조
    ▪ 국민의 이익
    ▪ 국민의 정치적 의사형성에 참여
4. 국민의 이익을 위해 책임 있는 정치적 주장이나 정책을 추진하고 공직선거의 후보자를 추천 또는 지지함으로써 국민의 정치적 의사형성에 참여함을 목적으로 하는 국민의 자발적 조직

▌정당의 헌법상 지위(법적 성격)

1. 헌법기관설: 헌법에 수용되었으므로 국회, 대통령, 법원 등과 같은 헌법기관
2. 국가기관설: 법률에 의해 설립되는 국가적 기관
3. 중개적권력설(매개체설): 국민의사와 국가의사를 연결시키는 기구(헌법재판소
   및 통설)

헌재 1991. 3. 11. 91헌마21 지방의회의원선거법 제36조 제1항에 대한 헌법소원 정당은 자발적 조직이기는 하지만 다른 집단과는 달리 무정형적(無定型的)이고 무질서적인 개개인의 정치적 의사를 집약하여 정리하고 구체적인 진로와 방향을 제시하며 국정을 책임지는 공권력으로까지 매개하는 중요한 공적 기능을 수행하기 때문에 헌법도 정당의 기능에 상응하는 지위와 권한을 보장함과 동시에 그 헌법 질서를 존중해 줄 것을 요구하고 있는 것이다.

▌정당의 법적 형태

1. 법인격 없는 사단설(판례 및 다수설)
2. 사적 정치결사설
3. 헌법제도와 결사의 혼성체설
※ 정당조항(헌법 제8조)과 일반결사조항(헌법 제21조)과의 관계
   - 정당은 정당법의 적용을 받으므로 일반결사보다 특별한 보호
   - 헌법 제8조는 제21조에 대한 특별규정

▌정당의 권리와 의무

1. 정당의 특권
   (1) 설립·활동 및 존립상 특권
   - 설립: 결성과 등록상 특권(인가, 허가제는 위헌)
   - 활동: 창당, 합당, 정당에의 가입·탈퇴, 당내의사발표 등의 자유 보장
   - 존립: 강제해산의 금지(헌법재판소의 심판에 의해서만 가능)
   - 창당방해죄의 신설(정당법 제55조)
   (2) 정치적 특권
   - 국민의 정치적 의사형성에 참여할 권리
   - 균등한 경쟁의 기회를 보장받을 권리

- 후보자 추천과 당선을 위한 선거운동
- 각급 선거관리위원회 위원추천권, 선거참관인 지명권

(3) 재정·경제상의 특권

- 정당운영자금의 국고보조(1980년 헌법 신설)
- 선거공영제에 따른 선거에 관한 경비를 부담하지 않을 권리(원칙)
- 정치자금의 기부 또는 납입한 자 및 받은 자에 대한 면세특혜

2. 정당의 의무

(1) 국가긍정의 의무

- 1972년 헌법에 규정, 현행 헌법상 규정 없음
- 국가는 정당의 존립기반이므로 당연히 인정

(2) 자유민주적 기본질서의 존중의무(헌법 제8조 제4항)

(3) 당내 민주화의 의무(헌법 제8조 제2항 전단)

- 정치적 주장, 기구의 구성 및 운영, 의사결정, 공직선거후보자추천 등
- 민주주의원칙에 따라 이행

(4) 재원(財源)의 공개의무

- 정당이 회계상의 수입란을 공개적으로 설명하는 것
- 재산과 수입·지출에 관한 명세서의 제출·보고의무(정치자금에 관한 법률 제2조)

▌정당의 해산

1. 자진해산(自進解散)

(1) 의의: 정당이 그 대의기관의 결의로써 해산하는 것

(2) 절차: 선거관리위원회에 신고 → 선거관리위원회의 정당등록말소 공고

(3) 효과: 잔여재산은 당헌이 정하는 바에 따라 처리, 처분되지 않으면 국고귀속

2. 강제해산(强制解散)

(1) 선관위의 등록취소에 의한 해산

(2) 헌법재판소의 결정에 의한 해산

 1) **정당해산조항의 성격과 규범력**

- 성격: 직접효력규정
- 규범력: 헌법보장기능(정당존립의 특권, 정당활동의 자유의 한계)

2) **정당해산의 실질적 요건**

- 정당의 범위
- 목적과 활동
- 민주적 기본질서에의 위배

3) **정당해산의 절차적 요건**

- 제소: 정부(국무회의 심의 후)
- 기속재량설, 자유재량설
- 해산결정: 헌법재판소 재판관 9인 중 7인 이상 출석·심리하여 6인 이상의 찬성
- 심판결정서의 송달: 피청구인(해산정당), 국회, 정부 및 중앙선거관리위원회
- 정당등록의 말소 및 그 뜻의 공고: 중앙선거관리위원회

4) **정당해산의 효과**

- 정당해산결정에 대해 법원제소 불가
- 정당해산시기: 헌법재판소의 해산결정 선고시
- 해산된 정당의 강령과 동일 유사한 대체정당 창설금지
- 해산된 정당의 잔여재산은 국고귀속

※ **소속의원의 자격상실 여부**

① 자격이 상실된다는 견해

- 정당제민주주의의 원리, 방어적 민주주의 원리에 위배
- 위헌결정은 무의미

② 자격을 보유한다는 견해

- 대의제도에 위반
- 무소속으로 자격 보유

(3) 중앙선거관리위원회에 의한 정당의 등록취소

1) **취소사유**

- 법정지구당수(1/10 이상), 법정지구당의 분산(5군데 이상), 법정지구당 당원수(30인)
- 세 요건 중 하나를 구비하지 못할 때

2) **효과**

- 잔여재산은 당헌이 정하는 바에 따라 처분, 잔여재산은 국고귀속

- 법원에 행정소송제기 가능
- 등록취소된 경우 취소된 정당명칭의 사용은 가능

헌재 2014. 12. 19. 2013헌다1 통합진보당 해산 피청구인의 목적이나 활동이 민주적 기본질서에 위배되고, 피청구인의 목적과 활동에 내포된 위헌적 성격의 중대성과 대한민국이 처해 있는 특수한 상황 등에 비추어 피청구인의 위헌적 문제성을 해결할 수 있는 다른 대안적 수단이 없으며, 정당해산결정으로 초래되는 불이익보다 이를 통하여 얻을 수 있는 사회적 이익이 월등히 커서 피청구인에 대하여 해산결정을 해야 할 사회적 필요성(법익 형량)도 있다고 인정된다. 따라서 피청구인은 해산되어야 한다. 또한 헌법재판소의 해산결정으로 위헌정당이 해산되는 경우에 그 정당 소속 국회의원이 그 의원직을 유지하는지 상실하는지에 대하여 헌법이나 법률에 명문의 규정이 없다. 하지만 헌법재판소의 해산결정으로 해산되는 정당 소속 국회의원의 의원직 상실은 정당해산심판제도의 본질로부터 인정되는 기본적 효력으로 봄이 상당하므로, 이에 관하여 명문의 규정이 있는지 여부는 고려의 대상이 되지 아니하고, 그 국회의원이 지역구에서 당선되었는지, 비례대표로 당선되었는지에 따라 아무런 차이가 없이, 정당해산결정으로 인하여 신분유지의 헌법적인 정당성을 잃으므로 그 의원직은 상실되어야 한다.

XVI. 선거제도(選擧制度)

▮ 헌법규정: 헌법 제24조, 제25조, 제41조 제1항, 제67조 제1항

▮ 선거의 의의

- 주권자인 국민이 자신을 대표할 국가기관을 선임하는 행위
- 대의제 민주정치를 구현하는 제도

▮ 선거의 법적 성격

1. 집합적 합성행위: 선거인단의 아래로부터의 의견표명
2. 투표와의 구별: 선거인이 누구를 대표자로 선택할 것인가 하는 개별적 의사표시

▮ 선거의 정치적 기능

1. 국가기관의 구성
2. 국가권력에 대한 민주적 정당성 부여

3. 국민의 참정권을 현실화: 폭력혁명, 쿠데타 예방

4. 국가기관을 정치적으로 통제: 대표자 교체를 통한 행정부와 입법부 쇄신

5. 국가기관에 신탁(信託)을 부여

▌선거의 기본원칙

1. 보통선거의 원칙(⇔제한선거)

- 사회적 신분, 재산 교양 등에 의한 자격요건 불문
- 일정한 연령에 달한 모든 국민에게 선거권 인정
- 피선거권에도 적용: 의원선거의 과다한 기탁금의 요건은 보통선거에 위반

2. 평등선거의 원칙(⇔차등·복수·계급별 선거)

(1) 형식적 평등(1인 1표) + 실질적 평등(1표 1가치)

- 투표의 수적 평등
- 투표의 성과가치의 평등
- 선거참여자의 평등

(2) 평등선거의 원칙과 선거인구의 불평등

- 선거구에 따라 한 표의 가치에 불균형이 생겨 사실상 평등선거가 될 수 없는 경우
- 투표가치의 불평등

(3) 외국의 사례

　1) 미국

- 정치문제로서 법원이 그 판단 회피(1946년 Colegrove v. Green 사건)

Colegrove v. Green 328 U.S. 549　일리노이주의 인구가 시카고에 편중되어 다른 선거구에 비해 8~9배나 되는데도 시카고 이외의 다른 선거구 출신의원들이 선거구개정을 하지 않으려 하자 이를 다툰 사건으로 법원이 정치문제에 개입하는 것은 민주주의 제도에 위배된다고 하여 사법부 개입을 자제한 사건이다.

- 불평등한 인구비례의 선거구획정은 평등조항 위반(1962년 Baker v. Carr 사건)

Baker v. Carr 369 U.S. 186　테네시주의 인구가 도시로 집중됨에 따라 선거구마다 심한 인구편차가 보임에도 이를 시정하지 않자 Baker가 테네시주 국무장관인 Carr를 상대로 자의적인 선거구를 다툰 사건으로 연방대법원은 선거구획정의 불균형문제도 사법심사의 대상이 됨을 긍정하였다.

2) 일본

- 선거구간의 선거인수의 편차가 합리성을 상실: 헌법위반(1976년)

- 선거구간의 선거인수의 비율이 1/4 이상 차이: 헌법위반(1985년)

3) 독일

- 선거구간 선거인수의 편차: 33.33%

- 이 기준을 넘으면 선거법개정 판시(1963년 연방헌법재판소)

4) 우리나라

- 15대 국회의원 선거 당시 공직선거및선거부정방지법 별표 1에 관한 헌법소원

- 헌법재판소: 전국선거구 평균인구수와의 상하한 비율 4 : 1을 초과하면 위헌

헌재 1995. 12. 27. 95헌마224·239·285·373 공직선거및선거부정방지법[별표1]의 국회의원선거구역표 위헌확인심판사건 선거구의 획정에 있어서는 인구비례의 원칙이 가장 중요하고 기본적인 기준이며, 평등선거의 원칙을 엄격히 적용하는 경우에는 적어도 최대선거구의 인구수가 최소선거구의 인구수의 2배 이상인 때에는 위헌이라고 한다면, 그 여타의 제2차적 고려요소를 아무리 크게 고려한다고 하더라도 그 갑절인 4배를 넘는 경우 즉 최대선거구와 최소선거구의 인구비율이 4:1을 넘는 경우에는 헌법합치적 설명이 불가능할 것이고, 이를 전국 선거구의 평균인구수를 기준으로 하여 그 상하의 편차를 계산하면 그 평균인구수의 상하 60%의 편차가 되므로, 이러한 평균인구수기준 상하 60%의 편차론은 상당한 정도의 합리적 근거가 있다고도 생각한다. 그렇다면 이 사건의 경우 "부산 해운대구·기장군 선거구"와 "서울 강남구 을선거구"는 전국 선거구의 평균인구수(175,460명, 1995.6.30. 현재)에서 상하 60%의 편차(상한 280,736명, 하한 70,184명)를 넘어선 것으로서, 위 각 선거구의 획정은 국회의 재량의 한계를 일탈한 것이므로 위헌이라고 보아야 할 것이다.

- 헌법재판소: 전국선거구 평균인구수와의 상하한 비율이 3 : 1을 초과하면 위헌

헌재 2001. 10. 25. 2000헌마92·240(병합) 공직선거및선거부정방지법 [별표1] '국회의원지역선거구구역표' 위헌확인 인구편차의 허용한계에 관한 다양한 견해 중 현시점에서 선택가능한 방안으로 상하 33⅓% 편차(이 경우 상한 인구수와 하한 인구수의 비율은 2 : 1)를 기준으로 하는 방안, 또는 상하 50% 편차(이 경우 상한 인구수와 하한 인구수의 비율은 3 : 1)를 기준으로 하는 방안이 고려될 수 있는데, 이 중 상하 33⅓% 편차 기준에 의할 때 행정구역 및 국회의원정수를 비롯한 인구비례의 원칙 이외의 요소를 고려함에 있어 적지 않은 난점이 예상되므로, 우리 재판소가 선거구획정에 따른 선거구간의 인구편차의 문제를 다루기 시작한 지 겨우 5년여가 지난 현재의 시점에서 너무 이상에 치우친 나머지 현실적인 문제를 전적으로 도외시하기는 어렵다고 할 것이어서, 이번에는 평균인구수 기준 상하 50%의 편차를 기준으로

위헌 여부를 판단하기로 한다. 그러나 앞으로 상당한 기간이 지난 후에는 인구편차가 상하 $33\frac{1}{3}$% 또는 그 미만의 기준에 따라 위헌 여부를 판단하여야 할 것이다. "경기 안양시 동안구 선거구"의 경우 전국 선거구의 평균인구수로부터 +57%의 편차를 보이고 있으므로, 그 선거 구의 획정은 국회의 재량의 범위를 일탈한 것으로서 청구인의 헌법상 보장된 선거권 및 평등 권을 침해하는 것임이 분명하다.

3. 직접선거(⇔간접선거)
- 일반선거인이 대표자를 직접 선출
- 투표 후 비례대표후보의 순위나 후보변경은 직접선거에 반함

4. 비밀선거(⇔공개선거)
- 선거인이 누구를 투표했는지를 비밀로 하는 투표
- 무기명투표, 투표용지관급제, 투표내용진술거부, 투표의 비밀침해자 처벌

5. 자유선거(⇔강제선거)
- 직접 또는 간접적 압력 없이 자유롭게 하는 투표(기권가능)
- 투표의무를 헌법에 명문화: 벨기에, 이탈리아, 이집트, 오스트리아

▌대표제도

1. 의의
- 국민을 대리하여 정책결정에 참가하는 사람을 선출하는 방법
- 대표결정방식 또는 의원정수 배분방식

2. 대표제도의 종류
(1) 다수대표제(多數代表制)

⇒ 다수파만이 대표자를 낼 수 있는 선거방식
- 절대다수대표제(프랑스): 유효투표의 과반수의 지지
- 상대다수대표제(영국, 미국): 유효투표의 최대다수의 지지

(2) 소수대표제(少數代表制)
- 소수파들도 대표자를 낼 수 있는 선거방식
- 대선거구 제한연기투표
- 대선거구 단기투표

(3) 비례대표제(比例代表制)
- 각 정당에게 득표수에 비례하여 의석을 배분하는 선거방식

▪ 소선거구, 다수대표제의 결함을 시정보완하기 위해 제안된 제도
▪ 단기이양식(單記移讓式): 선거인이 지정한 순서에 따라 각 후보자에게 순차적
으로 이양되는 방법
▪ 명부식(名簿式): 정당이 작성한 후보자명부에 대하여 선거인이 투표하고 명부
에 따라 정당단위로 행하는 방법
(4) 직능대표제(職能代表制)
▪ 선거인을 직능별로 분류하여 그 직능을 단위로 대표선출
▪ 국회의 전문화에는 유익하나 대표자 수의 합리적 할당이 곤란

▌선거구제의 유형

1. 의의: 선거구란 의원을 선출하는 단위지역을 말함
2. 종류
(1) 소선거구제
▪ 1선거구에서 1명의 대표자를 선출하는 제도
▪ 다수대표제와 연결
(2) 중선거구제
▪ 1선거구에서 2~4명의 대표자를 선출하는 제도
▪ 장점: 지역구의 과대와 과소에 따른 모순과 결함 완화
▪ 단점: 선거인의 후보자 선정에 어려움, 선거비용 과다
(3) 대선거구제
▪ 1선거구에서 5명 이상의 대표자를 선출하는 제도
▪ 소수대표제와 연결

XVII. 공무원제도

▌헌법규정: 제7조

▌공무원의 개념

▪ 국민에 의한 직접 또는 간접적으로 선출, 임용권자에 의해 임용(=공법상 근무

관계)

- 공공적 업무를 담당하는 자

▌공무원의 종류

임용자격, 신분보장 여부	경력직	일반직: 직군, 직열별로 분류되는 공무원
		특정직: 법관, 검사, 외무, 경찰, 소방, 교육, 군인 등
		기능직: 삭제
	특수 경력직	정무직: 선거식
		별정직: 국회전문위원
		전문직: 삭제
		고용직: 삭제
근무의무의 영속성	전무직: 영속적	
	비전무직: 일시적	

▌공무원의 헌법상 지위

1. 전체국민에 대한 봉사자

- 국민전체에 대한 봉사자
- 공무원의 범위: 최광의의 공무원

2. 공무원의 국민에 대한 책임

- 책임의 성격: 정치적·이념적 책임(다수설)
- 정치적 책임: 선거를 통한 책임추궁
- 법적 책임: 탄핵제도, 국가배상제도, 민사상 손해배상, 형사책임, 행정책임
- 직접적 책임: 국민소환제(우리 헌법 불인정)

▌직업공무원제도

- 정권교체에 따른 국정운영의 중단과 혼란 예방
- 안정적인 공무수행 유지
- 효율적인 정책집행을 보장하려는 민주적이고 법치국가적 공직제도
- 공무원에게 신분을 보장해 주고 국가의 정책집행기능을 맡김으로써 안정적인 정책집행을 보장하려는 공직구조에 관한 제도적 보장

헌재 1997. 4. 24. 95헌바48 구지방공무원법 제2조 제3항 제2호 나목등 위헌소원 직업공무원제
도는 바로 그러한 제도적 보장을 통하여 모든 공무원으로 하여금 어떤 특정 정당이나 특정
상급자를 위하여 충성하는 것이 아니라 국민전체에 대한 봉사자로서(헌법 제7조 제1항) 법
에 따라 그 소임을 다할 수 있게 함으로써 공무원 개인의 권리나 이익을 보호함에 그치지 아
니하고 나아가 국가기능의 측면에서 정치적 안정의 유지에 기여하도록 하는 제도이다.

헌재 2005. 6. 30. 2004헌바42 전원재판부 공무원연금법 제43조의2 위헌소원 공무원연금법상
의 퇴직연금수급권은 기본적으로 사회보장적 급여로서의 성격을 가짐과 동시에 공로보상 내
지 후불임금으로서의 성격도 함께 가진다고 할 것이고, 이러한 퇴직연금수급권은 경제적 가
치 있는 권리로서 헌법 제23조에 의하여 보장되는 재산권으로서의 성격을 가진다고 할 수
있는데 다만, 그 구체적인 급여의 내용, 기여금의 액수 등을 형성하는 데에 있어서는 직업공
무원제도나 사회보험원리에 입각한 사회보장적 급여로서의 성격으로 인하여 일반적인 재산
권에 비하여 입법자에게 상대적으로 보다 폭넓은 재량이 헌법상 허용된다고 볼 수 있다.

▌직업공무원제도의 헌법적 기능

1. 통치권 행사의 민주적 정당성 확보
2. 공무원의 지위와 권리 보호
3. 정치적 안정 유지
4. 국민의 공무담임권의 보장

▌직업공무원제 확립을 위한 기본원칙

1. 과학적 직위분류제의 확립
2. 임면, 승진, 전임제 등의 민주적 합리적 운영
3. 정치적 중립성 보장과 능력본위의 실적주의 확립
4. 공정한 인사행정을 위한 독립된 인사행정기구 설치

▌직업공무원제의 내용

1. 공무원의 정치적 중립성
  (1) 정당의 영향으로부터 독립
  (2) 정당에 대한 불간섭, 불가담

(3) 필요성

- 국민전체에 대한 봉사자이므로
- 행정의 전문성과 민주성 제고
- 정책의 영속성과 안정성 유지
- 엽관제의 폐해 예방
- 중재자, 조정자로서의 기능수행

(4) 정치적 중립성의 한계

- 공무원의 국민으로서 향유하는 정치적 기본권 전면부정 금지

2. 공무원의 신분보장(국가공무원법 제68조)

(1) 정권교체로부터의 무영향

(2) 동일한 정권 아래에서 정당한 이유 없는 해임 금지

(3) 형의 선고, 징계처분 또는 국가공무원법에 정한 사유에 의하지 않는 그 의사에 반하여 휴직, 강임, 면직을 당하지 않음

헌재 1994. 4. 28. 91헌바15, 19 국가안전기획부직원법 제22조 등에 대한 헌법소원 공무원으로 임용된 경우에 있어서 정년까지 근무할 수 있는 권리는 헌법의 공무원신분보장 규정에 의하여 보호되는 기득권으로서, 공무원법상의 정년규정을 변경함에 있어서 공무원으로 임용될 때 발생한 공무원법상의 정년규정까지 근무할 수 있다는 기대 내지 신뢰를 합리적 이유 없이 박탈하는 것은 헌법상의 공무원신분보장 규정에 위배된다 할 것이나, 공무원이 임용 당시의 공무원법상의 정년규정까지 근무할 수 있다는 기대와 신뢰는 행정조직, 직제의 변경 또는 예산의 감소 등 강한 공익상의 정당한 근거에 의하여 좌우될 수 있는 상대적이고 가변적인 것에 지나지 않는다고 할 것이므로 정년규정을 변경하는 입법은 구법질서에 대하여 기대했던 당사자의 신뢰보호 내지 신분관계의 안정이라는 이익을 지나치게 침해하지 않는 한 공익목적(公益目的) 달성을 위하여 필요한 범위 내에서 입법권자의 입법형성의 재량을 인정하여야 할 것이다.

3. 실적주의

(1) 인사행정에서 정치적 또는 정실적 요소 배제

(2) 자격이나 능력을 기준으로 공무원의 임용, 승진, 전보

(3) 시험성적, 근무성적 기타 능력의 실증에 의해 행함(국가공무원법 제26조)

4. 직업공무원의 범위

(1) 협의의 공무원(경력직 공무원)

(2) 정치적 공무원, 공무원 신분 없는 공무를 위탁 받아 집행하는 자 제외

▌공무원의 권리와 의무

1. 공무원의 권리

(1) 신분상 권리

- 신분보유권
- 직위보유권
- 직무수행권
- 직명사용권 및 제복착용권
- 행정쟁송권

(2) 재산상 권리

- 보수청구권
- 연금청구권
- 실비변상수령권
- 보상수령권

2. 공무원의 의무

- 성실의무: 가장 기본

(1) 직무전념 의무

- 직장이탈금지의 의무, 영리행위금지의 의무, 겸직금지의 의무

(2) 법령준수의무(국공법 제56조)

(3) 합법적인 직무상 명령에 복종할 의무

(4) 친절·공정의 의무(국공법 제59조)

(5) 비밀엄수의무(국공법 제60조)

(6) 품위유지의무

▌공무원의 기본권 제한

1. 이론적 근거

- 특별권력관계설, 국민전체봉사설, 직무성질설
- 종합적 고찰(국민전체에 대한 봉사자＋직무의 성질＋근무관계의 특수성)

2. 제한가능한 기본권의 유형

(1) 정치적 활동의 제한

- 정당가입 제한: 경력직 공무원, 일부 특수경력직 공무원
- 정치활동 제한: 정당 기타 정치단체의 결성에 관여, 가입금지

  　　　　　　　　선거시 특정 정당 또는 특정인의 지지나 반대행위 금지

(2) 근로3권의 제한

　1) 제한근거: 국민전체봉사자로서의 지위, 직무의 성질 때문

헌재 1992. 4. 28. 90헌바27 내지 34, 36 내지 42, 44 국가공무원법 제66조에 대한 헌법소원　국가공무원법 제66조 제1항이 근로3권이 보장되는 공무원의 범위를 사실상 노무에 종사하는 공무원에 한정하고 있는 것은 근로3권의 향유주체가 될 수 있는 공무원의 범위를 정하도록 하기 위하여 헌법 제33조 제2항이 입법권자에게 부여하고 있는 형식적 재량권의 범위를 벗어난 것이라고는 볼 수 없다. 위 법률조항이 사실상 노무에 종사하는 공무원에 대하여서만 근로3권을 보장하고 그 이외의 공무원들에 대하여는 근로3권의 행사를 제한함으로써 일반근로자 또는 사실상 노무에 종사하는 공무원의 경우와 달리 취급하는 것은 헌법 제33조 제2항에 그 근거를 두고 있을 뿐 아니라 합리적인 이유가 있다 할 것이므로 헌법상 평등의 원칙에 위반되는 것이 아니다.

헌재 2013. 7. 25. 2011헌바39 산업기술의 유출방지 및 보호에 관한 법률 제2조 등 위헌소원　'부정경쟁방지 및 영업비밀보호에 관한 법률' 제2조 제2호나 군사기밀 보호법 제2조 등이 그 적용범위의 광범성과 애매함을 해소하기 위해 규정한 형식적 요건인 '비밀관리성'이나 '군사기밀의 표지' 등은 물리적으로 즉시 인식되어 행위자가 외견상 쉽게 식별 가능한 성질의 것인 반면, 이 사건 정의조항의 지정 또는 고시·공고는 사전적인 조사 없이는 그 존재를 확인할 수 없는 것이어서 행위 당시에 그러한 지정 또는 고시·공고가 있었는지 여부를 외견상 알 수 없는 수범자에게 위 요건은 그 각 목의 불명확성을 제거하는 데 아무런 도움이 될 수 없다. 더욱이 아래에서 보는 바와 같이 위 지정 또는 고시·공고에 당해사건에서 문제된 산업발전법 제5조에 의한 첨단기술의 '범위'에 관한 고시처럼 특정한 기술이 아닌 기술의 범위 또는 분야를 정한 데 불과한 것도 포함된다고 본다면, 그 분야 또는 범위에 속하는 구체적인 기술이 이 사건 법률조항의 산업기술에 해당하는지 여부는 다시 돌아와 위 각 목의 추상적인 규정을 기준으로 삼을 수밖에 없게 되고, 이러한 경우 위 요건은 위 각 목의 불명확성의 해소에 아무런 의미를 가질 수 없다.

　2) 공무원인 근로자의 근로3권의 제한

- 헌법상 근거규정: 헌법 제33조 제2항, 제37조 제2항
- 노동조합 및 노동관계조정법 제5조

- 국가공무원법, 지방공무원법, 교원의 노동조합 설립 및 운영 등에 관한 법률 등

(3) 특별권력관계에 의한 제한

- 국가와의 공법상 특별권력관계
- 합리적인 범위 내에서 일반국민보다 더 많은 기본권 제한

3. 기본권 제한의 한계

- 기본권 제한에 관한 일반원칙(헌법 제37조 제2항) 존중
- 헌법 또는 법률에 근거
- 합리적인 범위 내에서 필요최소한

XVIII. 군사제도

▌**헌법조항: 제5조 제2항, 제74조, 제82조, 제86조 제3항, 제87조 제4항, 제89조, 제60조 제2항**

▌**군의 개념과 범위**

1. 최협의의 군: 군부(軍部), 사회적 세력으로 정착한 고급장교단
2. 협의의 군: 직업군인집단
3. 광의의 군: 군대(軍隊)
4. 군인: 전시와 평시를 불문하고 군에 복무하는 자

▌**군사에 관한 헌법원칙**

1. 국가수호의 원칙
   - 국가의 안전보장: 국가의 독립, 헌법기관의 기능, 헌법과 법률의 규범력 등의 유지
   - 국토방위: 외부적 위협이나 침략으로부터 영토를 보전
2. 국민군의 원칙
   - 국민의 병역의무이행, 납세의무 이행으로 조직되고 유지
   - 국민에게 봉사하는 국민의 군

3. 평화지향의 원칙

- 소극적 비전쟁 상태
- 제도화된 평화질서의 적극적 구축

4. 문민우위의 원칙

- 군사에 관한 최고결정권자는 민간정치인(文民)이고, 문민에 의한 국가정책결정에 복종, 통제되어야 한다는 원칙
- 현역을 면한 후에 국무총리·국무위원 임명(제86조 제3항, 제87조 제4항)
- 대통령의 국군통수권행사에 국회의 동의(제60조 제2항)
- 군사에 관한 중요사항은 국무회의 심의(제89조)
- 대통령의 군사에 관한 행위는 부서(제82조)

5. 정치적 중립의 원칙

6. 민주군정의 원칙

7. 병정통합(兵政統合)의 원칙

- 군령: 군을 현실적으로 지휘, 명령, 통솔하는 작용
- 군정: 국군을 편성, 조직하고 병력을 취득, 관리하는 작용
- 병정분리주의(군정, 군령이원주의), 병정통합주의(군정, 군령일원주의)

▌군통수권(軍統帥權)

1. 의의: 국가와 헌법을 수호하기 위한 군령과 군정에 관한 권한을 행사하는 것
2. 통수권자: 대통령제국가(대통령), 의원내각제국가(내각수상)
3. 내용: 국군지휘권, 국군편성권, 국군교육권, 국군규율권

▌군사제도를 위한 기본적 인권의 제한

1. 군사목적상 제한되는 국민의 기본권

(1) 군사적 부담

- 국방과 군사목적을 위하여 부과되는 군사적 부담
- 징발, 군사적 제한
- 징발법, 군사시설보호법, 통합방위법

(2) 근로3권의 제한

- 단체행동권의 제한: 주요방위산업체근로자
- 방위산업체: 국가방위를 목적으로 군사용물자를 연구·개발하거나 그 생산에 종사

(3) 알권리의 제한

- 국가기밀 내지 군사기밀의 보호를 위함
- 형법, 군사기밀보호법, 보안업무규정, 국방보도규정

헌재 1992. 2. 25. 89헌가104 군사기밀보호법 제6조 등에 대한 위헌심판 군사기밀이라 함은 비공지의 사실로서 관계기관에 의하여 적법절차에 따라 군사기밀로 분류표시 또는 고지된 군사 관련 사항이어야 할 뿐만 아니라 아울러 그 내용이 누설될 경우 국가의 안전보장에 명백한 위험이 초래된다고 할 수 있을 정도로 그 내용자체가 실질적인 비밀가치를 지닌 비공지의 사실에 한하는 것이라고 한정해석되어야 할 것이다.

2. 군인의 기본권 제한

(1) 군인: 경력직 공무원 중 특정직 공무원에 해당

(2) 일반공무원에 인정되는 기본권 제한 적용(헌법이나 법률에 근거해야 함)

(3) 군인신분으로 특별히 제한되는 기본권

- 재판청구권의 제한
- 국가배상청구권의 제한
- 병역의무자에 대한 국외여행허가제
- 군무 이외의 집단행위의 제한

기본권총론

Ⅰ. 기본권(基本權)의 의의

▌인권(人權)과 기본권(基本權)

1. 인권: 인간이 인간으로서 당연히 누리는 권리
2. 기본권: 헌법이 보장하는 국민의 기본적 권리
3. 양자의 관계: 반드시 일치하지 않음
   - 인권은 인간의 생래적·천부적 권리(자연권)를 의미
   - 기본권은 국법으로 형성되고 구체화되는 것도 포함
   - 그러나 기본권도 인권사상에 기초, 인간의 권리를 실현하기 위한 것이므로 동일시

▌기본권의 특성

1. 보편성: 모든 인간이 보편적으로 누리는 권리
2. 고유성: 인간으로서 당연히 누리는 권리이고, 국가나 헌법에 의해 창설된 것이 아님
3. 항구성: 영구적 보장, 헌법개정으로 폐지 불가능
4. 불가침성: 국가권력의 기본권 최대 존중, 본질적 내용의 훼손금지

Ⅱ. 기본권의 역사적 발전과정(각국의 인권선언사)

▌인권사상의 형성

1. 인권관념의 정립: 18세기 사회계약론자와 계몽주의적 자연법론자들의 제창
2. 인권관념 형성의 사상적 경향
   - 개인주의 사상
   - 평등사상

- ▪ 절대적 진리에 대한 회의
- ▪ 인간이성에 대한 낙관론적 신념

▌영국에서의 인권선언

1. 대헌장(Magna Carta; 1215)
- ▪ 군주와 등족(等族)간의 약정서
- ▪ 등족에 대한 기존의 봉건적 특권의 재확인

2. 권리청원(Petition of Rights; 1628)
- ▪ 근대적 인권보장의 기초
- ▪ 의회의 승인 없는 과세금지, 인신의 자유 등 인권보장

3. 인민협약(Agreement of the People; 1647)
- ▪ 종교·양심의 자유, 평등권, 신체 및 병역의 강제로부터의 자유, 재산권 등

4. 인신보호법(Habeas Corpus Act; 1679)
- ▪ 인신의 자유보장을 위한 절차문제 강화, 구속적부심사의 제도화

5. 권리장전(Bill of Rights; 1689)
- ▪ 명예혁명의 소산
- ▪ 청원권과 언론의 자유보장, 형사절차의 보장
- ▪ 의회 동의 없는 법률효력의 정지나 상비군의 설치 및 조세부과 금지

▌미국에서의 인권선언

1. 버지니아권리장전(1776. 6. 12.)
- ▪ 미국 각주(各州)와 외국 성문헌법의 모델
- ▪ 국민주권의 원리선언, 인권을 천부적 자연권으로 규정
- ▪ 생명과 자유를 누릴 권리, 재산소유와 행복추구, 신체의 자유, 언론과 출판의 자유, 종교와 신앙의 자유, 저항권을 규정

2. 미국독립선언(1776. 7. 4.)
- ▪ 인권에 대한 자연법적 기초 부여
- ▪ 생명, 자유, 행복추구의 권리를 천부의 권리로 선언

3. 미국연방헌법(1787)

- 전문(前文)과 7개 조문으로 구성(기본권규정 부존재)
- 1791년 인권규정 10개조가 연방헌법에 추가

▌프랑스에서의 인권선언

1. 인간과 시민의 권리선언(1789)

- 인권의 불가침·불가양의 자연권으로 규정
- 평등권을 강조, 소유권의 신성불가침의 권리로 규정
- 1791년 국민의회에서 제정한 헌법에 수용: 근대헌법전의 필수적 구성요소

2. 역대 헌법상 인권규정

- 제1공화국(1795), 제2공화국(1848), 제3공화국(1975): 인권사상 퇴조
- 제4공화국(1946), 제5공화국(1958): 천부인권사상 부활

3. 프랑스 인권사상의 특징

- 구 체제에 대한 투쟁의 산물
- 자연권 사상에 근거

▌독일에서의 인권선언

1. 독일제국헌법(프랑크푸르트 헌법초안; 1849): 실행되지 못함

- 60개 조항에 걸쳐 독일국민의 기본권을 규정
- 종교, 인신, 출판, 집회, 교육의 자유, 청원권 등을 구체적으로 규정

2. 프로이센헌법(1850)

- 군국주의적 역사와 보수주의적 내부구조로 기본권의 형식화·명목화

3. 비스마르크헌법(1871)

- 법실증주의적 국법학의 영향으로 독립된 장은 두지 않고 포괄적으로 규정

4. 바이마르헌법(1919)

- 천부인권으로서의 자유권규정
- 사회국가적 기본권(= 생존권)을 최초로 규정

5. 본(Bonn)기본법(1949)

- 나치시대의 인권유린에 대한 반성

- 자연권적 인권사상 확립
- 기본권조항의 직접구속력을 인정

※ 독일에서의 기본권이론

1) 자유주의적 기본권이론
- 기본권: 국가에 대한 주관적 방어권
- 국가권력에 의한 기본권의 침해와 제한은 한정적
- 개인의 임의에 기초한 기본권 행사

2) 제도적 기본권이론
- 기본권: 객관적 질서원리
- 기본권은 제도에 의하여 그 내용과 범위가 결정

3) 기본권가치이론
- 기본권: 국가를 통합하는 객관적 규범
- 공동체통합을 위한 기본적 요소인 동시에 수단

4) 기능적 기본권이론
- 기본권: 민주주의와 민주정치의 구현을 위해 존재하는 것
- 그 행사는 책무인 동시에 의무

5) 사회국가적 기본권이론
- 기본권: 국가에 대한 적극적인 급부청구권

▌기본권 보장의 현대적 발전과정

1. 인권선언의 사회화 현상

(1) 자유권적 기본권과 사회권적 기본권의 조화적 보장

(2) 바이마르헌법이 효시
- 사회적 기본권에 관한 조항을 최초로 규정함
- 제2차 대전 이후 각국 헌법에 확산

(3) 사회주의적 인권선언
- 사회적 기본권의 현실화를 위해 자유권적 기본권의 명목화
- 레닌헌법(1918) → 소비에트사회주의연방공화국(1923) → 스탈린헌법(1936) 계승
- 중국헌법과 북한헌법

2. 자연법사상의 부활

(1) 나치즘의 반인륜적인 정치적 독재와 그 이론적 기반인 법실증주의에 대한 반발

(2) 기본권의 전국가적 불가침·불가양성 강조

(3) 기본권의 자연권성은 전후 제정된 각국의 헌법에 계승

3. 인권선언의 국제화

(1) 유엔헌장(1945)에서 인권에 관한 국제적 관심 확인

(2) 유엔총회에서의 세계인권선언의 채택(1948)

- 모든 인간은 자유이고 존엄과 권리에 관해 평등

- 공포와 궁핍으로부터 해방, 망명자비호청구권

- 법적 구속력 없음

(3) 유럽인권협약(1950)

- 조약과 인권보장의 실효성 확보를 위한 인권재판소 등 설치

(4) 국제연합인권규약(1966)

- A규약: 경제·사회·문화적 권리에 관한 규약(1985년 가입)

- B규약: 시민적·정치적 권리에 관한 규약(1990.7.)

  ※ 일사부재리의 원칙, 이중처벌금지, 상소권보장 및 결사의 자유, 혼인 및 혼
  인해소시 배우자평등권 유보

- B규약선택의정서: 시민적·정치적 권리에 관한 의정서

(5) 유네스코의 제3세대 인권론

- 1세대 인권: 시민적, 정치적 권리

- 2세대 인권: 경제적, 사회적, 문화적 권리

- 3세대 인권: 연대권

※ 연대권(連帶權): 변화된 상황에 적용하기 위한 새로운 인권의 개념

1. 개념: 경제발전권, 평화권, 환경권, 인류공동 유산에 대한 소유권, 인간적 도움을 요구할
   권리

2. 특색

1) 정치적 색채가 적음 2) 연대책임의 인정에서만 가능 3) 주체는 집단

4) 국제법적 차원에서 제기 5) 1세대 인권과 2세대 인권의 종합 내지 보완

제1세대 인권(시민적, 정치적 권리)과 제2세대 인권(사회적, 경제적, 문화적 권리)은 각각
개인적 차원과 국가적 차원으로 발전한 데 비하여 제3세대 인권(연대권)은 주로 국제적 차

원에서 발전하였고, 그 동안 유네스코 등에서 활발하게 논의되어 아프리카인권헌장에도 반영됨으로 인하여 유엔 주도로 단일조약이 성립하였으며, 그 내용으로 평화, 개발, 환경에 대한 권리, 인류공동체 유산의 보존에 대한 권리 등이 박애정신에 입각한 새로운 인권개념으로서 주목되고 있다. 인류의 진정한 인간다운 삶에 바탕을 둔 국제평화를 위한 국제공동체의 요청에 대처하고 상호협력의 필요성에 따른 새로운 인권개념이다.

4. 기본권의 제3자적 효력에 대한 인식 증대

(1) 기본권: 국가권력의 자의적 행사를 억제하는 수단

(2) 기본권의 효력범위를 확장하는 것

구 분	내　　　용
제1공화국	개별적 법률유보, 사회적 기본권 규정, 실정법적 권리
제2공화국	기본권의 자연권화, 개별적 법률유보 삭제
제3공화국	인간의 존엄과 가치 보장, 양심의 자유, 기본권을 자연권화
제4공화국	개별적 법률유보, 실정법적 권리화, 전반적으로 기본권 보장 후퇴
제5공화국	개별적 법률유보 삭제, 기본권 자연권화, 환경권, 행복추구권, 사생활보호조항
제6공화국	제5공화국헌법상 기본권규정에 새로운 기본권규정을 추가

Ⅲ. 기본권의 성격

▎기본권의 주관적 공권성(主觀的 公權性)

- 개인의 현실적, 구체적 권리
- 개인이 자신의 이익을 위하여 국가에 대하여 주장할 수 있는 권리

(1) 반사적 이익설: 국가권력의 자제에서 나오는 반사적 이익

(2) 기본권2분설: 자유권의 현실적·구체적 권리성 + 사회권의 방침적 권리성

▎기본권의 자연권성(自然的 權利性)

1. 학설

(1) 실정권설(實定權說)

- 기본권도 실정헌법에 규정된 이상 실정권
- 헌법질서를 전제로 하지 않는 권리는 어떤 경우라도 부존재

기본권이 자연법사상에서 출발하였으나, 기본권도 실정헌법에 규정된 실정권이고, 권리는 실정권을 떠나서 성립할 수 없으며, 자유는 전국가적이라 할지라도 자유, 권리는 국가내적이다.

(2) 자연권설(自然權說): 다수설

- 헌법상의 기본권은 인간으로서 당연히 갖는 것을 확인하고 선언한 것
- 실정법질서를 떠나 초실정법적인 권리

기본권은 헌법에 의하여 비로소 보장되는 것이 아닌 자연권이며, 인권 없는 민주주의는 생각할 수 없으므로 기본권은 전국가적이다.

(3) 통합주의

기본권은 그 시대의 사회가 통합되어 가기 위해 다수가 느끼는 공감대적 가치에 대한 콘센스를 의미하기 때문에 자연권적 성격과 실정권적 성격을 인정하지 않음. 기본권은 문화가치 내지 생활가치이다.

2. 이론적 측면

실정권설	자연권설
▪ 실정법에 규정된 이상 실정권 ▪ 절대군주제 하에서 항의적, 방어적 권리 ▪ 권리는 실정법을 떠나 존립할 수 없음 ▪ 자유는 전국가적, 자유권은 국가내적	▪ 인간으로서 당연히 향유하는 권리 ▪ 초실정법적 권리 ▪ 기본권은 전국가적 권리

3. 실정헌법의 해석

(1) 헌법 제10조

(2) 헌법 제37조 제1항: 자연법상의 자유와 권리의 존재 인정

(3) 헌법 제37조 제2항: 기본권의 초헌법성, 자연권성 확인

▌기본권의 이중적 성격(二重的 性格)

1. 기본권

- 국가에 대한 개인의 주관적 공권 + 국가의 객관적 법질서의 구성요소

  예 평등권: 국가에 대한 개인의 주관적 공권으로서 평등권

  　　　　국가권력에 의한 자의적인 불평등한 대우 금지를 구성

2. 학설

(1) 긍정설(권영성; 허영; 구병삭)

- 개인적 권익과 공공이익을 동시 추구
- 국가공동체를 전제로 한 객관적 질서

기본권은 주관적으로는 개인을 위한 주관적 공권(이는 대국가적 효력만이 있고, 여기에는 소극적 효력인 기본권침해금지의무와 적극적 효력인 기본권 적극보호가 있다)을 의미하지만, 객관적으로는 국가의 가치질서로서의 성격(객관적 가치질서에는 파급효과 내지 방사효과와 제도보장이 있고, 파급효과에는 대국가적 효력으로 국가권력 기본권기속성과 대사인적 효력으로 간접적용이 있다)을 가지고 있다.

- 우리 헌법재판소는 기본권의 이중성을 인정하고 있다.

법 앞의 평등의 헌법적 보장은 개개인이 국가권력에 대하여 평등한 대우를 요구할 수 있는 개인을 위한 주관적 평등권을 보장한 것이며, 동시에 국가권력에 의한 자의적인 차별의 금지와 같은 민주국가적 법질서의 내용이 되는 평등의 원칙을 객관적으로 확인한 것이다.

(2) 부정설(김철수; 문홍주)

- 독일기본법 제1조 제2항 부존재
- 기본권이 헌법에 규정됨으로써 객관적 질서 구성(내재된 것 아님)

독일기본법 제1조 제2항과 같은 규정이 없는 우리 헌법하에서는 기본권이 헌법에 규정됨으로써 헌법규범으로서 국가권력을 구속하기 때문에 결과적으로 객관적 가치질서를 구성하게 되는 것이지 기본권 그 자체는 천부인권으로서의 공권일 뿐이므로 이중적 성격을 인정할 수 없다고 한다.

(3) 결어: 기본권의 이중적 성격을 인정하는 것이 지배적 견해

- 기본권의 적극적 기능의 필요성 증대
- 사인으로부터 기본권 보호
- 기본권의 포기 금지

Ⅳ. 기본권의 분류

▌옐리네크의 전통적 분류 — 공권의 체계론

지위의 종류	기본권	내 용
소극적 지위	자유권	국민이 국가권력 간섭 거부
적극적 지위	청구권, 생존권	국민이 국가에 대한 활동 요구
능동적 지위	참정권	국민이 국가활동 담당
수동적 지위	의 무	국민이 국가에 복종

▌주체를 기준으로 한 분류

1. 인간의 권리와 국민의 권리
2. 자연인의 권리와 법인의 권리

▌성질을 기준으로 한 분류

1. 초국가적 기본권과 국가내적 기본권
2. 절대적 기본권과 상대적 기본권
3. 진정한 기본권과 부진정한 기본권
   - 진정기본권: 주관적 공권성 보유, 국가에 부작위나 급부를 청구할 수 있는 권리
   - 부진정기본권: 제도보장의 반사적 결과 또는 그에 수반하여 누리는 권리

▌내용을 기준으로 한 분류

국내학자마다 조금씩 다르게 기술

권영성 교수	허영 교수	김철수 교수
기본권 보장의 이념과 포괄적 기본권 행복추구권 평등권 자유권적 기본권 경제적 기본권 정치적 기본권 청구권적 기본권 사회적 기본권	인신권 사생활영역 보호 정신, 문화, 건강생활영역 보호 경제생활영역 보호 정치, 사회생활영역 보호 권리구제를 위한 청구권	인간의 존엄과 가치 행복추구권 평등권 자유권적 기본권 생존권적 기본권 청구권적 기본권 참정권

▌효력을 기준으로 한 분류

1. 현실적 기본권과 방침적 기본권
2. 대국가적 기본권과 대사인적 기본권(제3자적 효력의 기본권)

▌기본권의 체계

분 류	기본권의 내용
포괄적 권리	인간의 존엄과 가치, 행복추구권(제10조)
평등권	평등권 및 평등원칙(제11조)
자유권	**인신권** 생명권, 신체의 자유(제12조)
	사생활 거주이전(제14조), 주거(제16조), 사생활의 비밀 자유(제17조), 통신(제18조)
	정신활동 양심(제19조), 종교(제20조), 언론·출판·집회·결사(제21조), 학문예술(제22조)
	경제생활 직업선택(제15조), 재산권보장(제23조)
생존권	인간다운 생활권(제34조), 교육을 받을 권리(제31조), 근로의 권리(제32조), 근로3권(제33조), 환경권(제35조), 혼인·가족제도 및 보건의 권리(제36조)
청구권	청원권(제26조), 재판을 받을 권리(제27조), 형사보상청구권(제28조), 국가배상청구권(제29조), 범죄피해자구조청구권(제30조), 손실보상청구권(제23조)
참정권	선거권(제24조), 공무담임권(제25조), 투표권(제72조, 제130조 제2항)

▌헌법에 열거되지 않은 기본권: 제37조 제1항

1. 자유와 권리의 포괄성, 전국가성을 선언한 규정
2. 법적 성격: 권리창설규범인가 선언적 규범인가?
   - 실정권설: 헌법 제11조~제36조에서 창설되지 않은 기본권을 창설하는 규정
   - 자연권설: 기본권의 자연권성을 확인하고 선언한 것(다수설)
3. 헌법에 열거되지 아니한 자유와 권리의 유형
   - 인산으로서의 존엄과 가치를 추구하기 위해서 필요한 것이면 모두 포함
   - 자기결정권, 일반적 행동자유권, 평화적 생존권, 휴식권, 일조권, 생명권 등
4. 효력: 경시되지 아니한다
   - 최대한 보장할 의무

V. 기본권의 주체

▌의의

1. 헌법이 보장하는 기본권의 향유자(향유주체, 향유대상자)
2. 헌법 제2장: 기본권 주체로서 국민을 규정
   - 상이한 신분(국민·외국인·법인)
   - 대국가적 관계의 다양성
3. 국민의 성격과 범위가 문제

▌국민(國民)

1. 일반국민: 대한민국 국적을 가진 개개인으로서의 자연인(自然人)
   (1) 기본권보유능력(基本權保有能力)
   - 기본권을 가질 수 있는 능력
   - 국민이면 누구나 가짐(미성년자, 심신상실자, 수형자 등 모두 포함)
   (2) 기본권행사능력(基本權行使能力)
   - 자신의 기본권을 현실적으로 행사할 수 있는 자격 또는 능력
   - 법률로써 구체적으로 정해짐
   - 선거권, 투표권, 피선거권, 공무담임권 등
     ※ 민법상 권리능력, 행위능력과의 관계
   - 기본권 보유능력과 행사능력은 민법상의 권리능력·행위능력을 유추한 개념
   - 양자가 반드시 일치하는 것은 아님
2. 특별권력관계에 있는 국민
   (1) 개념: 특별한 법적 원인에 의해 성립, 공법상 특별한 목적 달성,
       포괄적인 지배·복종의 의무를 내용으로 하는 관계
       예 공무원, 군인, 군무원, 수형자 등
   (2) 기본권 제한: 법치주의의 원칙이 적용되므로 헌법상·법률상 근거가 있어야 함
   - 헌법상 제한: 공무원의 정치적 중립, 국가배상청구권, 근로3권
   - 법률상 제한: 직업선택의 자유, 거주이전의 자유, 주거의 자유, 집단행동의 자유

(3) 제한의 한계: 절대적 기본권

　　　　　　　　공법상 목적과 무관한 자유

　　　　　　　　인간의 존엄과 가치 등의 본질적 내용 침해금지

▌외국인(外國人)

1. 개념

- 대한민국 국적을 보유하지 아니한 자, 무국적자

2. 외국인의 기본권주체성 인정 여부

(1) 부정설

법실증주의에 따르면 외국인에게 기본권을 인정할 것인가의 문제는 입법정책상 문제와 실정법상 보장된 것이 아니라고 하며, 통합주의에 따르면 기본권을 통합되기 위한 공감대적 가치질서로 이해하는 스멘트는 인정하지 않는다.

(2) 긍정설

결단주의에 따르면 규정보다 권리의 성질에 따라 인정 여부 결정, 즉 기본권을 인간의 권리로 봄으로써 외국인에게도 인정한다(통설).

부정설	법실증주의 (켈젠, 옐리네크)	기본권: 법률 속의 자유 그 주체: 법적 생활공동체의 구성원인 국민
	통합주의 (스멘트)	기본권: 사회통합을 위한 가치질서 그 주체: 원칙적으로 국민
	기본권 문언설	헌법 제2장의 표제가 '국민의 권리와 의무'
긍정설	결단주의 (슈미트)	인간의 천부적, 전국가적 인권은 외국인도 주체 참정권, 사회적 기본권: 외국인은 제외
	동화적 통합이론 (허영 교수)	진정한 통합: 외국인을 포함한 통합 자국민의 동화적 통합을 해치지 않는 범위 내 인정

3. 외국인이 주체가 될 수 있는 기본권

(1) 인간의 존엄과 가치, 행복추구권(제10조): 인간의 권리이므로

(2) 평등권: 상호주의 원칙에 따라 보장

(3) 자유권: 원칙적으로 인간의 권리이므로 인정

- 직업선택의 자유, 거주이전의 자유, 언론·출판·집회·결사의 자유 등에 제약
- 출입국: 입국의 자유는 인정되지 않으나 출국의 자유는 허용

- 망명권(정치적 비호청구권)

개 념: 망명자 정치적 난민이 국적귀속국 이외의 국가의 보호를 받을 권리		
학 설	긍정설	인권의 보편성, 인권보장의 국제화 추세, 국제평화주의
	부정설	망명은 외국인의 권리로서 인정할 수 없음
판 례		망명권에 소극적 입장

대법원 1984.5.22. 84도39 중공의 정치, 사회현실에 불만을 품고 자유중국으로 탈출하고자, 민간항공기를 납치하여 입국한 피고인들의 경우 정치적 박해를 받거나 정치적 신조를 달리함으로써 타국에 피난한 정치적 피난민이라고 할 수 있겠으나 정치적 피난민에 대한 보호는 소수의 국가가 국내법상으로 보장하고 있을 뿐 우리나라는 이를 보장하는 국내 법규가 없으며 개개의 조약을 떠나서 일반국제법상 보장이 확립된 것도 아니며 더구나 헤이그 협약 제8조는 항공기납치 범죄를 체약국간의 현행 또는 장래 체결될 범죄인 인도조약상의 인도범죄로 보며 인도조약이 없는 경우에도 범죄인의 인도를 용이하게 할 수 있는 규정을 마련하고 있는 점 등에 비추어 볼 때 민항기납치 행위가 순수한 정치적 동기에서 일어난 정치적 망명을 위한 상당한 수단으로 행하여진 것으로 세계 각국이 비호권을 인정하고 있다는 이유로 위법성이 조각된다고 볼 수 없다.

(4) 정치적 기본권: 국민의 권리이므로 외국인에게는 불인정

(5) 청구권적 기본권: 기본권 보장을 위한 기본권이므로 외국인에게도 인정
　　　　　　　　　국가배상청구권은 상호보증을 전제로 인정

(6) 사회권적 기본권: 국민의 권리이므로 원칙적으로 외국인에게 불인정

▌ 법인(法人)

1. 개념

사람 또는 재산의 결합체에 자연인과 같은 권리의무의 주체가 될 수 있도록 한 것

- 민법상 개념을 전제로 법인의 기본권주체성을 판단하려는 견해
- 헌법적 차원의 독자적인 법인개념을 정립해야 한다는 견해

2. 법인의 기본권주체성 인정 여부

(1) 부정설(결단주의)

슈미트는 기본권은 자연인의 권리이므로 국가질서에 의하여 비로소 창설되는 법인에게까지 인정될 수 없다고 한다.

⑵ 긍정설

법실증주의는 법인도 자연인과 마찬가지로 구체적 법질서에 의하여 형성된 규범적 일원체를 뜻하기 때문에 법인도 기본권주체로 인정, 다만 법인격 없는 사단이나 공법인은 기본권주체성이 부정되고, 통합주의에 따르면 법인은 그것이 사법인이건 공법인이건간에 모두 통합의 형식이요, 수단이기 때문에 그 주체성을 부정할 이유가 없다고 본다.

다만 긍정설도 개별적 기본권의 성질에 따라 기준으로 하여 그것이 법인에게도 적용될 것인지의 여부를 결정하고 이에 따라 법인에게 인정되는 기본권을 구체적으로 열거하려는 기본권기준설과 각 법인의 특성에 따라 개별적, 구체적으로 판단하여 문제되는 기본권의 적용 여부를 결정하려는 법인기준설이 있다.

※ 우리 헌법학계에서 부정설을 취하는 학자는 거의 없음

부정설	제1설	인권의 관념적 전제조건: 자연인 따라서 법인은 기본권의 주체가 될 수 없음
	제2설 (법인의제설)	법인의 활동: 자연인의 활동 자연인의 기본권 보장으로 충분
	제3설 (슈미트적 기본권)	기본권: 초국가적 자연법적 성격 법인: 실정법질서(국법질서)에 의해 인격 창설
긍정설	제1설 (법인실재설)	법인: 자연인과 별개의 실체를 부여받은 것 따라서 법인도 독자적인 기본권주체가 됨
	제2설 (법실증주의)	법인: 자연인과 같이 법질서로써 형성된 규범적 규율의 대상 단 법인격 없는 사단, 공법인은 예외
	제3설 (동화적 통합이론)	법인: 생활공동체의 구성부분 중 일부 형성 따라서 법인도 독자적인 기본권주체가 됨
	제4설	법인 인정의 목적: 자연인의 이익이나 권리실현 협력 따라서 법인 자체의 기본권주체성 인정

* 기본권주체로서의 법인개념의 재구성

사법상의 법인 개념을 헌법학의 영역에 무비판적으로 차용하려는 데에 문제가 있다. 이를 해결하려는 이젠제(Isensee)의 헌법적 차원에서 기본권주체성을 인정하려면 의사결정과 활동에 있어 통일성을 가지는 조직적 통일체라야 하고, 당해 조직에 참여하는 자연인과의 관계에서 법적으로 상대적 독립성을 유지하는 것이어야 하며, 그 성격에 있어 사적 자율을 기초로 하는 조직이라야 한다.

3. 판례: 헌재 1991. 6. 3. 90헌마56

- 법인의 기본권주체성 인정

헌재 1991. 6. 3. 90헌마56 영화법(映畵法) 제12조 등에 대한 헌법소원(憲法訴願) 우리 헌법은 법인의 기본권향유능력을 인정하는 명문의 규정을 두고 있지 않지만, 본래 자연인에게 적용되는 기본권규정이라도 언론·출판의 자유, 재산권의 보장 등과 같이 성질상 법인이 누릴 수 있는 기본권은 당연히 법인에게도 적용하여야 할 것으로 본다.

4. 기본권주체로서의 법인의 범위

(1) 사법상의 법인

- 영리법인: 상법상 회사 등
- 비영리법인: 사단, 재단, 각종 법인단체
- 권리능력(법인격) 없는 단체: 경제적, 이념적, 종교적, 정치적 결사 등

헌재 1991. 6. 3. 90헌마56 영화법(映畵法) 제12조 등에 대한 헌법소원(憲法訴願) 우리 헌법은 법인의 기본권향유능력을 인정하는 명문의 규정을 두고 있지 않지만, 성질상 법인이 누릴 수 있는 기본권은 당연히 법인에게도 적용하여야 할 것으로 본다. 또한, 법인 아닌 사단·재단이라고 하더라도 대표자의 정함이 있고 독립된 사회적 조직체로서 활동하는 때에는 성질상 법인이 누릴 수 있는 기본권을 침해당하게 되면 그의 이름으로 헌법소원심판을 청구할 수 있다.

헌재 1995. 7. 21. 92헌마177, 199 대통령선거법(大統領選擧法) 제65조 위헌확인(違憲確認) 청구인협회(한국신문편집인협회)는 언론인들의 협동단체로서 법인격은 없으나, 대표자와 총회가 있고, 단체의 명칭, 대표의 방법, 총회 운영, 재산의 관리 기타 단체의 중요한 사항이 회칙으로 규정되어 있는 등 사단으로서의 실체를 가지고 있으므로 권리능력 없는 사단이라고 할 것이고, 따라서 기본권의 성질상 자연인에게만 인정될 수 있는 기본권이 아닌 한 기본권의 주체가 될 수 있으며, 헌법상의 기본권을 향유하는 범위 내에서는 헌법소원심판청구능력도 있다고 할 것이다.

(2) 공법상의 법인

- 국가, 지방자치단체 기타 공법인
- 원칙: 국민의 기본권을 보호하는 주체이므로 기본권의 주체가 될 수 없음
- 예외: 일정한 기본권의 실현에 이바지하도록 국가가 설치한 경우 그 범위 내에서 제한적으로 인정
- 서울대학교, KBS 등: 학문의 자유, 언론의 자유의 주체성 인정

헌재 1992. 10. 1. 92헌마68등 1994학년도 신입생선발시안에 대한 헌법소원 헌법 제31조 제4항은 "교육의 자주성·전문성·정치적 중립성 및 대학의 자율성은 법률이 정하는 바에 의하여 보장된다."라고 규정하여 교육의 자주성·대학의 자율성을 보장하고 있는데 이는 대학에 대한 공권력 등 외부세력의 간섭을 배제하고 대학구성원 자신이 대학을 자주적으로 운영할 수 있도록 함으로써 대학인으로 하여금 연구와 교육을 자유롭게 하여 진리탐구와 지도적 인격의 도야(陶冶)라는 대학의 기능을 충분히 발휘할 수 있도록 하기 위한 것이며, 교육의 자주성이나 대학의 자율성은 헌법 제22조 제1항이 보장하고 있는 학문의 자유의 확실한 보장수단으로 꼭 필요한 것으로서 이는 대학에게 부여된 헌법상의 기본권이다. 따라서 국립대학인 서울대학교는 다른 국가기관 내지 행정기관과는 달리 공권력의 행사자의 지위와 함께 기본권의 주체라는 점도 중요하게 다루어져야 한다.

헌재 1999. 5. 27. 98헌바70 한국방송공사법 제35조 등 위헌소원 오늘날 텔레비전방송은 언론자유와 민주주의의 실현에 있어 불가결의 요소이고 여론의 형성에 결정적인 영향력을 행사하며, 정치적·사회적 민주주의의 발전에도 중요한 영향을 미친다. 공영방송사인 공사가 실시하는 텔레비전방송의 경우 특히 그 공적 영향력과 책임이 더욱 중하다 하지 아니할 수 없다. 이러한 공사가 공영방송사로서의 공적 기능을 제대로 수행하면서도 아울러 언론자유의 주체로서 방송의 자유를 제대로 향유하기 위하여서는 그 재원조달의 문제가 결정적으로 중요한 의미를 지닌다. 공사가 그 방송프로그램에 관한 자유를 누리고 국가나 정치적 영향력, 특정 사회세력으로부터 자유롭기 위하여는 적정한 재정적 토대를 확립하지 아니하면 아니되는 것이다.

(3) 정당: 선거에 있어서의 기회균등의 원칙의 보장

헌재 1991. 3. 11. 91헌마21 지방의회의원선거법 제36조 제1항에 대한 헌법소원 시·도의회의원선거에서 정당(政黨)이 후보자의 추천과 후보자를 지원하는 선거운동을 통하여 소기의 목적을 추구하는 경우, 평등권(平等權) 및 평등선거원칙(平等選擧原則)으로부터 나오는 (선거에 있어서의) 기회균등의 원칙은 후보자는 물론 정당에 대해서도 보장되는 것이므로 정당추천의 후보자가 선거에서 차등대우를 받는 것은 정당이 선거에서 차등대우를 받는 것과 같은 결과가 된다.

(4) 외국법인: 성질상 법인에게 허용되는 것 중 외국인에 준하여 인정

5. 법인에게 인정되는 기본권

(1) 기본권기준설

- 기본권의 성질에 따라 법인이 향유 가능한 기본권 결정

(2) 법인기준설

- 법인이 수행하는 공적·사적 기능, 설립목적에 따라 결정

법인이 향유할 수 있는 기본권	법인이 향유할 수 없는 기본권

▪ 법 앞의 평등
▪ 직업선택의 자유
▪ 재산권의 보장
▪ 거주이전의 자유
▪ 통신, 언론, 출판의 자유
▪ 집회, 결사의 자유
▪ 재판청구권
▪ 국가배상청구권
	▪ 인간의 존엄과 가치, 행복추구권
	▪ 육체적 특성을 바탕으로 하는 신체의 자유
	  단, 적법절차의 보장은 인정
	▪ 심리적·정신적 특성에서 유래하는 신앙의
	  자유, 양심의 자유, 학문의 자유 등
	▪ 참정권(선거권, 피선거권)
	▪ 사회적 기본권

Ⅵ. 기본권의 효력

▌기본권의 효력이란

1. 기본권이 그 의미와 내용대로 실현될 수 있는 힘
2. 기본권 보장의 효력(구속력)이 미치는 범위에 관한 문제

▌기본권의 대국가적 효력(=기본권의 수직적 효력)

1. 국가권력 일반에 대한 효력

 (1) 기본권: 개개의 국민이 국가에 대하여 가지는 권리

 (2) 국가권력으로부터 침해를 받지 않고 모든 국가권력을 직접 구속하는 힘

 (3) 근거규정

 ▪ 다수설: 헌법 제10조

 (4) 내용

 ▪ 모든 국가권력 구속

 ▪ 입법, 사법, 행정은 물론 헌법개정권력도 구속

 (5) 개별적 기본권의 대국가적 효력

 ▪ 인간의 존엄과 가치, 행복추구권, 평등권, 자유권, 참정권, 청구권: 모두 인정

 ▪ 사회적 기본권(생존권): 구체적 입법 필요

2. 비권력작용에 대한 효력

(1) 관리작용: 공익달성을 위해 행정주체가 사업을 수행하거나 재산을 관리하는 작용

(2) 국고작용: 행정주체가 일반인과 같은 지위에서 행하는 작용

(3) 학설

1) 부정설
- 비권력작용은 공권력의 행사가 아님
- 따라서 공법(헌법, 행정법)이 적용되지 않음

2) 긍정설(다수설)
- 기본권의 효력은 국가작용의 형태에 따라 달리 취급될 필요가 없음

▌기본권의 제3자적 효력(=기본권의 수평적 효력)

1. 등장배경

(1) 국가와 유사한 기능을 가지는 사적 단체나 조직, 사인의 등장

(2) 이들에 의한 기본권 침해로부터 개인의 기본권 보호 문제 대두

※ 제3자적 효력을 구체화하는 방법: (1) 헌법에 명기, (2) 입법에 의한 방법, (3) 헌법해석에 의한 방법

2. 독일에서의 이론전개

(1) 효력부인설(무관계설)
- 공법과 사법의 구별을 전제로 사인간에는 기본권규정이 적용되지 않음
- 바이마르헌법하에서의 통설
- 기본권은 대국가적 방어권이므로 국가기관만을 구속
- 사인에 의한 침해로부터의 기본권 보호는 일반 법률로 충분

※ 비판: 사회적 모든 세력에 의한 개인의 기본권 침해 현실을 무시한 이론

(2) 직접효력설(직접적용설)

1) 절대적 직접효력설
- 모든 기본권규정이 사인간의 법률관계에 직접 적용

2) 한정적 직접효력설
- 특정한 기본권규정만이 사인간의 법률관계를 직접 규율
① 직접적·사인적 효력에 관해 명문규정이 있는 것

② 기본권의 성질상 사인 상호간에 적용될 수 있는 것

- 독일연방노동법원, 니퍼다이, 라이스너

※ 비판: 공사법의 구분을 해체하여 법이론 체계의 혼돈 초래 가능성

　　　　기본권의 규정 모습이 대국가적으로 규정되어 있는 점

(3) 간접적용설(공서양속설)

- 사법상의 일반조항이나 불확정개념을 통해 사인간에 간접적으로 인정
- 기본권은 국가지향적이면서 제3자지향적 성격을 가짐
- 따라서 국가나 개인 모두에게 기본권존중 의무가 부여됨
- 독일연방헌법재판소(뤼스판결), 뒤리히, 우리나라의 통설

※ 비판: 법관에게 지나치게 많은 재량권을 부여

　　　　대사인적 효력을 가지는 기본권(근로3권)도 간접적용되는 문제점 내포

3. 미국에서의 이론전개

(1) 국가유사론 또는 국가행위의제론

1) 사인의 행위를 국가행위와 동일시

2) 국가작용인 것처럼 의제

※ 비판: 국가가 관여한 사법행위의 한계가 불명확

　　　　인권규정이 무한정 확대되어 적용될 가능성 내재

(2) 국가재산이론(國家財産理論)

- 국가시설을 임차한 사인이 개인의 기본권을 침해한 경우 국가행위와 동일시
- Turner v. City of Memphis(1962)

Turner v. City of Memphis 시소유의 비행장 일부를 시(市)로부터 임차하여 경영하는 개인이 주의 보건국에서 제정한 흑인과 백인을 분리하여 식사를 제공하라는 규칙에 따라 흑인을 차별대우한 사건이다. 이에 대해 연방대법원은 식당이 비록 개인식당이라고 하더라도 시유지를 임차하여 건설된 것이라면 거기에서의 인종차별은 위헌이라고 판시하였다.

(3) 국가원조이론(國家援助理論)

- 국가로부터 재정적 원조를 받은 개인의 행위를 국가행위와 동일시
- Norwood v. Harrison(1973)

Norwood v. Harrison 공립은 물론 사립학교까지 교과서를 주정부가 구입하여 학생들에게 무료로 대여해 주는 제도를 시행하면서, 사립학교의 수가 많이 늘어나고 이들 중에는 백인 전용 사립학교도 있었는데, 이러한 분리교육을 목적으로 하는 사립학교에 대해 주의 교과서 무상대여제도를 시행하는 것은 주가 분리교육에 재정적 원조를 하는 것이므로 위헌이라고 판시하였다.

(4) 통치기능이론(統治機能理論)
- 국가적인 통치작용과 유사한 사적 집단에 의한 인권침해를 국가적 행위로 간주
- Smith v. Allwright(1944); Terry v. Adams(1953)

Smith v. Allwright 텍사스주 민주당이 흑인들의 투표권행사를 저지하기 위하여 정당내규로 흑인을 예비선거에서 배제하는 백인예선제도를 둔 것은 위헌이라고 하였다.
Terry v. Adams 예선에서 지명된 자가 사실상 당의 예선에서도 지명됨을 고려할 때 예선도 선거절차에서 불가분의 부분이며 통치적인 기능을 수행한다고 보아 정당이 예선 등에서 흑인의 투표를 거부하면 이러한 인종차별은 위헌적인 국가행위가 된다.

(5) 사법집행이론(司法執行理論)
- 사인간에 의한 인권침해행위가 소송대상이 되어 법원이 개입
- 그 침해행위의 내용이 사법적으로 집행될 경우 그 집행행위를 위헌인 행위로 간주
- Shelly v. Kraemer(1948)

Shelly v. Kraemer 세인트루이스의 한 지역의 부동산소유자들이 향후 50년간 흑인이나 몽골 인종에게 매도금지를 내용으로 하는 주민계약을 체결하였다. 그런데 흑인(Shelly)이 위 지역의 부동산을 매입하자 Kraemer가 주민계약위반을 이유로 흑인의 부동산매입을 무효로 다투었고 주대법원에서 크레이머의 승소판결을 내렸다. 이에 대해 연방대법원은 흑인에 대한 차별을 내용으로 하는 사인간의 협정을 주법원이 실현하는 것은 사법적 집행에 의하여 사적 행위도 국가행위로 전환되어 헌법의 적용을 받는다고 판시하였다.

4. 우리 헌법상 기본권의 제3자적 효력
(1) 직접적용: 헌법상 명문의 규정이 있는 경우, 권리의 성질상
(2) 간접적용: 헌법상 명문의 규정이 없는 경우
(3) 직접 적용되는 기본권규정
- 근로3권

- 인간으로서의 존엄과 가치, 행복추구권
- 언론출판의 사회적 책임
- 여자와 연소자의 특별보호

(4) 간접적용되는 기본권규정

- 평등권
- 사생활의 비밀과 자유
- 직업선택의 자유
- 통신, 양심, 종교의 자유
- 학문, 예술의 자유

(5) 기본권의 제3자적 효력을 인정할 수 없는 경우

- 청구권, 청원권, 국가배상청구권
- 사법절차적 기본권, 변호인의 도움을 받을 권리, 신속하고 공개적인 재판을 받을 권리
- 생명, 신체에 관한 헌법상 지도원리(죄형법정주의, 형벌불소급의 원리)

※ 기본권의 제3자적 효력을 구체화하는 방법
① 헌법에 명기: 독일의 근로자의 단체결성권
② 입법화: 미국의 시민권법, 인종차별금지, 우리나라의 근로기준법
③ 헌법해석: 독일의 이론, 미국의 이론

VII. 기본권의 갈등

- 기본권간의 마찰과 모순으로부터 야기되는 문제

기본권의 갈등은 하나의 기본권 주제가 동시에 여러 기본권의 적용을 주장하는 경우(기본권경합)와 복수의 기본권 주체가 서로 대립되는 기본권의 적용을 주장하는 경우(기본권충돌)를 포괄하는 개념이다.

이는 기본권을 어떻게 해석하느냐에 따라 그것이 과연 기본권의 갈등에 해당하는 경우인지 아닌지의 기본권의 해석문제이며, 갈등관계에 있는 기본권의 효력을 어느 정도 인정할 것인지의 문제이며, 최후에는 이러한 갈등을 해소하기 위해서는 결국 헌법이 예정한 기본권 제한의 원칙을 문제해결의 준거로 삼아야 한다.

▌기본권의 경합

1. 의의

- 하나의 기본권주체
- 국가에 대하여 여러 기본권을 주장하는 경우의 이들 기본권 상호간의 관계
- 기본권의 대국가적 효력의 문제에 귀속

복수의 기본권 주체가 국가에 대하여 기본권의 효력을 주장하는 기본권의 충돌과는 상이하며 하나의 기본권 주체가 복수의 기본권을 헌법의 범위 내에서 이를 주장하여야 하며 이를 넘어서게 되면 이는 기본권의 경합이 아니며, 부진정 기본권의 경합이라고 한다. 학문적 표현이나 예술적 수단을 이용한 광고에 있어 영업의 자유와 학문과 예술의 자유을 주장하는 경우가 이에 해당

2. 기본권 경합의 유형

- 신체의 자유와 집회의 자유: 집회에 참가하려는 사람에 대한 체포, 구속한 경우
- 언론의 자유와 재산권: 신문수송용 자동차를 압수한 경우
- 예술의 자유와 재산권: 재산적 가치가 있는 예술작품을 강제철거한 경우

3. 기본권 경합의 해결원칙

(1) 최약효력설

- 경합하는 기본권 중 가장 약한 기본권만큼만 보장
- 기본권의 최대한 존중이라는 헌법정신에 역행

(2) 최강효력설(다수설)

- 경합하는 기본권 중 가장 강한 것에 의해 보장
- 기본권 제한의 가능성과 정도가 가장 약한 것을 우선적으로 적용
  ① 당해 사안과 직접적으로 관련되는 기본권 우선: 기본권간 효력상 우열이 있는 경우
  ② 당해 사안과 관련이 있는 기본권의 내용 모두 실현: 동등한 효력의 기본권인 경우

▌기본권의 충돌

1. 의의

- 서로 다른 복수의 기본권 주체

- 각기 다른 기본권을 국가에 대하여 주장하는 경우의 기본권 상호간의 관계
- 기본권의 제3자적 효력의 문제
- 두 기본권 주체와 국가의 3각관계

하나의 기본권 주체가 기본권의 효력을 주장하는 기본권 경합과는 상이하며 헌법의 범위 내에서 주장하여야 하므로 헌법의 범위 밖에서 주장하는 진정한 의미의 기본권의 충돌이 아니며, 이를 부진정 기본권의 충돌이라 한다. 연극배우가 무대에서 살인을 하고 피살자에 대하여 예술의 자유를 주장하는 경우가 이에 해당

2. 기본권 충돌의 유형

- 예술의 자유와 사생활의 자유: 문학작품에서 특정인의 사생활에 관한 부분 명시
- 보도의 자유와 인격권: 특정인의 과거 범죄사건을 보도하는 경우
- 계약의 자유와 평등권: 직원채용시 합리적인 이유 없는 특정 성별의 자의적 배제
- 직업의 자유와 환경권: 공해사업을 운영하는 기업주와 인근주민

3. 기본권 충돌의 해결원칙

(1) 법익형량의 원칙

- 기본권 간의 위계질서 전제
- 둘 이상의 법익을 비교, 우열을 정하여 상위의 기본권가치를 보호한다는 원칙
- 우열판단의 기준
  ① 생명권·인격권 → 생존권 → 자유권(권)
  ② 상위기본권 → 인격적 가치 → 자유(허)
  ※ 인격적 가치를 보호하기 위한 기본권>경제적·정치적·사회적 기본권
  ※ 인간다운 생존을 보호하기 위한 기본권>경제적·정치적 기본권
  ※ 자유를 실현하기 위한 기본권>다른 법익을 실현하기 위한 기본권

(2) 형평성의 원칙 (= 규범조화적 해석원칙)

- 헌법의 통일성 유지
- 충돌하는 기본권들이 최대한으로 그 기능과 효력을 발휘할 수 있는 조화적 방법 모색
- 기본권 간의 위계질서를 전제로 하지 않음

1) 공평한 제한의 원칙
  ① 기본권 간의 우열을 가리기 어려울 때

② 모든 기본권에 비례적으로 공평한 제약을 가함

③ 충돌하는 기본권의 효력을 모두 양립

2) 대안발견의 원칙

① 효력의 우열을 가릴 수 없는 경우, 공평한 제한도 수용하기 어려운 경우

② 대안 내지 절충안을 찾아 해결하는 방법

③ 집총거부에 대한 민간역무의 부과

(3) 입법에 의한 해결

- 위의 해결원칙으로 기본권 충돌의 문제가 합리적으로 해결될 수 없는 경우
- 예외적인 방법

VIII. 기본권의 내재적 한계

▮ 의의

이는 법률에 의해서도 제한할 수 없는 이른바 절대적 기본권(종교, 예술, 학문, 양심의 자유)을 규정하고 있는 헌법질서 내에서 그 절대적 기본권의 제한 필요성이 현실적으로 생긴 경우 이를 합리적으로 해결하기 위해서 생각해 낸 헌법이론적 논리형식이 기본권의 내재적 한계이다.

이는 기본권의 상충문제를 해결하려는 여러 가지 논리적인 시도는 기본권의 내재적 한계를 이미 전제로 하고 있다.

- 기본권에 대한 불가피한 제한을 정당화하려는 논리형식
- 묵시적 제약

▮ 입법례

- 독일기본법 제2조 제1항
- 일본헌법, 브라질헌법, 필리핀헌법 등

▌기본권의 내재적 한계의 인정범위

1. 넓게 보는 견해
- 광범위하게 기본권의 내재적 한계 인정
- 기준: 타인의 권리침해 금지, 헌법질서파괴 금지, 도덕률훼손 금지

2. 좁게 보는 견해
- 개별적 법률유보가 전제되지 않는 절대적 기본권
- 제한적으로 적용

▌우리 헌법상 기본권의 내재적 한계

1. 적극설(권)
독일 기본법에 규정된 타인의 권리, 도덕률, 헌법질서를 내재적 한계로 본다. 우리 헌법의 근거를 언론출판의 자유와 정당의 목적에 두고 있다. 이 견해에 따르면 개인의 기본권은 타인에게 해를 끼치지 않는 범위 내에서 존중되는 것이며, 사회공동체생활을 위해서는 필요한 규제가 당연히 가해져야 한다. 이는 개인의 자유가 전국가적(前國家的)일 수는 있어도 사회적 구속을 받지 않는 의미의 전사회적(前社會的)일 수는 없기 때문이다. 따라서 헌법의 명문규정의 유무를 불문하고 기본권의 내재적 한계를 인정한다.
- 개인의 자유의 전국가성은 인정, 사회적 구속도 받지 않는 것은 아님
- 명문규정 유무를 불문, 기본권의 내재적 한계 인정
- 정당의 목적과 활동; 언론·출판의 사회적 책임

2. 소극설(김, 허)
이는 절대적 기본권을 제한할 필요성이 현실적으로 발생한 경우 이를 합리적 설명하기 위해 나타나게 되었고, 독일과 같이 개별적 법률유보만을 인정되는 나라에서는 몰라도 우리나라와 같은 일반적 법률유보조항을 가지고 있는 나라는 절대적 기본권을 인정하기 어렵다. 또한 일반적 법률유보에 의해 제한된 기본권을 또 다시 내재적 한계로 제한한다면 기본권의 본질적 내용은 증발해 버릴 위험성도 도사리고 있다. 즉 내재적 한계론보다는 기본권 제한의 한계문제를 중요시하여야 한다.

- 기본권의 일반적 법률유보조항(제37조 제2항)과의 조화 곤란
- 본질적 내용침해금지규정을 형해화할 가능성

▌ 우리 헌법재판소의 입장(적극설의 입장)

헌재 1990. 9. 10. 89헌마82 형법 제241조의 위헌 여부에 관한 헌법소원 개인의 성적자기결정권도 국가적·사회적·공공복리 등의 존중에 의한 내재적 한계가 있는 것이며, 따라서 절대적으로 보장되는 것은 아닐 뿐만 아니라 헌법 제37조 제2항이 명시하고 있듯이 질서유지(사회적 안녕질서), 공공복리(국민공동의 행복과 이익) 등 공동체 목적을 위하여 그 제한이 불가피한 경우에는 성적자기결정권의 본질적 내용을 침해하지 않는 한도에서 법률로써 제한할 수 있는 것이다.

헌재 2016. 3. 31. 2013헌가2 성매매알선 등 행위의 처벌에 관한 법률 제21조 제1항 위헌제청 개인의 성적자기결정권도 국가적·사회적·공공복리 등의 존중에 의한 내재적 한계가 있는 것이며, 따라서 절대적으로 보장되는 것은 아닐 뿐만 아니라 헌법 제37조 제2항이 명시하고 있듯이 질서유지(사회적 안녕질서), 공공복리(국민공동의 행복과 이익) 등 공동체 목적을 위하여 그 제한이 불가피한 경우에는 성적자기결정권의 본질적 내용을 침해하지 않는 한도에서 법률로써 제한할 수 있는 것이다.

성매매처벌법 시행 이후에도 여전히 성매매 시장이 음성화되어 존재하고 있으므로 성매매에 대한 형사처벌이 성매매 근절에 기여하지 못한다는 비판이 있다. 그러나 성매매가 완전히 근절되지 않고 있는 것은 여전히 존재하는 성매매에 관대한 접대문화, 낮은 불법성 인식, 신·변종 성매매 산업의 등장, 인터넷이나 스마트폰을 이용한 성매매알선의 지능화, 전담 수사인력의 부족, 성구매자에 대한 관대한 처벌 경향, 일관된 단속과 집행이 이루어지지 못한 점 등 복합적인 요인에서 그 원인을 찾을 수 있고, 현실적인 집행상의 문제를 규범 자체의 실효성 문제와 직접 결부시킬 수 없다. 오히려 2013년 여성가족부의 성매매 실태조사에 따르면, 성매매업소가 밀집된 특정지역, 이른바 '성매매 집결지'를 중심으로 한 성매매 업소와 성판매 여성의 수가 감소하는 추세에 있고, 성구매사범 대부분이 성매매처벌법에 의해 성매매가 처벌된다는 사실을 인지한 후 성구매를 자제하게 되었다고 응답하고 있으므로, 심판대상조항이 성매매를 규제하기 위한 형벌로서의 처단기능을 갖지 않는다고 본 수 없다. 따라서 심판대상조항은 성매매 근절을 통한 건전한 성풍속 및 성도덕 확립이라는 입법목적 달성을 위한 적절한 수단에 해당한다고 할 것이다.

Ⅸ. 기본권의 제한

▌의의

1. 개념
기본권의 효력이나 그 적용범위를 축소하거나 한정하는 것
2. 구별개념
- 기본권 제한: 명시적으로 처음부터 그 제한가능성 전제
  그 제한의 기준과 방법 및 한계를 규명
- 내재적 한계: 불문의 한계를 이론적으로 규명
  기본권의 불가피한 제한을 정당화하는 논리형식

▌헌법유보에 의한 제한

1. 의의: 헌법상 명시적으로 기본권 제한을 직접 규정
기본권 제한을 위한 별개의 입법조치 불필요
2. 기능: 입법자에 대한 방어적 기능(허)
기본권 남용 가능성 예방
3. 종류
(1) 일반적 헌법유보(一般的 憲法留保)
- 기본권일반에 대한 제한을 직접 명문으로 규정
- 일본국헌법 제12조: 우리 헌법에는 없음

(2) 개별적 헌법유보(個別的 憲法留保)
- 특정 기본권 제한을 헌법이 직접 명문으로 규정
- 정당해산; 언론출판의 사회적 책임: 기본권 내용에 관한 제한
- 군인(군무원)의 국가배상청구권 제한; 공무원의 근로3권 제한: 기본권 주체의 제한

▌법률유보에 의한 제한

1. 의의: 입법권자가 제정한 법률에 근거하여 기본권 제한을 허용하는 것

2. 법률유보의 기능

구 분	순기능	역기능
의 미	헌법상 보장된 기본권 제한은 국회가 제정한 법률에 근거해야 함	법률에 의하면 헌법상 보장된 기본권도 제한이 가능하다는 것
기 능	행정, 사법으로부터 기본권 보호기능	입법에 의한 기본권 제한의 가능성
형 식	기본권 제한의 한계사유	기본권 제한에 관한 수권(授權)

3. 종류

(1) 일반적 법률유보(一般的 法律留保)

- 기본권 제한의 목적이나 방법을 일괄적으로 규정
- 현행 헌법 제37조 제2항

(2) 개별적 법률유보(個別的 法律留保)

- 개별 기본권조항에 법률이 정하는 바에 따라 제한할 수 있음을 명시
- 신체의 자유(제12조 제1항), 재산권(제23조 제3항), 근로3권(제33조 제3항)

(3) 권리제한적 법률유보(=기본권 제한적 법률유보; 본래적 형태의 법률유보)

- 헌법이 기본권 제한을 법률에 위임하고 있는 경우
- 형태: 일반적 법률유보, 개별적 법률유보
- 자유권, 평등권
- … 자유 또는 권리는 법률에 의하지 아니하고는 제한되지 아니한다.

(4) 권리구성적 법률유보

- 헌법이 기본권의 행사절차나 그 내용의 구체화를 법률에 위임하는 경우
- 사회적 기본권(생존권), 청구권, 참정권
- … 권리는 법률의 정하는 바에 의하여 … 가진다.

▌일반적 법률유보소항에 의한 기본권 세한

1. 제한대상이 되는 기본권

- 자유권에 국한된다는 견해
- 성질상 제한 가능한 모든 기본권을 의미한다는 견해(통설)

2. 기본권 제한의 목적

(1) 국가안전보장(제4공화국헌법에서 추가)

- 국가의 독립과 영토보전, 헌법과 법률의 기능유지, 국가기관의 유지, 헌법질서유지
- 형법, 국가보안법, 군사기밀보호법 등

(2) 질서유지

- 헌법질서(국가안전보장질서)를 제외한 사회적 안녕질서(경찰상 안녕질서)를 의미
- 형법, 경찰법, 집회 및 시위에 관한 법률(집시법)

(3) 공공복리

- 국가구성원의 공공의 행복과 이익
- 개인상호간의 충돌조정, 인권의 최대보장을 담보하는 사회정의원리
- 국토이용관리법, 하천법, 도로법, 토지수용법, 산림법, 도시계획법 등

3. 기본권 제한의 형식

(1) 법률

- 국회가 제정한 형식적 의미의 법률
- 일반적, 추상적인 법률(처분적 법률은 원칙적으로 금지)
- 제한되는 기본권을 명확하고 구체적으로 기술

(2) 긴급명령

- 예외적으로 허용(헌법 제76조)

(3) 조약과 국제법규

- 헌법 제6조 제1항: 국내법과 동일한 효력, 제한가능

4. 기본권 제한의 정도

(1) 과잉금지의 원칙(= 광의의 비례의 원칙)

헌재 1992. 12. 24. 92헌가8 형사소송법 제331조 단서규정에 대한 위헌심판 국가작용 중 특히 입법작용에 있어서의 과잉입법금지의 원칙이라 함은 국가가 국민의 기본권을 제한하는 내용의 입법활동을 함에 있어서 준수하여야 할 기본원칙 내지 입법활동의 한계를 의미하는 것으로서, 국민의 기본권을 제한하려는 입법의 목적이 헌법 및 법률의 체제상 그 정당성이 인정되어야 하고(**목적의 정당성**), 그 목적의 달성을 위하여 그 방법이 효과적이고 적절하여야 하며(**방법의 적정성**), 입법권자가 선택한 기본권 제한의 조치가 입법목적달성을 위하여 설사 적절하다 할지라도 보다 완화된 형태나 방법을 모색함으로써 기본권의 제한은 필요한 최소한도에 그치도록 하여야 하며(**피해의 최소성**), 그 입법에 의하여 보호하려는 공익과 침해되는 사익을 비교형량할 때 보호되는 공익이 더 커야 한다(**법익의 균형성**)는 법치국가의 원리에서 당연히 파생되는 헌법상의 기본원리의 하나인 비례의 원칙을 말하는 것이다.

- 목적의 정당성
① 기본권을 제한하는 법률목적이 헌법과 법률의 체계 내에서 정당성 인정
② 헌재 1995. 11. 30. 94헌가2

헌재 1995. 11. 30. 94헌가2 공공용지의취득및손실보상에관한특례법 제6조 위헌제청 공공용지의 취득및손실보상에관한특례법 제6조는 단순히 사업시행자가 당해 토지 등의 취득 또는 사용이 필요하여 협의를 하고자 할 경우 그 토지 등의 소유권자의 주소 또는 거소의 불명으로 협의를 할 수 없다는 이유로 대통령령이 정하는 일정한 사항의 공시를 함으로써 협의에 갈음하고 그로써 당해 토지 등의 소유권을 취득할 수 있도록 한 것인데, 이는 결국 소유권자 본인의 의사와는 관계없이 소유권을 취득 또는 사용하는 것, 즉 강제취득 또는 강제사용을 뜻하는 것이 된다. 이는 아무리 공특법 제6조의 적용절차가 엄격하다고 하더라도 재산의 처분권, 사용권이 소유권자의 의사에 관계없이 박탈된다고 하는 결과는 동일하다. 이는 결국 협의취득이라는 사법상의 법률행위에 대하여 일방당사자에 불과한 사업시행자에게 타방에 비해 우월적인 지위를 부여하여 일방적으로 협의대상인 토지를 강제취득할 수 있는 길을 열어주고 있는 것이 된다. 따라서 동법 제6조는 협의에 의한 취득 등을 목적으로 하는 공특법 자체의 입법목적체제에 부합하지 않으며, 그러므로 동법 제6조가 초래하게 되는 기본권의 제한을 정당화시켜 줄만한 입법목적상의 정당성을 갖고 있지 못하다.

- 방법의 적정성
① 법률에 규정된 기본권 제한의 방법이 그 제한목적 달성을 위해 효과적이고 적절할 것
② 헌재 1992. 12. 24. 90헌바21

헌재 1992. 12. 24. 90헌바21 상속세법 제9조 제2항에 대한 헌법소원 상속세나 증여세에 관한 성실신고를 유도하고 그 신고의무 불이행자에 대하여 성실신고자와의 실질적인 과세형평을 유지함으로써 과세정의를 실현하려고 한 입법목적은 정당한 것으로 시인된다. 그러나 위와 같은 입법목적을 위해서는 현행 국세기본법 및 상속세법의 규정과 같이 신고의무 불이행자에 대하여 조세부과권의 제척기간을 연장하거나(국세기본법 제26조의2 제1항 제1호 단서) 가산세 제도를 실효성 있게 고치고(상속세법 제26조 제2항, 동법시행령 제19조의2) 상속(증여)당시의 시가를 확인할 수 있는 세도적 장치를 마련한다든지 보충적 평가방법을 개선하는 등의 조치를 강구함으로써 족한 것이고, 그 입법목적을 위하여 성실신고자와 그 신고의무 불이행자 사이에 과세표준의 평가기준(평가시기) 그 자체를 달리 규정하고 더구나 거기에 과세관청의 자의(恣意) 개입의 소지를 남겨둔 것은 위에서 본 위헌성 이외에도 우리나라 조세법규의 기본적 체계에 반하고 그 방법의 적절성 및 합리성을 결여한 것으로서, 그 입법목적이 아무리 정당하다고 하더라도 도저히 용인할 수 없는 조세입법이라 아니할 수 없다.

▪ 제한(피해)의 최소성
① 기본권 제한조치가 목적달성에 적절한 것이라도 제한은 필요한 최소한도에 그쳐야 함
② 헌법재판소
③ 단, 선택된 방법이 최선의 수단은 아니라도 현저하게 불공정하지 않는 한 과잉금지 위반은 아님

헌재 1999. 4. 29. 94헌바37 외66건　택지소유상한에 관한 법률 제2조 제1호 나목 등 위헌소원　부담금 납부의무자가 건설교통부장관에게 매수청구를 한 이후 실제로 매수가 이루어질 때까지의 기간 동안에도 부담금을 납부하여야 하도록 하는 것은 입법목적을 달성하기 위하여 필요한 수단의 범위를 넘는 과잉조치로서, 최소침해성의 원칙에 위반되어 재산권을 과도하게 침해하는 것이다.

헌재 1998. 5. 28. 96헌가5　기부금품모집금지법 제3조 등 위헌제청　입법자는 공익실현을 위하여 기본권을 제한하는 경우에도 입법목적을 실현하기에 적합한 여러 수단 중에서 되도록 국민의 기본권을 가장 존중하고 기본권을 최소로 침해하는 수단을 선택해야 한다. 기본권을 제한하는 규정은 기본권행사의 '방법'에 관한 규정과 기본권행사의 '여부'에 관한 규정으로 구분할 수 있다. 침해의 최소성의 관점에서, 입법자는 그가 의도하는 공익을 달성하기 위하여 우선 기본권을 보다 적게 제한하는 단계인 기본권행사의 '방법'에 관한 규제로써 공익을 실현할 수 있는가를 시도하고 이러한 방법으로는 공익달성이 어렵다고 판단되는 경우에 비로소 그 다음 단계인 기본권행사의 '여부'에 관한 규제를 선택해야 한다.

헌재 1997. 6. 26. 92헌바5　국토이용관리법 제21조의3 제7항에 대한 헌법소원　토지거래허가제 그 자체가 헌법에 합치되는 제도라고 인정하는 이상, 무허가 토지거래계약의 사법적 효력을 부인함으로써 침해되는 그 당사자의 사적 이익(사용·수익·처분의 자유)과 투기적 토지거래를 방지함으로써 지가상승을 억제하여 국민의 경제생활을 안정시키려는 공익을 비교 교량해 보면 침해되는 사적 이익보다 이 제도를 통하여 달성할 수 있는 공익이 훨씬 크다고 할 수 있고, 또 달리 최소침해의 요구(즉, 피해의 최소성)를 충족할 수 있는 적절한 방법이 있다고도 볼 수 없다.

▪ 법익의 균형성(비례성)
① 기본권 보장으로 얻는 사익(私益)과 기본권 제한으로 얻는 공익(公益)간에 균형이 유지
② 헌법재판소

헌재 2000. 11. 30. 99헌마624 실용신안법 제29조 제3항 등 위헌확인 이 사건 권리소멸조항은 실용신안권에 의하여 독점되던 고안을 일반공중이 자유롭게 이용할 수 있도록 중도에 개방하여 그 효용을 증대하고 그 기술의 개량이나 응용기술의 개발을 쉽게 한다는 공익의 추구를 그 목적으로 하고 있다는 것이다. 그런데, 일단 실용신안권이 소멸되면 이미 그 고안은 신규성이 없어 다시 등록할 수 없다는 점, 비록 추가납부기간을 한번 준다고 하지만, 결국은 단 1회의 등록료 불납만으로 권리의 본체까지 확정적으로 소멸시키는 것이라는 점, 1회분 (금액으로는 2회분)의 등록료와 권리의 본체가 결코 등가관계에 있는 것은 아니라는 점, 그리고 위에서 본 바와 같이 권리자에게 책임 없는 사유로 등록료가 불납되는 경우도 있을 수 있다는 점 등을 고려할 때, 등록료 1회의 불납만으로 권리소멸이라는 제재를 가하는 것은 침해의 정도가 지나치고 법익의 균형을 이루지 못하고 있으므로 과잉제재라고 하지 않을 수 없다.

헌재 2000. 4. 27. 98헌가16 등 학원의설립·운영에관한법률 제22조 제1항 제1호 등 위헌제청 법 제3조와 같은 형태의 사교육에 대한 규율은, 사적인 교육의 영역에서 부모와 자녀의 기본권에 대한 중대한 침해라는 개인적인 차원을 넘어서 국가를 문화적으로 빈곤하게 만들며, 국가 간의 경쟁에서 살아남기 힘든 오늘날의 무한경쟁시대에서 문화의 빈곤은 궁극적으로는 사회적·경제적인 후진성으로 이어질 수 밖에 없다. 따라서 법 제3조가 실현하려는 입법목적의 실현효과에 대하여 의문의 여지가 있고, 반면에 법 제3조에 의하여 발생하는 기본권 제한의 효과 및 문화국가실현에 대한 불리한 효과가 현저하므로, 법 제3조는 제한을 통하여 얻는 공익적 성과와 제한이 초래하는 효과가 합리적인 비례관계를 현저하게 일탈하여 법익의 균형성을 갖추지 못하고 있다.

(2) 본질적 내용침해금지의 원칙

- 2공화국헌법 최초규정, 4공화국(삭제), 5공화국(부활), 현행 헌법도 그대로 유지
- 본질적 내용: 기본권의 핵이 되는 실질적 요소 내지 근본적 요소
- 침해: 기본권이 유명무실해지거나 형해화되어 기본권 보장의 궁극적 목적 달성 불능
- 인간의 존엄과 가치와의 관계
    ① 양자를 동일하게 보는 견해
    ② 상호 밀접한 관계가 있으나 독립된 것으로 보는 견해(다수설)
- 기본권 제한의 정도를 벗어난 경우의 구제절차
    ① 청원권의 행사, 위헌법률심사, 헌법소원

헌재 2000. 6. 29. 99헌가9 변호사법 제81조 제4항 등 위헌제청 법관에 의한 재판을 받을 권리를 보장한다고 함은 법관이 사실을 확정하고 법률을 해석·적용하는 재판을 받을 권리를 보장한다는 뜻이고, 그와 같은 법관에 의한 사실확정과 법률의 해석적용의 기회에 접근하기 어렵도록 제약이나 장벽을 쌓아서는 아니되며, 만일 그러한 보장이 제대로 이루어지지 아니한다면 헌법상 보장된 재판을 받을 권리의 본질적 내용을 침해하는 것으로서 우리 헌법상 허용되지 아니한다.
헌재 1990. 9. 3. 89헌가95 국세기본법 제35조 제1항 제3호의 위헌심판 재산권의 본질적인 내용을 침해하는 경우라고 하는 것은 그 침해로 인하여 사유재산권이 유명무실해지거나 형해화(形骸化) 되어 헌법이 재산권을 보장하는 궁극적인 목적을 달성할 수 없게 되는 지경에 이르는 경우라고 할 것이다
헌재 1989. 12. 23. 88헌가13 국토리용관리법 제21조의3 제1항, 제31조의2의 위헌심판 토지재산권의 본질적인 내용이라는 것은 토지재산권의 핵(核)이 되는 실질적 요소 내지 근본요소를 뜻한다.

5. 기본권 제한의 기준

- 이중기준의 원칙 적용
- 정신적 자유권과 재산적·경제적 기본권 구분
  ① 재산적, 경제적 기본권에 대한 정신적 자유권의 우월적 가치 부여
  ② 규제(제한)입법의 합헌성 여부 판단의 엄격성 부여

헌재 1991. 6. 3. 89헌마204 화재로인한재해보상과보험가입에관한법률 제5조 제1항의 위헌여부에 관한 헌법소원 (재판관 변정수, 김양균의 반대의견) 재산적·경제적 권리(자유)에 관한 합헌성의 판단기준은, 신체 및 정신작용과 관련된 인신보호를 위한 기본권 등에 대한 제한의 합헌성(合憲性) 판단기준이 엄격하게 적용되는 것과는 달리 관대)하게 적용됨으로써 국가의 재량의 범위를 비교적 넓게 인정하는 것이 현대국가의 추세이며, 이것이 이중기준(二重基準)의 원칙이다.

▮ 기본권 제한의 예외적 허용

1. 대통령의 긴급명령, 긴급재정·경제처분 및 명령권(헌법 제76조)

- 법률의 효력을 가진 명령
- 긴급명령: 포괄적으로 제한 가능(단 상대적 기본권에 한정)
- 긴급재정·경제명령: 재정·경제상 법률이 정한 기본권 제한

2. 비상계엄(헌법 제77조 제3항)

- 영장제도, 언론·출판·집회·결사의 자유
- 경비계엄시에는 기본권에 대한 예외조치 불가

3. 특별권력관계(특수신분관계, 특별행정법관계)

(1) 개념: 특별한 법률상 원인에 의거

일정한 공법상의 목적 달성

포괄적인 명령관계에 복종을 내용으로 하는 공법관계

이는 법률규정이나 당사자의 동의 등 특별한 법적 원인에 의거하여 공법상의 특정한 목적에 필요한 한도 내에서 당사자 일방이 타방을 포괄적으로 지배하고, 타방이 이에 복종하는 것을 내용으로 하는 것

(2) 특별권력관계의 유형

- 복종관계(국가와 공무원), 재학관계(국공립학교와 학생), 수감관계(교도소와 재소자)
- 입원관계(국공립병원과 전염병환자), 이용관계(국공립시설과 이용자)

(3) 특별권력관계와 일반권력관계의 구별 여부

 1) **상대적 구별긍정설**

- 일반국민의 지위가 특수화된 지위로 전환
- 법치주의의 적용 제한

 2) **구별부정설**

- 양자의 구별 불필요
- 법치주의가 당연히 적용(특별권력관계에서의 공권력행사도 법률의 근거필요)

 3) **특별권력관계 수정설**

- 내부관계와 외부관계를 구별
- 외부관계에 대한 법치주의의 적용 인정

 ① O. Mayer 특별권력관계를 도입하고자 기본권객체설, 주권포기설, 동의설 등이 있다.

 ② Ule는 기본관계는 기본권효력 인정, 업무관계는 기본권효력 부인

 ③ Hesse는 특별권력관계를 부인하고 헌법의 통일성을 유지하기 위해 특수한 신분관계만 존재하고, 그것은 법률에 의한 기본권 제한의 예외가 아니라, 법

    률에 의한 기본권 제한의 원칙이 적용되는 유형이라고 한다.

(4) 특별권력관계에서의 기본권 제한

1) 절대적 기본권은 제한 불가

2) 상대적 기본권은 본질적 내용을 침해하지 않는 범위 내에서 가능

▪ 헌법과 법률에 근거한 합리적 범위 내에서만 제한 가능

3) 헌법에 의한 제한

▪ 국가배상의 제한, 근로3권, 군인·군무원의 군사재판, 비상계엄하의 군사재판

4) 법률에 의한 제한

▪ 정당법, 공무원법상 정치활동의 제한, 선거법, 교육법, 행형법, 전염병예방법 등

(5) 특별권력관계와 사법적 통제

1) 특별권력관계에서의 처분을 사법적 통제대상으로 할 수 있는지 여부

2) 부정설

▪ 법률에 특별한 규정이 없는 한 불가

3) 제한적 긍정설

▪ 외부관계와 내부관계를 구분

▪ 외부관계에 대한 사법적 통제는 인정

4) 전면적 긍정설

▪ 모든 권력관계에 대한 사법적 통제가능

    ※ 내부관계, 자유재량행위는 사법심사의 대상에서 제외

X. 기본권의 침해와 구제

▎의의

▪ 헌법상 보장된 기본권을 현실사회에서 실효성 있는 것으로 하는 것

▪ 기본권 침해에 대한 사전적 예방조치

▪ 기본권의 현실적 침해에 대한 배제 및 사후구제절차의 보장

*용어정리: 통합과정론의 입장에서 기본권과 통치기구는 목적 수단의 관계이므로 통치기구는 기본권의 침해에 대한 구제의 문제가 아니라 통치기구에 의한 기본권의 보호 입장에서 접근한다.

▍기본권 침해에 대한 헌법상 구제수단

1. 청원권(제26조), 재판청구권(제27조), 형사보상청구권(제28조), 국가배상청구권
   (제29조), 범죄피해자구조청구권(제30조), 손실보상청구권(제23조 제3항)
2. 행정쟁송제도(제107조 제2항·제3항), 위헌법령심사제(제107조 제1항·제2항,
   제111조), 헌법소원제도(제111조 제1항)
3. 자구행위, 저항권

▍입법기관에 의한 침해와 구제

1. 적극적 입법에 의한 침해
   - 헌법이 허용하는 범위를 일탈
   - 기본권을 침해하는 내용의 법률제정
2. 적극적 입법에 의한 침해의 구제
   - 구체적 적용 전: 청원(해당법률의 폐지나 개정)
     선거권 행사(정치적 책임추궁)
   - 구체적 적용 후: 법원을 경유한 헌법재판소에의 위헌심사청구
     위헌심사용 헌법소원
3. 입법부작위에 의한 침해
   - 권리구체화 법률유보 존재(참정권, 청구권, 사회권)
   - 단순히 입법이 없거나(단순 입법부작위), 입법의 의무가 있으나 입법을 하지
     않은 경우(진정입법부작위), 입법을 했으나 불충분한 경우(부진정입법부작위)
   - 헌재는 입법부작위에 대하여 국가의 행위의무, 보호의무가 발생하였음에도 불
     구하고 아무런 입법조치를 취하지 아니한 경우에만 한정된다고 한다.
4. 입법부작위에 의한 침해의 구제
   - 입법의 청원
   - 선거권 행사: 정치적 책임추궁
   - 소송절차에 의한 구제 여부(헌법재판소, 법원)
   1) 부정설: 권력분립의 원리에 위배(헌법재판소)
   2) 긍정설: 입법부작위에 대한 헌법소원제기 허용(헌법재판소법 제68조 제1항)

공권력불행사에 대한 위헌확인 가능(헌재법 제75조 제3항)

헌법소원인용시 결정취지에 따라 새로운 처분의무(헌재법 제75조 제4항)

헌재 1989. 3. 17. 88헌마1 사법서사법시행규칙에 관한 헌법소원 입법행위의 소구청구권은 원칙적으로 인정될 수 없고 다만 헌법에서 기본권 보장을 위하여 법령에 명시적인 입법위임을 하였을 때, 그리고 헌법해석상 특정인에게 구체적인 기본권이 생겨 이를 보장하기 위한 국가의 행위의무 내지 보호의무가 발생하였을 때에는 입법부작위가 헌법소원의 대상이 되지만, 이른바 부진정역급효입법(不眞正逆及效立法)의 경우에는 특단의 사정이 없는 한 구법관계 내지 구법상의 기대이익을 존중하여야 할 입법의무가 없으므로 헌법소원심판청구는 부적법하다.

▌행정기관에 의한 기본권의 침해와 구제

1. 개념: 법령의 집행과정에서 행정기관에 의하여 기본권이 침해된 경우
2. 기본권 침해 원인
   - 행정기관의 위헌적 법령 집행
   - 행정기관의 위헌적인 법해석을 통한 집행
   - 행정기관이 적극적으로 법을 위반(불법적 기본권 침해)
   - 행정부작위에 의한 기본권 침해
3. 기본권 침해의 구제방법
   (1) 행정기관에 의한 구제: 청원권행사(청원법에 의한 관계공무원의 해임 등을 청원), 행정상의 손해배상제도(국가배상법), 행정심판(행정심판법), 형사보상제도(헌법 제28조), 사전구제절차 — 행정절차, 청문제도
   (2) 법원에 의한 구제: 행정소송(가장 효과적이고 최종적 방법), 명령규칙심사제도(제107조 제2항: 당해 사건에의 적용거부만 가능)
   (3) 헌법재판소에 의한 구제: 헌법소원(위헌적 행정처분으로 인한 기본권 침해시 최종적 방법)

▌사법기관에 의한 기본권의 침해와 구제

1. 개념: 사법기관이 법률의 최종적인 적용과정에서의 침해

2. 기본권 침해의 원인

▪ 법령해석의 잘못, 위헌법령의 적용, 사실판단의 잘못; 무죄추정의 원칙 위반; 정당한 이유 없는 소송지연(부작위에 의한 침해); 재판절차에서의 진술기회 박탈

3. 기본권 침해의 구제방법

▪ 상소, 재심, 비상상고; 형사피고인의 항변; 형사보상청구권; 재판절차에서의 진술기회 요구; 재판을 제외한 법원의 기본권 침해에 대한 헌법소원

▌사인에 의한 기본권 침해와 구제

1. 사인 상호간 또는 사적 단체의 불법행위
2. 합의, 협정 또는 자율적 규제의 이름으로 당사자나 제3자의 자유나 권리 침해
3. 기본권 침해의 구제방법

▪ 불법행위: 형사재판, 민사상 손해배상
▪ 합의, 협정 또는 자율적 규제: 기본권의 제3자적 효력의 이론에 따라 해결
▪ 사인에 의한 범죄행위로 생명, 신체에 대한 피해받은 국민: 범죄피해자구조청구권

XI. 인간으로서의 존엄과 가치

▌개념

우선 존엄이란 인간의 인격을 의미하며, 가치란 인간으로서의 독자적 인격주체성을 말한다. 즉, 존엄과 가치란 개인의 평등과 독립한 인격가치를 존중한다는 개인주의원리를 표명한 것이라고 일반적으로 이해되고 있다. 이것은 헌법의 기본원리로서 국정전반을 지배한다.

▪ 개인의 독립된 인격가치와 평등을 존중한다는 원리의 표현
▪ 인간의 인격과 인간으로서의 독자적인 평가

인간이란 전체주의·군국주의를 반대하고, 또한 고립적이고 이기적이며 독립적인 개인주의를 반대한다. 즉 인간존엄가치에서의 인간은 고립된 인간도 아니고 또한

독립적 지위를 전혀 갖지 못한 인간도 아닌 인간의 고유한 가치를 유지하면서 사회에 구속되며 사회와 일정한 관계를 가진 인간을 의미한다(인격주의).

▌ 입법례

1. 국제기구: 국제연합헌장, 세계인권선언, 유럽인권협약, 고문방지협약, 집단학살 방지 및 처벌 협약
2. 헌법에 명문화: 독일기본법, 일본헌법, 터키헌법
3. 우리 헌법: 제3공화국헌법(제5차 개헌)에서 처음 도입

▌ 법적 성질

1. 기본권성 여부
   (1) 다수설, 판례: 최고의 헌법원리, 객관적 헌법원리의 규범화로 봄
   - 모든 기본권의 이념적 전제가 되는 근원 내지 핵
   (2) 소수설: 주된 기본권, 구체적·주관적 권리

헌재 1990. 9. 10. 89헌마82 형법 제241조의 위헌여부에 관한 헌법소원 헌법 제10조는 모든 기본권을 보장의 종국적 목적(기본이념)이라 할 수 있는 인간의 본질이며 고유한 가치인 개인의 인격권과 행복추구권을 보장하고 있다.
헌재 1992. 4. 14. 90헌마82 국가보안법 제19조에 대한 헌법소원 신체의 자유는 정신적 자유와 더불어 헌법이념의 핵심인 인간의 존엄과 가치를 구현하기 위한 가장 기본적인 자유로서 모든 기본권 보장의 전제조건이다.

2. 국법체계상 최고규범성
   - 우리의 실정법 질서에서 정점에 위치하는 가치구속적 규범
   - 우리나라의 헌법구조와 헌법관계를 지배하는 기본원리
3. 기본권 제한의 한계규범성
   - 헌법 제37조 제2항에 근거한 법률에 의한 기본권 제한 허용
   - 자유와 권리의 제한시 침해할 수 없는 기본적 내용 구성
4. 대국가적 방어권성
   - 1차적: 침해행위의 배제주장, 손해배상청구의 근거규정
   - 2차적: 대국가적 방어권에 관한 근거규정

▌인간으로서의 존엄과 가치의 실현수단

1. 적극적 실현
- 인간의 존엄성 보장이라는 목적달성을 위한 모든 자유와 권리의 적극적 보장

2. 소극적 실현
- 인간의 존엄성 침해는 자유와 권리의 본질적 내용침해를 구성하므로 금지
- 인신매매, 노예제도, 집단학살, 고문, 인간실험 등 금지

▌법적 효력

1. 대국가적 효력
- 국가권력의 실천목표이자 정당성의 근거
- 모든 국가권력(입법, 행정, 사법, 자치권, 헌법개정권력 등)을 직접 구속

2. 제3자적 효력
- 사법상의 일반원칙을 통해 사인 상호간에 적용
- 위반시 무효가 되거나 손해배상책임을 부담

▌다른 기본권과의 관계

1. 헌법 제10조(궁극적 목적조항), 그밖의 기본권조항(제11조~제36조: 수단조항)
2. 헌법에 열거되지 아니한 자유와 권리(제37조 제1항)와의 관계
   - 인간으로서의 존엄과 가치를 향유할 수 있도록 하는 보완적 관계
3. 일반적 법률유보와의 관계
   - 인권의 최소한 제한에 해당
   - 법률로 제한할 수 없는 기본권 제한의 한계 구성

XII. 행복추구권(幸福追求權)

▌개설

1. 의의
- 고통과 불쾌감 없이 만족감을 느낄 수 있는 상태를 실현할 수 있는 권리

2. 연혁

(1) 버지니아권리장전: 최초로 성문화(1778)

(2) 미국독립선언(1776)

(3) 일본국헌법 제13조(1947)

일본헌법 제13조 모든 국민은 개인으로서 존중된다. 생명·자유 및 행복추구에 대한 국민의 권리에 관해서는 공공의 복지에 반하지 않는 한 입법 기타 국정상에서 최대 존중을 필요로 한다.

---

(4) 우리 헌법: 제5공화국(8차 개헌)에서 신설

▌행복추구권의 본질과 법적 성질

1. 본질

- 자유권에 관한 총칙규정: 봉건적 제도, 전체주의 부인
- 사회권에 관한 총칙규정: 복지국가의 이념 구현

   ※ 양자를 공유하는 총칙적 규정

2. 법적 성질

(1) 주관적 권리

- 행복을 추구할 "권리"
- 헌법상 원리에 그치지 않고 주관적 권리의 하나(다수설, 헌법재판소)

(2) 자연권성

- 헌법상 보장된 기본권의 기초가 되는 자연법적 권리를 선언

(3) 포괄적 권리성

(4) 총합적 권리

- 소극적·방어적 권리＋적극적·능동적 권리
- 행복: 권리의 내용
- 추구: 권리실현의 수단

▌다른 기본권과의 관계

1. 인간의 존엄과 가치와의 관계

- 목적과 수단(행복추구권)

2. 개별적 기본권과의 관계: 행복추구권과 개별적 기본권과의 취사선택문제

- 두 조항을 동시 적용(보장경합설)
- 직접 적용할 규정이 없는 경우에 한해서 적용(보충적 보장설)
  ※ 개별적 기본권규정의 최대적용(권)

▌행복추구권의 내용

생명권, 신체를 훼손당하지 아니할 권리, 평화적 생존권, 자유로운 활동과 인격발전에 관한 권리, 소비자의 권리, 일조권, 휴식권, 수면권, 스포츠권 등

헌재 1993. 5. 13. 92헌마80 체육시설의설치·이용에관한법률시행규칙 제5조에 대한 헌법소원 당구장을 이용하는 고객 중 출입이 제지되는 18세 미만 소년의 입장에서 침해되는 기본권은 특히 어떤 소년이 운동선수로 대성할 수 있는 재질로 출생하였고 그 중에서도 당구에 선천적으로 비상한 소질이 있어 그 방면에서 자신의 능력을 발휘해 보고자 하는 경우 다른 종류의 운동 지망생과의 관계에서 평등의 원칙이 문제될 수 있음은 물론이다. 당구자체에 청소년이 금기시해야 할 요소가 있는 것으로는 보여지지 않기 때문에 당구를 통하여 자신의 소질과 취미를 살리고자 하는 소년에 대하여 당구를 금하는 것은 헌법상 보장된 행복추구권의 한 내용인 일반적인 행동자유권의 침해가 될 수 있을 것이다.

▌행복추구권의 효력

1. 대국가적 효력과 제3자적 효력 가짐
2. 국가나 사인, 사조직에 의한 침해
   - 1차적 구제: 개별적 기본권조항
   - 2차적 구제: 침해행위배제청구, 침해예방청구 및 무효 주장

▌행복추구권의 한계와 제한

1. 내재적 한계
   - 남용금지
   - 타인의 행복추구권을 침해하거나 헌법질서를 파괴하지 않는 한계 내
2. 제한
   - 헌법 제37조 제2항: 본질적 내용은 침해 금지

XⅢ. 열거되지 않은 기본권

▌인격권

인격권의 파악에는 광협의 개념이 존재하는데,[1] 여기에서는 개인의 인격가치에 관련해서 그것을 침해당하지 않을 권리라는 정도의 의미로 사용한다. 인격 침해의 태양은 여러 가지이므로 인격권은 인격가치의 제측면에 따라 몇몇 개별적 권리를 포함한 포괄적인 권리이다.

- 명예권: 명예는 인격가치 그 자체에 관련한 이익이라는 것은 말할 것도 없고, 옛날부터 법적 보호의 대상이 되었다. 오늘날에는 형법이 명예훼손죄를, 또 민법이 불법행위로서의 명예훼손에 관해서 정하여 제정법상의 보호가 이루어지고 있다. 이러한 것은 사인에 의한 침해행위로부터의 보호제도인데, 공권력에 의한 명예훼손(예를 들면, 음주운전검거자의 성명공표 등이 여기에 속할 가능성이 있다)에 대해서는 헌법상의 권리로서 명예권이 보호되고 있다고 생각할 수 있다. 또 형법·민법의 보호규정도 헌법상의 권리의 구체화로 보는 것이 가능하다. 그러나 사인에 대한 명예권의 주장은 상대방의 표현의 자유와 충돌하기 때문에 표현의 자유의 관점에서 일정한 제약을 받게 된다.

▌자기결정권

개인의 존중은 개인이 일정한 사적 사항에 관해서 공권력에 의한 간섭을 받지 않고 스스로 결정하는 것을 보장한다고 해석되고, 이것을 자기결정권이라고 부른다. 이것은 인격형성에 관한 권리라는 점에서 인격권과는 개념적으로 구별할 수 있는데, 넓은 의미에서의 인격권에 포함되고, 프라이버시권리 속에서 논해지는 경우도 있기 때문에 편의상 여기에서 다룬다. 원래 자유권의 보장은 개인의 자율적인 결정의 보장을 당연히 포함하기 때문에 개별적으로 보장된 자유권의 영역

---

1 인격권의 파악방법은 사람마다 차이가 있다. 종래는 명예, 초상, 프라이버시, 저작권 등으로 비교적 한정해서 파악되었는데, 예를 들면 어느 하급재판소판결은 '개인의 생명 신체, 정신 및 생활에 관한 이익은 개인의 인격에 본질적인 것이고 그 총체'라고 한 것처럼 상당히 넓게 파악하고 있다. 또한 이하에 드는 것 이외에 함정수사, 강제채뇨 등이 인격권과의 관계에서 논해지는 것이다.

에 관해서는 자기결정권을 거론할 필요도 없다. 따라서 문제되는 것은 그 이외의 영역이다. 포괄적 권리로서의 행복추구권은 그와 같은 자기결정권을 포괄적으로 포함하는 것이라고 해석할 수 있는데 다만 어떤 사항에 관해서 어느 한도에서 인정할 수 있는가가 문제이다. 지금까지 논의되고 있는 것을 살펴보면 ① 자기의 생명·신체의 처분에 관련한 치료거부, 안락사, 자살 등, ② 세대의 재생산에 관련한 출산·불출산의 자유, 피임, 낙태, 아이들의 양육·교육의 자유 등, ③ 가족의 형성유지에 관련한 결혼, 이혼 등, ④ 그밖의 복장, 옷차림, 외관, 성적 자유, 흡연, 음주, 스포츠 등 다양하게 관련되어 있다. 마지막으로 ⑤ 개정정보에 대하여 수정, 삭제, 열람 등을 할 수 있는 개인정보자기결정권이 있다. 이러한 것 중에서는 그 가치가 높은 것에서 그렇지 않은 것까지 여러 가지 사항이 포함되어 있기 때문에 그 규제의 목적, 태양, 수단과 얽혀 있고 어디까지 자율을 인정해야 하는가가 판단되어야만 한다. 이 점은 학설에서 있어서 또 향후 검토과제의 단계에 머물고 있다.

XIV. 평등권(平等權)

▌관련조문: 헌법 제11조 제1항, 제31조 제1항, 제32조 제4항, 제36조 제1항, 제41조 제1항, 제116조 제1항, 제119조 제2항, 제123조 제2항

▌의의

1. 연혁: 중세(신 앞의 평등); 근대(국가권력에 대한 평등)
 ▪ 근대적 평등: 자유의 평등, 형식적 평등(정치적 평등)
 ▪ 현대적 평등: 생존의 평등, 실질적 평등(경제적·사회적 평등)
2. 개념: 국가로부터 모든 영역에서 차별대우를 받지 않을 권리
 ▪ 국가에 대해 합리적 이유 없는 불평등한 대우금지
 ▪ 평등한 대우를 요구할 수 있는 권리
3. 법적 성격
 (1) 전국가적 자연권
 (2) 주관적 공권: 개인의 국가에 대한 주관적 권리

(3) 기능적, 수단적 권리: 모든 기본권의 실현을 위해 기능

(4) 양면적 권리: 차별대우를 받지 않을 권리 + 평등보호를 요구할 수 있는 권리

(5) 객관적 법질서: 민주적인 국법질서의 구성요소

▌ 평등권의 주체

1. 국민: 개인, 법인, 권리능력 없는 사단이나 재단도 모두 포함
2. 외국인: 인간의 권리이므로 허용

　　　　단, 국제법과 상호주의 원칙에 따라 일정한 제한 인정

▌ 평등권의 내용

1. 법 앞의 평등

(1) 「법」: 모든 법(성문법 + 불문법)

(2) 「법 앞의」

1) 법적용평등설: 법률의 평등이 아님

▪ 법집행·법적용에서의 평등만을 의미

▪ 입법권은 구속하지 못함

2) 법내용평등설(통설)

▪ 법집행·법적용에서의 평등은 물론

▪ 법정립에서의 평등(법률의 평등)도 포함

(3) 「평등」

1) 절대적 평등설(평균적 정의): 어떠한 차별도 금지

2) 상대적 평등설(배분적 정의)

▪ 모든 사람을 평등하게 취급

▪ 단 정당한 근거나 합리적 이유가 있는 차별은 허용(통설, 판례)

3) 평등의 판단기준: 주관적 자의의 금지(독일); 합리성(미국)

▪ 그 시대의 평균적인 정의감정

▪ 정치적 영역(절대적 평등), 사회적·경제적 영역(상대적 평등) 강조

2. 차별금지의 사유

▪ 헌법 제11조 제1항: 성별, 종교 또는 사회적 신분에 의하여 … 차별을 받지 아니한다.

- 예시규정인가, 한정규정인가: 예시규정(통설)

(1) 성별(性別): 남녀평등의 선언

 1) 성에 관한 가치판단에 의한 차별은 금지

 2) 남녀의 생리적 차이에 따른 차별은 허용

 3) 강간죄의 객체를 여성으로 한정, 남자에게만 병역의무부과, 여성의 생리휴가

※ 다만, 2012년 12월 18일, 일부개정 형법에서는 변화된 시대 상황을 반영하여 다양화된 성범죄에 효과적으로 대처하기 위하여 유사강간죄를 신설하고, 성범죄의 객체를 "부녀"에서 "사람"으로 확대하며, 친고죄 및 혼인빙자간음죄를 폐지함.

대법원 1967. 2. 28. 67도1 구 헌법(72.12.27. 개정) 제9조의 규정은 모든 국민은 인간으로서의 존엄성과 인격적 가치에 있어서 평등하고 성별 종교 또는 사회적 신분 등의 차이로 인하여 특권을 가지거나 불이익한 대우를 받아서는 안 된다는 대원칙을 표시한 것이라고 할 것이고 구체적 인간으로서의 개개의 국민은 경제적 사회적 기타 여러 가지 조건에 따른 차이가 있으므로 그 구체적인 차이로 인한 일반사회관념상 합리적인 근거 있는 차등까지를 금하는 것은 아니다. 그리고 형법 제297조 강간죄에 있어서 그 객체를 부녀로 한 것은 남녀의 생리적, 육체적 차이에 의하여 강간이 남성에 의하여 감행됨을 보통으로 하는 실정에 비추어 사회적, 도덕적 견지에서 피고자인 부녀를 보호하려는 것이고 이로 인하여 일반 사회관념상 합리적인 근거 없는 특권을 부녀에게만 부여하고 남성에게 불이익을 주었다고는 할 수 없다.

헌재 2015. 2. 26. 2013헌바107 아동·청소년의 성보호에 관한 법률 제7조 제5항 등 위헌소원 반대의견에 대한 보충의견 국회 또한 청소년성보호법 조항의 문제점을 인식하고 그로 인한 폐단을 시정하고자, 2011. 9. 15. 청소년성보호법 조항을 개정하면서 그 객체를 '여자 아동·청소년'에서 '아동·청소년'으로 확장하였고, 연이어 2012. 12. 18. 형법을 개정하면서 강간죄의 객체를 '부녀'에서 '사람'으로 변경하기에 이르렀다.
요컨대, 청소년성보호법 조항은 피해자의 성별에 따라 처벌정도를 달리할 아무런 이유가 없음에도 피해 아동·청소년의 성별에 따라 그 처벌정도를 달리하고 있으므로, 평등원칙에 위배되어 헌법에 위반된다고 하지 아니할 수 없다.

헌재 2019. 4. 11. 2018헌마221 초·중등교육법 시행령 제80조 제1항 등 위헌확인 초·중등교육법 시행령 제80조 제1항 및 제81조 제5항은 평등권과 사립학교 운영의 자유, 학생과 학부모의 학교선택권을 침해하여 위헌이라며 제기한 헌법소원 사건에서 헌법재판소는 재판관 전원일치 의견으로 자사고와 일반고 중복지원 금지조항을 위헌이라고 결정했다.

 4) 여성의 혼인퇴직제, 동일노동에 대한 남녀차별임금: 위헌적 사유

(2) 종교: 종교적 평등권
- 종교의 유무, 개인이 선택한 종교에 따른 불합리한 차별금지

(3) 사회적 신분
 1) 학설
- 선천적 신분설: 출생에 의해 결정되는 자기 의사로 바꿀 수 없는 사회적 지위
- 후천적 신분설: 사회에서 장기간 지속되는 지위
 2) 예 전과자, 귀화인, 사용인, 공무원, 노동자, 외국인, 부자, 농어민, 상인 등 그러나 수험생, 여성, 남성, 형법상 신분(상습범, 누범가중)은 사회적 신분 아님

헌재 1995. 2. 23. 93헌바43 형법 제35조 등 위헌소원 누범을 가중처벌하는 것은 전범에 대한 형벌의 경고적 기능을 무시하고 다시 범죄를 저질렀다는 점에서 비난가능성이 많고, 누범이 증가하고 있다는 현실에서 사회방위, 범죄의 특별예방 및 일반예방이라는 형벌목적에 비추어 보아, 형법 제35조가 누범에 대하여 형을 가중한다고 해서 그것이 인간의 존엄성 존중이라는 헌법의 이념에 반하는 것도 아니며, 누범을 가중하여 처벌하는 것은 사회방위, 범죄의 특별예방 및 일반예방, 더 나아가 사회의 질서유지의 목적을 달성하기 위한 하나의 수단이기도 하는 것이므로 이는 합리적 근거 있는 차별이어서 헌법상의 평등의 원칙에 위배되지 아니한다.

 3) 존속이나 비속의 지위가 사회적 신분에 해당하는지 여부
- 존속살인에 대한 형의 가중이 위헌인가의 문제와 관련
- 사회적 신분이라는 견해: 위헌
- 자연적 신분이라는 견해: 합헌

3. 차별금지영역
 (1) 정치적 영역
- 선거권, 피선거권, 국민투표권, 공무담임권에서의 평등
- 선거구인구불평등: 헌재 1995. 12. 27. 95헌마224

1992. 3. 13. 92헌마37, 39 국회의원선거법 제55조의3 등에 대한 헌법소원 정당추천후보자에게 별도로 정당연설회를 할 수 있도록 하고, 또한 무소속후보자에 비하여 소형인쇄물을 2종 더 제작, 배부할 수 있도록 한 구 국회의원선거법 제55조의3, 제56조의 규정은 불평등한 것으로서 위헌적 규정이다.

1989. 9. 8. 88헌가6 국회의원선거법 제33조, 제34조의 위헌심판 국회의원선거법 제33조의 기탁금은 너무 과다하여 국민주권주의와 자유민주주의의 기본원칙과 관련하여 헌법 제11조,

제24조, 제25조를 침해할 뿐만 아니라 정당추천후보자와 무소속후보자의 기탁금에 1,000만원과 2,000만원의 차등을 둔 것은 정당인과 비정당인을 불합리하게 차별하는 것으로 헌법 제41조의 선거원칙에 반하고 헌법 제11조의 평등보호규정에 위배된다.

헌재 1995. 12. 27. 95헌마224·239·285·373 국회가 결정한 선거제도의 구조 아래에서 발생한 투표가치의 불평등이 헌법이 요구하는 투표가치 평등의 원칙에 반하는지의 여부를 판단할 때, 국회가 통상 고려할 수 있는 제반 사정, 즉 여러 가지 비인구적 요소를 모두 참작한다고 하더라도 일반적으로 합리성이 있다고는 도저히 볼 수 없을 정도로 투표가치의 불평등이 생긴 경우에는 헌법에 위반된다고 하여야 한다. 현재 우리나라의 제반 여건 아래에서는 적어도 국회의원의 선거에 관한 한, 전국 선거구의 평균인구수(전국의 인구수를 선거구수로 나눈 수치)에 그 100분의 60을 더하거나 뺀 수를 넘거나 미달하는(즉, 상하 60%의 편차를 초과하는) 선거구가 있을 경우에는, 그러한 선거구의 획정은 국회의 합리적 재량의 범위를 일탈한 것으로서 헌법에 위반된다.

(2) 경제적 영역

- 고용(동일자격의 동일취업), 임금(동일노동의 동일임금)
- 담세율(擔稅率＝동일소득의 동일납세) 등에서의 평등

헌재 1989. 7. 21. 89헌마38; 1990. 9. 3. 89헌가95; 1992. 12. 24. 90헌바21 조세평등주의는 헌법 제11조의 조세법적 표현이라고 할 수 있다. 따라서 국가는 조세입법을 함에 있어서 조세의 부담이 공평하게 국민들 사이에 배분되도록 법을 제정하여야 할 뿐 아니라, 조세법의 해석, 적용에서도 모든 국민을 평등하게 취급하여야 할 의무를 진다.

헌재 1990. 6. 25. 89헌가98 내지 101 회사정리절차 중에 모든 채권자는 자신의 채권행사를 금하는데 금융기관에 대하여는 이를 인정한 것은 헌법 제11조의 평등원칙에 위배된다.

(3) 사회적 영역

- 주거, 여행, 공공시설이용, 혼인과 가족생활에서의 평등

헌재 1989. 11. 20. 89헌가102 변호사법 제10조 제2항에 대한 위헌심판 변호사법 제10조 제2항은 재직경력이 긴 사람에 대하여 그러하지 아니한 사람과 구별하여 그 개업지 제한 규정의 적용을 배제하고 있어 변호사로서의 개업을 하고자 하는 동일한 처지에 있는 자를 합리적 이유 없이 차별하고 있다 할 것이므로 이는 법 앞에서의 평등을 규정한 헌법 제11조 제1항에 위반된다.

(4) 문화적 영역

- 교육의 기회균등, 문화적 균등, 정보에의 접근 등에서의 평등

▪ 능력에 의한 차별대우는 가능(시험성적에 따른 입학)

헌재 1990. 10. 8. 89헌마89 교육공무원법 제11조 제1항에 대한 헌법소원 국·공립사범대학 등 출신자를 교육공무원인 국·공립학교 교사(敎師)로 우선하여 채용하도록 규정한 교육공무원법 제11조 제1항은 사립사범대학졸업자와 일반대학의 교직과정이수자가 교육공무원으로 채용될 수 있는 기회를 제한 또는 박탈하게 되어 결국 교육공무원이 되고자 하는 자를 그 출신학교의 설립주체나 학과에 따라 차별하는 결과가 되는 바, 이러한 차별은 이를 정당화할 합리적인 근거가 없으므로 헌법상 평등의 원칙에 어긋난다.

미국판례 미국연방대법원은 Plessy v. Ferguson(1896)사건에서 분리하되 평등의 이론에 따라 교사·교육과정·교원봉급 기타 유형적인 것은 동등하고, 교육장소만을 분리하는 것은 합헌이라고 하였으나 Brown v. Board of Education(1954)사건에서는 흑백인 공학은 실질적 평등을 보장하는 측면에서 인정되어야 한다고 하여 Plessy판결을 파기하였다.

4. 특권제도금지

(1) 사회적 특수계급제도의 금지

▪ 귀족제도, 노예제도 등 봉건적 제도의 금지

(2) 영전일대(榮典一代)의 원칙

▪ 영전의 세습제를 부인하여 특수계급의 발생방지

▪ 훈장에 수반되는 연금이나 유족에 대한 보훈은 허용

▪ 공무원이 외국정부로부터 영전을 받을 경우: 대통령의 허가

5. 개별적 평등권의 제도화

▪ 평등선거의 원칙(제41조 제1항, 제67조 제1항)

▪ 교육의 기회균등(제31조 제1항)

▪ 혼인과 가족생활에서의 양성의 평등(제36조 제1항)

▪ 여성노동자의 차별대우금지(제32조 제4항)

▪ 경제적 복지의 평등(제116조 제1항, 제119조 제2항, 제123조 제2항)

▎평등조항의 효력

1. 대국가적 효력

▪ 모든 국가권력과 헌법개정권력을 직접 구속

2. 제3자적 효력

▪ 간접적용설에 따라 사인상호간의 법률관계에 적용

▌ 평등의 원칙에 대한 예외

1. 헌법상 예외

(1) 정당의 특권(제8조 제3항·제4항): 정당이 수행하는 정치적 기능 보장 목적

- 정치자금의 보조, 정당해산의 엄격성

(2) 군사법원에 의한 재판(제27조 제2항, 제110조 제4항)

(3) 군경의 이중손해배상청구권의 제한(제29조 제2항)

(4) 국가유공자와 전몰군경 유가족에 대한 우선취업기회 보장(제32조 제6항)

(5) 공무원의 근로3권의 제한(제33조 제2항)

(6) 대통령의 형사상 특권(제84조)

(7) 국회의원의 불체포특권(제44조), 면책특권(제45조)

2. 법률상의 제한

(1) 공무원법상 공무원의 정당가입금지와 정치활동 제한 및 주거지 제한

(2) 군사관계법상 군인, 군무원의 영내거주, 집단행위 제한

(3) 행형법상 수형자의 서신검열, 교화 등 통신과 신체의 자유 제한

(4) 공직선거법상 공무담임권의 제한

(5) 출입국관리법상 외국인의 체류와 출국의 제한

(6) 외국인토지법상 외국인의 토지소유 및 주식소유의 제한

3. 국가긴급권에 의한 제한

(1) 대통령의 긴급명령, 긴급재정·경제처분 및 그 명령

(2) 비상계엄

자유권적 기본권

I. 총설

▌ 개념

1. 의의

- 역사적 상황, 헌법관에 따라 그 성격과 내용 상이
- 개인의 자유로운 영역에 대한 국가권력의 간섭·침해를 받지 않을 권리

2. 연혁

(1) 근대 이전: 국왕으로부터 싸워 얻어낸 자유

- 대헌장(1215), 권리청원(1628), 권리장전(1689)

(2) 근대시민혁명 이후

- 개인의 자유의 전국가성(前國家性)
- 국가권력으로부터의 자유, 천부불가양의 권리
- 미국의 독립선언(1776), 프랑스의 인권선언(1789)

(3) 현대복지국가

- 개인주의와 자연권사상 부활
- 자연권성의 재강조, 자유권에 대한 사회적 제약성 강조

▌ 자유권적 기본권의 법적 성질

1. 국가와의 관계성 여부

헌법관	내 용
법실증주의	국가권력의 자제에 의한 반사적 이익, 헌법과 법률에 의해 창설된 권리
결단주의	국가로부터의 자유, 전국가적·초국가적 권리, 주관적 공권
통합주의	국가를 향한 자유, 사회공동체의 공감대적 가치표현(자연권성 부인)

2. 천부적, 초국가적 권리성

(1) 자유권의 선언성

- 국가나 국법에 의해 창설된 권리가 아님
- 헌법은 인간이 당연히 누리는 권리를 재확인

(2) 인류보편의 원리

- 때와 장소를 불문하는 인류보편의 원리, 입헌주의적 헌법의 최고가치

(3) 상대적 자유권

- 타인의 자유를 전제로 하는 논리적·내재적 한계

- 내심의 자유, 본질적 내용을 침해하지 않는 한 공공필요에 따른 제한 가능

3. 포괄적 권리성

(1) 자연권설: 기본권규정은 예시적인 것

- 헌법에 규정되지 않은 자유도 인정

(2) 실정권설: 기본권규정은 개별적 자유와 권리의 열거

- 헌법 제37조 제1항은 권리창설규범

4. 소극적, 방어적 공권성

(1) 국가권력에 의해 침해될 경우 그 침해행위의 배제를 요구할 수 있는 권리

▌자유권적 기본권의 구조와 체계

1. 자유권적 기본권의 구조

일반적, 포괄적 자유권	일반적 행동의 자유권
개별적, 구체적 자유권	헌법에 규정된 개별적 자유권

고립된 개인의 자유권	신체, 신앙과 양심, 주거의 불가침, 사생활의 비밀과 자유
공동생활의 전제인 자유권	언론·출판·집회·결사의 자유, 선교의 자유, 강학의 자유

2. 자유권적 기본권의 체계: 자유권의 성격과 내용을 기준

(1) 인신의 자유권: 생명권, 신체의 자유

(2) 시생활의 지유권: 거주이전, 주거, 사생활의 비밀, 통신의 자유

(3) 정신적 자유권: 양심, 종교, 언론·출판, 집회·결사, 학문, 예술의 자유

(4) 경제석 사뮤권: 식업선택, 새산권

▌자유권적 기본권의 한계와 제한

1. 한계

(1) 내재적 한계: 타인의 권리의 불가침, 도덕률 존중, 헌법질서의 준수

(2) 상대적 권리(내심의 자유 제외, 본질적 부분 침해금지)

2. 제한(制限)

(1) 헌법유보와 법률유보

(2) 헌법 제37조 제2항: 국가안전보장, 질서유지, 공공복리

- 위의 목적달성을 위해 불가피한 경우
- 최소한의 제한
- 보호이익이 제한되는 이익보다 큰 경우

Ⅱ. 생명권(生命權)

▌개념

1. 의의

- 인간의 모든 자유와 권리의 기점(起點)인 동시에 귀결점(歸結點)
- 생명의 발생, 유지에 관한 모든 권리
- 즉, 생명권이란 생명의 발생과 유지, 발전과 소멸에 관한 모든 권리를 말하며 인간의 모든 권리의 기점인 동시에 귀결점(歸結點)이다.

2. 연혁

- 근대 입헌주의헌법: 명문의 규정 두지 않음
- 세계인권선언, 집단살해방지와 처벌에 관한 협약, 유럽인권협약
- 일본헌법 제13조, 독일기본법 제2조 제1항

3. 생명의 시기(始期)와 종기(終期)

생명권을 누릴 수 있는 기간, 즉 생명의 시기와 종기는 자연현상으로서의 생명을 기초로 하여 법적 관점에서 정해져야 한다. 헌법학에서는 생명권을 폭넓게 보장하기 위해 생명의 시기를 수태로 보는 것이 일반적 견해이다. 그러나 독일 헌법재판소의 한 판례에 의하면, 태아는 수태 후 14일 정도를 걸려 착상되는 때로부터 완전한 형태를 가진 유기체가 된다고 한다. 그리고 생명의 종기에 관하여는 의학적으로 학설이 갈리고 있다. 최근 의학계에서 주장하는 것처럼 뇌사설이 보다 사망의 합리적 기준이 된다고 한다.

▌생명권의 헌법적 근거

1. 헌법 제10조, 제12조 제1항, 제37조 제1항
2. 헌법재판소: 우리 헌법의 최고원리, 모든 기본권의 전제임을 인정

헌재 1996. 11. 28. 95헌바1 형법 제250조 등 위헌소원 인간의 생명은 고귀하고, 이 세상에서 무엇과도 바꿀 수 없는 존엄한 인간존재의 근원이다. 이러한 생명에 대한 권리는 비록 헌법에 명문의 규정이 없다 하더라도 인간의 생존본능과 존재목적에 바탕을 둔 선험적이고 자연법적인 권리로서 헌법에 규정된 모든 기본권의 전제로서 기능하는 기본권 중의 기본권이라 할 것이다.

대법원 1963. 2. 28. 62도241; 1967. 9. 19. 67도988 생명은 한번 잃으면 영원히 회복할 수 없고 이세상에서 무엇과도 바꿀 수 없는 절대적 존재이며 한 사람의 생명은 전지구보다 무겁고 또 귀중하고도 엄숙한 것이며 존엄한 인간존재의 근원인 것이다.

헌재 2015. 9. 24. 2015헌가17 구 폭력행위 등 처벌에 관한 법률 제3조 제1항 위헌제청 법정형의 종류와 범위를 정함에 있어서 고려해야 할 사항 중 가장 중요한 것은 당해 범죄의 보호법익과 죄질이다. 그런데 폭처법상 상해죄와 같이 일단 흉기 기타 위험한 물건을 휴대하여 형법상의 상해죄를 범하는 경우에는 이미 그 행위 자체에 내재되어 있는 불법의 정도가 크고, 중대한 법익 침해를 야기할 가능성이 높다고 할 것이어서, 그 구체적인 행위의 결과가 형법상 상해죄에 해당하는지 여부와 무관하게 이미 그 책임이 중하다고 볼 수 있다. 더구나 폭처법이 폭력행위를 엄단함으로써 사회질서를 유지하고자 하는 '사회적 법익' 이외에도 '개인적 법익'을 보호하려는 목적으로 제정된 점과 상해죄가 개인적 법익 중 생명권 다음으로 중요한 신체의 안전성을 보호법익으로 하고 있어 그 입법목적의 정당성이 더욱 높은 점 등을 고려하면, '흉기 기타 위험한 물건을 휴대'한 경우를 가중적 구성요건으로 하여 형법상의 상해죄보다 가중처벌한다고 하더라도 이를 쉽사리 책임과 형벌 사이의 비례성원칙에 반한다고는 할 수 없을 것이다.

▌생명권의 법적 성질

1. 자연권적 기본권(포괄적 권리, 주관적 공권)
2. 객관적 가치질서

▌생명권의 주체

- 인간의 권리: 내외국인 모두 포함, 태아의 생명도 포함

헌재 2019. 4. 11. 2017헌바127 형법 제269조 제1항 등 위헌소원 임신한 여성들은 일정한 경우에 있어서 자신이 처한 사회·경제적 상황을 고려하였을 때 임신·출산·육아를 도저히 감당할 수 없을 것이고, 만약 자녀가 출생하면 어머니가 될 자신뿐만 아니라 태어날 자녀마저도 불행해질 것이라는 판단하에 낙태를 결심하고 실행한다는 것이다. 이는 곧 '가해자 대 피해자'의 관계로 임신한 여성과 태아의 관계를 고정시켜서는 태아의 생명 보호를 위한 바람직한 해법을 찾기 어렵다는 것을 시사해 준다고 보았고, "태아가 모체를 떠난 상태에서 독자적으로 생존할 수 있는 시점인 임신 22주 내외에 도달하기 전이면서, 임신 유지와 출산 여부에 관한 자기결정권을 행사하기에 충분한 시간이 보장되는 시기까지의 낙태에 대해서는 국가가 생명 보호의 수단 및 정도를 달리 정할 수 있다"고 판시했다. 즉 태아의 독자적 생존이 가능한 22주를 권고기준으로 제시하면서 입법부에게 해당 조항을 2020년까지 개정하라고 입법촉구명령을 했다.

▌생명권의 내용

생명권이 적어도 생명에 대한 각종의 국가적 침해를 막는 방어권을 그 내용으로 한다는 점에 대해서는 이론이 없으나, 제3자에 의한 생명권의 침해로부터 보호해 줄 것을 국가에 대하여 요구할 수 있는 적극적인 권리도 내포하고 있느냐의 문제와 국가가 생명을 조성 내지 촉진시킬 의무가 있겠는가의 문제에서 견해가 대립되고 있다. 이하에서는 이에 대해 논해 보기로 한다.

1. 소극적 생명권

헌법상 생명권은 대국가적 방어권으로서 국가가 개인의 생명을 침해하는 것을 배제하도록 요구할 수 있는 소극적인 생명권을 가진다. 그리하여 안락사나 낙태는 원칙적으로 금지되며 생존가치 없는 인간 생명의 말살이라든가 사형제도도 생명권을 침해하는 것으로 위헌이며, 따라서 허용될 수 없다. 특히, Genocide의 금지는 소수집단의 보호를 위해서도 필요한 것이다.[2]

2. 적극적 생명권

생명권의 내용에 국가가 적극적으로 생명을 조성 내지 촉진시킬 의무가 포함되어 있는가에 대해 견해의 대립이 있는데, 국가는 사회적·경제적 여건을 마련하

---

2 金哲洙, 憲法學槪論 참조.

여 생존할 적극적 생명조성의무가 있다고 본다.

3. 보호청구권

생명권은 또한 제3자에 의한 생명권의 침해로부터 보호해줄 것을 국가에 청구할 수 있는 권리도 내포하고 있다. 기본권의 제3자적 효력을 인정하게 되면 생명권의 제3자적 효력도 당연히 인정될 수 있다. 생명권의 객관적 가치를 인정하게 되면 생명권을 침해한 제3자 내지 사인에 대하여 생명권의 제3자적 효력을 인정하게 된다.

▌ 생명권의 효력

1. 대국가적 효력
- 소극적 효력: 국가의 침해에 대한 배제
- 적극적 효력: 국가에 대한 보호청구

2. 제3자적 효력
- 사법상 일반원칙을 통한 간접적용

▌ 생명권의 한계와 제한

1. 정당한 이유 없는 타인의 생명 부정
2. 둘 이상의 생명 충돌시
- 법적 평가(법률에 의한 생명침해) 가능
3. 자신의 생명에 관한 처분권위임 불허용
- 예외적으로 의료시술의 경우 인정
4. 생명의 위협을 감수하고 직무수행에 전념할 의무가 있는 직업
- 군인, 경찰관, 소방관 등
5. 사형제도
- 합헌설과 위헌설 대립
- 헌법 제110조 제4항 단서(간접규정)

헌재 1996. 11. 28. 95헌바1 형법 제250조 등 위헌소원 인간생명을 부정하는 등의 범죄행위에 대한 불법적 효과로서 지극히 한정적 경우에만 부과되는 사형은 죽음에 대한 인간의 본능적 공포심과 범죄에 대한 응보욕구가 서로 맞물려 고안된 필요악으로서 불가피하게 선택된 것이며 지금도 여전히 제 기능을 하고 있다는 점에서 정당화될 수 있다.

대법원 1987. 9. 8. 87도1458; 1992. 8. 14. 92도1086; 1987. 10. 13. 87도1240 인도적 또는 종교적 견지에서는 존귀한 생명을 빼앗아가는 사형제도는 모름지기 피해야 할 일이겠지만, 범죄로 인하여 침해되는 또 다른 귀중한 생명을 외면할 수 없고 사회공공의 안녕과 질서를 위하여 국가의 형사징책상 형사제도를 존치하는 것도 정당하게 긍인할 수밖에 없는 것

6. 인공임신중절

- 정당화사유: 모자보건법 제14조
- 원칙: 태아의 생명권주체로서의 지위 인정 — 금지

7. 안락사

- 인간의 생명권을 침해하는 것으로 위헌
- 존엄사의 문제: 환자가 인간답게 죽을 권리를 주장하는 경우(견해대립)

1962년 일본판례 안락사로서의 행위가 위법성을 조각하기 위한 요건으로서 ① 환자가 현대 의학의 지식과 기술에 비추어 불치의 병에 걸려 있고, 그 죽음이 목전에 임박하고 있을 것, ② 환자의 고통이 극심하여 누구도 이것을 보고 참기 어려운 정도일 것, ③ 오로지 환자의 죽음의 고통을 완화할 목적으로 행하여질 것, ④ 환자의 의식이 명료하여 본인의 진지한 촉탁 또는 승낙의 의사표명이 있을 것, ⑤ 의사에 의하여 행하여지는 것이 원칙이며, 그 외는 합당한 특별한 이유가 있을 것, ⑥ 그 방법이 윤리적으로 타당할 것

▌ 생명권의 침해에 대한 구제

1. 오판에 의한 사형집행: 국가의 형사보상책임
2. 공무원의 불법적 생명침해: 형사처벌, 국가배상
3. 사인의 생명권침해: 형사처벌, 민사상 손해배상책임

Ⅲ. 신체(身體)의 자유

▌ 개념

1. 의의

- 법률과 적법절차에 의거
- 신체의 안전성과 자율성을 침해당하지 않을 자유

- 신체의 자유라 함은 적법절차에 의하지 아니하고는 신체의 자유의 제한과 박탈을 당하지 않는 것을 의미한다. 일반적으로 신체의 자유에는 신체안전의 자유와 신체자율의 자유가 포함된다. 그런데 신체의 자유에 생명권과 신체의 건강권이 포함되는가에 대해서는 학설이 갈리고 있다.

2. 연혁
  - 고전적 규정: 대헌장, 권리청원, 인신보호법, 권리장전
  - 근대적 규정: 버지니아권리장전, 프랑스인권선언

▍신체의 자유의 법적 성질

1. 천부적, 초국가적 자연권
2. 상대적 자유권: 국가안전보장, 질서유지를 위해 불가피한 경우 제한가능
3. 인간의 권리: 모든 자유의 근원이 되는 권리
4. 국가에 대한 개인의 소극적, 방어적 권리

▍신체의 자유의 범위

☞ 생명권, 신체불훼손권 포함 여부의 문제
1. 신체의 안정성과 활동의 임의성 보장(권, 허)
2. 신체의 활동의 자유(김)

▍신체의 자유의 내용

1. 불법한 체포·구속으로부터의 자유
2. 불법한 압수·수색으로부터의 자유
3. 불법한 심문으로부터의 자유
4. 불법한 보안처분으로부터의 자유
5. 불법한 강제노역의 금지

▍신체의 자유의 실체적 보장

1. 법원칙의 선언과 법률유보에 의한 신체의 자유를 보장하는 방법
2. 법률주의에 의한 보장

▪ 죄형법정주의의 전제

(1) 죄형법정주의(罪刑法定主義)

1) 의의

헌재 1991. 7. 8. 91헌가4 죄형법정주의는 이미 제정된 정의로운 법률에 의하지 아니하고 는 처벌되지 아니한다는 원칙으로서 이는 무엇이 처벌될 행위인가를 국민이 예측가능한 형식으로 정하도록 하여 개인의 법적안정성을 보호하고 성문의 형벌법규에 의한 실정법 질서를 확립하여 국가형벌권의 자의적 행사로부터 개인의 자유와 권리를 보장하려는 법 치국가 형법의 기본원리이다.

▪ 법률 없으면 범죄 없고, 형벌 없다.
▪ 국가형벌권의 자의적 행사로부터 개인의 자유와 권리 보장
▪ 법치국가적 형법의 기본원칙, 근대형법의 기본원칙
▪ 즉, 죄형법정주의라 함은 '법률 없으면 범죄 없다'와 '법률 없으면 형벌 없다' 의 두 명제로 표현되고 있는바, 범죄의 구성요건을 명확하게 법률로써 정하여 야 하며, 그 범죄에 대하여 형벌을 과할 때에는 그 형벌의 양과 종류가 국민 에 기한 법률이 정한 절차에 의하여야 한다는 원칙을 말한다.

2) 죄형법정주의의 내용과 파생원칙

▪ 범죄와 형벌은 형식적 법률로만 규정
▪ 소급입법에 의한 공민권 제한이나 재산권 박탈 금지

① 관습형법금지의 원칙(=형벌법규법률주의)
▪ 형식적 의미의 법률에 의한 범죄와 형벌의 규정
▪ 관습법에 의한 범죄구성요건의 추가나 가중처벌의 금지

② 형벌법규 불소급의 원칙
▪ 형법제정 이전의 행위에 적용 불가
▪ 국민의 법적 생활의 안정성 도모

대법원 1992. 10. 27. 92도2068 국가보안법위반 헌법 제13조 소정의 형벌불소급의 원칙은 범죄의 성립과 처벌을 행위시의 법률에 의하게 함으로써 사후법률에 의한 처벌을 금지하 여 국민의 법적 안정성을 도모하려는데 그 목적이 있는 것

헌재 1998. 11. 26. 97헌바65 특정범죄가중처벌등에관한법률 부칙 제2항 등 위헌소원 헌법상 의 기본원칙인 죄형법정주의나 법치주의로부터 도출되는 신체의 자유와 법적 안정성 및 신뢰보호의 원칙상 모든 법규범은 현재와 장래에 한하여 효력을 가지는 것이기 때문에

소급입법에 의한 처벌은 원칙적으로 금지 내지 제한되지만, 신법이 피적용자에게 유리한 경우에 이른바 시혜적인 소급입법을 하여야 한다는 입법자의 의무가 이 원칙들로부터 도출되지는 아니한다.

③ 절대적 부정기형 금지의 원칙

- 행형의 경과에 따라 선고형을 결정하는 형벌제도

④ 법규내용명확성의 원칙

- 범죄와 형벌을 가능한 한 법률에 명확히 규정
- 일반국민에게 예측가능성 부여, 법관의 자의적 법적용 배제
- 영미법상 '막연하기 때문에 무효'의 이론

헌재 2001. 1. 18. 99헌바112 새마을금고법 제66조 제1항 제2호 등 위헌소원 죄형법정주의는 범죄와 형벌이 법률로 정하여져야 함을 의미하는 것으로 이러한 죄형법정주의에서 파생되는 명확성의 원칙은 누구나 법률이 처벌하고자 하는 행위가 무엇이며, 그에 대한 형벌이 어떠한 것인지를 예견할 수 있고, 그에 따라 자신의 행위를 결정할 수 있도록 구성요건이 명확할 것을 의미하는 것이다.

헌재 2000. 6. 29. 98헌바67 문화재보호법 제80조 제2항 등 위헌소원 "유형의 문화적 소산으로서 역사상 또는 예술상 가치가 큰 것"이라 함은 이 법률조항의 입법목적에 비추어 볼 때, '보존하고 활용할 가치가 있는 것'을 가리키고, 그와 같은 가치가 있는지 여부는 그 물건이 지닌 시대성, 희귀성, 예술성 및 화폐단위로 환산된 가치 등을 종합적으로 고려하여 건전한 상식과 통상적인 법감정을 통하여 판단할 수 있으며, 구체적인 사건에서는 법관의 합리적인 해석에 의하여 판단할 수 있다. 또한 법 제76조 제1항의 비지정동산유형문화재는 시행령과 시행규칙에 구체적인 범위가 규정되어 있고, 법 제76조 제2항은 문화재로 오인될 우려가 있는 동산을 국외로 수출 또는 반출하고자 하는 경우에는 미리 문화체육부장관의 확인을 받도록 규정하여 문화재의 개념을 오인한 자로 하여금 형사처벌을 받을 위험을 제거하는 제도적 장치를 하고 있으므로, 이 법률조항은 입법목적과 다른 조항과의 연관성, 합리적인 해석가능성, 입법기술상의 한계 등을 고려할 때, 어떤 행위가 이에 해당하는지 의심을 가질 정도로 불명확한 개념이라고 볼 수 없으므로 형벌법규의 명확성이 원칙에 반하지 아니한다

⑤ 유추해석금지의 원칙

- 법률에 명시되어 있지 않지만 유사한 성질을 가지는 법률규정을 적용하는 것
- 형벌법규의 명확성의 원칙 무의미
- 자의적인 입법을 허용하는 결과 초래 때문에 금지

대법원 1999. 7. 9. 98도1719 군용물분실 형벌법규의 해석은 엄격하여야 하고 명문규정의 의미를 피고인에게 불리한 방향으로 지나치게 확장해석하거나 유추해석하는 것은 죄형법정주의 원칙에 어긋나는 것으로서 허용되지 않는다.

대법원 1998. 4. 10. 97도3392 성폭력범죄의처벌및피해자보호등에관한법률위반 구 성폭력범죄의처벌및피해자보호등에관한법률(97.8.22. 법률 제5343호로 개정 전) 제8조는, 신체장애로 항거불능인 상태에 있음을 이용하여 여자를 간음하거나 사람에 대하여 추행한 자는 형법상 강간 또는 강제추행에 정한 형으로 처벌한다고 규정하고 있는바, 관련 법률의 장애인에 관한 규정과 형법상의 유추해석 금지의 원칙에 비추어 볼 때, 이 규정에서 말하는 '신체장애'에 정신박약 등으로 인한 정신장애도 포함된다고 보아 그러한 정신장애로 인하여 항거불능 상태에 있는 여자를 간음한 경우에도 이 규정에 해당한다고 해석하기는 어렵다.

(2) 일사부재리(一事不再理)의 원칙(헌법 제13조 제1항 후단)
  1) 동일한 범죄에 대하여 거듭 처벌받지 않을 원칙, 즉 일사부재리의 원칙은 동일인 및 동일사건에 대하여 재차의 소송수행과 재판을 금지함으로써 피고인보호 및 법적 안정성을 확보하는 기능을 한다.
  2) 제도적 취지: 행정권, 사법권의 전단으로부터 형사피고인 보호
  3) 실체적 재판에만 적용
  ▪ 유·무죄 판결
  ▪ 유죄의 처벌이 끝난 행위
  ▪ 면소판결
(3) 연좌제의 금지
  ▪ 자기행위가 아닌 친족의 행위로 불이익한 처우의 금지
  ▪ 친족만이 아닌 모든 타인의 행위로 인한 불이익 처우 포함
  ▪ 제5공화국(8차 개헌)에서 신설

▌신체의 자유의 절차적 보장

1. 신체의 자유를 위한 형사절차나 제도를 통한 헌법상의 보장
2. 적법절차(適法節次)의 원칙
  (1) 의의
  1) 모든 국가작용(입법, 집행, 사법)
  2) 법률을 근거로 정당한 절차에 따라 발동될 것을 요구하는 헌법원리

3) 적법절차란 공권력에 의한 국민의 생명, 재산, 자유의 침해는 합리적이고
   정당한 법률에 의거해서 정당한 절차를 밟는 경우에만 유효하다는 원리를
   의미한다.

(2) 연혁

1) 영국: 대헌장, 권리청원
2) 미국: 연방헌법과 각주의 헌법에서 수용
3) 우리나라: 현행 헌법(9차 개헌)에서 처음 채택

(3) 내용

1) 「적(適)」
 ▪ due: 적정한, 정당한
 ▪ 절차의 적법성, 절차의 적정성 내지 정당성
2) 「법(法)」
 ▪ 실정법 + 넓은 의미의 법규범(불문법, 법의 이념)
3) 「절차(節次)」
 ▪ 방어기회의 제공절차(고지, 청문, 변명)

(4) 적용대상

1) 처벌 보안처분 또는 강제노역: 예시적 규정
2) 신체적 정신적, 재산상 불이익이 되는 모든 제재 포함

(5) 적용범위

1) 형사절차
2) 행정절차
 ▪ 행정권의 비대화로 국민의 자유와 권리의 침해가능성 증대
 ▪ 자유와 권리의 절차상 보장목적(적용설 타당)

(6) 강제처분의 내용

1) 체포: 실력으로 신체의 자유를 구속하는 것
2) 구속: 구인과 구금, 일정 장소에 실력으로 인치하거나 계속 유치하는 것(미
   결구금)
3) 압수: 강제로 어떤 물건의 점유를 취득
4) 수색: 실력으로 신체의 검색(가택수색은 헌법 제16조 문제)

5) 심문: 답변의 강요

6) 처벌: 형사상 처벌＋본인에게 고통이 되는 일체의 제재

7) 보안처분: 범죄적 위험자에게 과하는 범죄예방처분

8) 강제노역: 본인의 의사에 반하는 노역의 제공(징역형에서 노역장 유치)

3. 영장(令狀)제도

(1) 의의

- 사람을 체포·구속하는 데 원칙적으로 법관이 발부한 영장을 제시하도록 하는 것

- 범죄수사로 인한 부당한 인권침해 방지

- 영미의 적법절차에서 발달, 미군정시대부터 도입

대법원 1996. 8. 12. 96모46 준항고기각결정에 대한 재항고 헌법상 영장제도의 취지에 비추어 볼 때, 헌법 제12조 제3항은 헌법 제12조 제1항과 함께 이른바 적법절차의 원칙을 규정한 것으로서 범죄수사를 위하여 구속 등의 강제처분을 함에 있어서는 법관이 발부한 영장이 필요하다는 것과 수사기관 중 검사만 법관에게 영장을 신청할 수 있다는 데에 그 의의가 있고, 형사재판을 주재하는 법원이 피고인에 대하여 구속영장을 발부하는 경우에도 검사의 신청이 있어야 한다는 것이 그 규정의 취지라고 볼 수는 없다.

헌재 1997. 3. 27. 96헌바28·31·32 형사소송법 제70조 제1항 위헌소원등 형사절차에 있어서의 영장주의란 체포·구속·압수 등의 강제처분을 함에 있어서는 사법권 독립에 의하여 그 신분이 보장되는 법관이 발부한 영장에 의하지 않으면 아니된다는 원칙이고, 따라서 영장주의의 본질은 신체의 자유를 침해하는 강제처분을 함에 있어서는 중립적인 법관이 구체적 판단을 거쳐 발부한 영장에 의하여야만 한다는 데에 있다.

(2) 영장의 법적 성격

- 허가장설(통설): 수사기관에 대한 일정 강제처분을 할 권한행사의 허가

(3) 내용

헌재 1992. 12. 24. 92헌가8 형사소송법 제331조 단서규정에 대한 위헌심판 헌법 제12조 제3항에 규정된 영장주의는 구속의 개시시점에 한하지 않고 구속영장의 효력을 계속 유지할 것인지 아니면 취소 또는 실효시킬 것인지의 여부도 사법권독립의 원칙에 의하여 신분이 보장되고 있는 법관의 판단에 의하여 결정되어야 한다는 것을 의미하고, 따라서 형사소송법 제331조 단서 규정과 같이 구속영장의 실효 여부를 검사의 의견에 좌우되도록 하는 것은 헌법상의 적법절차의 원칙에 위배된다.

1) 체포영장

- 피의자가 죄를 범하였다고 의심할 만한 상당한 이유
- 출석요구에 응하지 않거나 응하지 않을 우려가 있는 때

2) 구속영장

- 일정한 주거가 없는 때
- 증거를 인멸한 우려가 있는 때
- 도망하거나 도망할 염려가 있는 때

3) 압수, 수색영장: 행정절차에의 적용 여부

- 행정상 즉시강제의 목적과 형사사법의 목적이 경합되는 경우 적용(절충설)

(4) 영장주의의 예외

1) 긴급체포(형사소송법 제200조의3)

- 사형·무기 또는 장기 3년 이상의 징역이나 금고
- 주거부정, 도피 또는 증거인멸의 우려

2) 현행범인(준현행범인 포함)

- 현행범인: 범죄의 실행 중에 있거나 실행의 직후인 자
- 준현행범인: 범인으로 호칭되어 추적되고 있는 때, 흉기, 기타 물건의 소지, 신체, 의복류에 현저한 증거가 있을 때, 누구임의 물음에 도망하려 하는 때

3) 비상계엄: 영장제도에 특별한 조치 가능

(5) 별건체포·구속

- 본 사건을 수사하기 위해 증거가 확보된 경미한 사건(별건)으로 체포·구속
- 우리나라의 다수설 - 위헌

4. 체포·구속적부심사제도

(1) 의의

- 피체포자·피구속자가 제기한 체포 구속의 적법 여부를 법원이 심사하는 것
- 영국의 인신보호법에서 유래
- 건국헌법에 규정, 유신헌법 삭제, 8차 개헌에서 부활, 현행헌법에서 범위 확대

(2) 기능

- 영장발부에 대한 재심사기회 부여: 인신의 자유의 보호

- 영장주의에 대한 보완적 기능

(3) 내용

1) 주체와 사유

- 주체: 피의자, 변호인, 법정대리인, 배우자, 형제자매, 호주, 가족, 동거인, 고용주
- 사유: 모든 범죄

2) 심사기관

- 체포구속영장을 발부한 법관은 관여 불가
- 판사가 1인 밖에 없는 경우에는 예외

3) 심사절차

4) 판단시기: 적부심사청구시

5) 불복제도: 심사결정에 대해서는 항고불가능

5. 체포·구속이유 등 고지제도(헌법 제12조 제5항)

(1) 기능: 피의자(피고인)나 그 가족에게 방어수단의 강구 허용

구 분	고지를 받을 권리	통지를 받을 권리
주 체	체포·구속된 자	체포·구속된 자의 가족 등 법률이 정한 자
내 용	체포·구속의 이유, 변호인의 조력을 받을 권리	가족 등이 체포·구속의 이유·일시·장소 등을 알 권리
시 기	체포·구속 전	체포·구속 후 지체 없이
성 격	체포·구속의 전제조건	체포·구속 후의 사후조치
방 법	특별한 방법 없음	서면

(2) 법적 성격: 형사사법제도(객관적 제도) + 주관적 공권(알권리)

대법원 1995. 5. 9. 94도3016 피의자를 구속영장 없이 현행범으로 체포하기 위하여는 체포 당시에 피의자에 대하여 범죄사실의 요지, 체포의 이유와 변호인을 선임할 수 있음을 말하고 변명할 기회를 준 후가 아니면 체포할 수 없고, 이와 같은 절차를 밟지 아니한 채 실력으로 연행하려 하였다면 적법한 공무집행으로 볼 수 없는 것이다.

▌ 형사피의자·형사피고인의 형사절차상 권리

1. 형사피의자와 형사피고인

구 분	형사피의자	형사피고인
개 념	공소제기 이전의 개념	공소제기 당한 자
권 리	불리진술거부권, 영장제시요구권, 변호인조력권, 무죄추정권, 형사보상청구권	
	고지받을 권리, 구속적부심사청구권	

2. 무죄추정의 원칙(헌법 제27조 제4항)

(1) 형사절차상에서 인권보장을 위한 기본지침

(2) 내용

- 범죄사실의 입증책임: 검사
- 의심스러울 때는 피고인의 이익으로: 무죄선언
- 유죄의 예측 아래 무리한 진실추구 금지
- 필요 이상의 강제조치에 대한 피고인의 시정요구 가능

대법원 1996. 5. 14. 96도561 무죄추정을 받는 피의자라고 하더라도 그에게 구속의 사유가 있어 구속영장이 발부, 집행된 이상 신체의 자유가 제한되는 것은 당연한 것이고, 특히 수사기관에서 구속된 피의자의 도주, 항거 등을 억제하는데 필요하다고 인정할 상당한 이유가 있는 경우에는 필요한 한도 내에서 포승이나 수갑을 사용할 수 있는 것이며, 이러한 조치가 무죄추정의 원칙에 위배되는 것이라고 할 수는 없다.

헌재 1997. 5. 29. 96헌가17 구관세법 제215조 위헌제청 관세법상 몰수할 것으로 인정되는 물품을 압수한 경우에 있어서 범인이 당해 관서에 출두하지 아니하거나 또는 범인이 도주하여 그 물품을 압수한 날로부터 4월을 경과한 때에는 당해 물품은 별도의 재판이나 처분 없이 국고에 귀속한다고 규정하고 있는 이 사건 법률조항은 재판이나 청문의 절차도 밟지 아니하고 압수한 물건에 대한 피의자의 재산권을 박탈하여 국고 귀속시킴으로써 그 실질은 몰수형을 집행한 것과 같은 효과를 발생하게 하는 것이므로 헌법상의 적법절차의 원칙과 무죄추정의 원칙에 위배된다.

헌재 1998.5. 28. 96헌가12 구국가공무원법 제73조의2 제1항 단서 위헌제청 형사사건으로 기소되기만 하면 그가 국가공무원법 제33조 제1항 제3호 내지 제6호에 해당하는 유죄판결을 받을 고도의 개연성이 있는가의 여부에 무관하게 경우에 따라서는 벌금형이나 무죄가 선고될 가능성이 큰 사건인 경우에 대해서까지도 당해 공무원에게 일률적으로 직위해세처분을 하지 않을 수 없노톡 한 이 사건 규성은 헌법 제37조 제2항의 비례의 원칙에 위반되어 직업의 자유를 과도하게 침해하고 헌법 제27조 제4항의 무죄추정의 원칙에도 위반된다.

3. 자백의 증거능력 및 증명력 제한의 원칙(헌법 제17조 제7항)

(1) 자백강요를 통한 인권침해의 방지

(2) 자백의 증거능력의 제한

- 고문, 폭행, 협박, 구속의 부당한 장기화(불법적 방법)

- 기망(부당)

(3) 자백의 증명력 제한

- 자백이 유일한 증거일 때

- 보강증거 필요

(4) 약식재판: 불적용(즉결심판과 같은 경우)

대법원 1998. 3. 13. 98도159 검사작성의 피의자신문조서는, 그 피의자였던 피고인이 공판정에서 서명무인을 시인하여 진정성립을 인정하는 경우에는 그 조서에 기재된 피고인의 진술이 특히 임의로 되지 아니한 것이라고 의심할 만한 사유가 없는 한 증거능력이 있는 것이고, 그 임의성 유무가 다투어지는 경우에는 법원은 구체적 사건에 따라 당해 조서의 형식과 내용, 진술자의 학력, 경력, 지능정도 등 제반 사정을 참작하여 자유로운 심증으로 이를 판단하여야 한다.

대법원 1995. 1. 24. 94도1476 자백의 신빙성유무를 판단함에 있어서는 자백의 진술내용 자체가 객관적으로 합리성을 띠고 있는지, 자백의 동기나 이유는 무엇이며, 자백에 이르게 된 경위는 어떠한지, 그리고 자백 외의 정황증거 중 자백과 저촉되거나 모순되는 것은 없는지 여부의 점 등을 고려하여 판단하여야 한다.

대법원 1993. 1. 12. 92도2656 피고인의 자백이 임의로 진술한 것이어서 증거능력이 인정된다고 하여 자백의 진실성과 신빙성까지도 당연히 인정되는 것은 아니므로, 법원은 진술의 내용이 논리와 경험의 법칙에 비추어 볼 때 합리적인 것으로 인정되는지의 여부나 자백 이외의 정황증거들 중에 자백과 저촉되거나 모순되는 것이 없는지의 여부 등을 두루 참작하여 자유심증으로 자백이 신빙할 수 있는 것인지의 여부를 판단하여야 한다.

4. 고문을 당하지 않을 권리(헌법 제12조 제2항)

- 고문에 의한 자백의 증거능력 제한
- 고문공무원의 직권남용죄로 처벌
- 공무원의 직무상 불법행위를 이유로 하는 국가배상책임

5. 진술거부권(묵비권, 헌법 제12조 제2항)

(1) 의의

- 수사절차, 공판절차에서 심문에 대해 진술을 거부할 수 있는 권리
- 미국 연방헌법상 자기부죄거부의 특권으로 도입

(2) 내용

- 주체: 피고인, 피의자(그 대리인 포함), 외국인
- 대상: 형사상 진술(구두, 문서 등 언어적 표출)에 국한
- 진술거부가능 절차: 재판절차, 수사절차, 행정절차, 국정감사 및 조사절차

헌재 1997. 3. 27. 96헌가11 도로교통법 제41조 제2항 등 위헌제청 헌법 제12조 제2항은 진술거부권을 보장하고 있으나, 여기서 "진술"이라 함은 생각이나 지식, 경험사실을 정신작용의 일환인 언어를 통하여 표출하는 것을 의미하는데 반해, 도로교통법 제41조 제2항에 규정된 음주측정은 호흡측정기에 입을 대고 호흡을 불어 넣음으로써 신체의 물리적, 사실적 상태를 그대로 드러내는 행위에 불과하므로 이를 두고 "진술"이라 할 수 없고, 따라서 주취운전의 혐의자에게 호흡측정기에 의한 주취여부의 측정에 응할 것을 요구하고 이에 불응할 경우 처벌한다고 하여도 이는 형사상 불리한 "진술"을 강요하는 것에 해당한다고 할 수 없으므로 헌법 제12조 제2항의 진술거부권조항에 위배되지 아니한다.

6. 변호인의 조력을 받을 권리(헌법 제12조 제4항)

(1) 의의

- 국가형벌권의 일방적 행사로 인한 인신의 자유의 침해 방지 목적
- 영국의 권리청원, 인신보호령에서 기원

(2) 변호인접견교통권

- 수사기관과 대등한 지위보장
- 변호인선임, 변호인과의 자유로운 접견·협의
- 변호인을 통한 자유로운 소송기록의 열람·등사

1992. 1. 28. 91헌마111 변호인의 조력을 받을 권리에 대한 헌법소원 헌법 제12조 제4항이 보장하고 있는 신체구속을 당한 사람의 변호인의 조력을 받을 권리는 무죄추정을 받고 있는 피의자·피고인에 대하여 신체구속의 상황에서 생기는 여러 가지 폐해를 제거하고 구속이 그 목적의 한도를 초과하여 이용되거나 작용하지 않게끔 보장하기 위한 것으로 여기의 '변호인의 조력'은 '변호인의 충분한 소력'을 의미한다. 변호인의 조력을 받을 권리의 필수적 내용은 신체구속을 당한 사람과 변호인과의 접견교통권이며 이러한 접견교통권의 충분한 보장은 구속된 자와 변호인의 대화내용에 대하여 비밀이 완전히 보장되고 어떠한 제한·영향·압력 또는 부당한 간섭 없이 자유롭게 대화할 수 있는 접견(接見)을 통하여서만 가능하고 이러한 자유로운 접견은 구속된 자와 변호인의 접견에 교도관이나 수사관 등 관계공무원의 참여가 없어야 가능하다. 변호인과의 자유로운 접견은 신체구속을 당한 사람에게 보장된 변호인의 조력을 받을 권리의 가장 중요한 내용이어서 국가안전보장, 질서유지, 공공복리 등 어떠한 명분으로도 제한될 수 있는 성질의 것이 아니다.

헌재 2015. 11. 26. 2012헌마858 변호인접견 불허사건: 헌법불합치 결정
위헌확인수형자와 소송대리인인 변호사의 접견이 시간은 일반 접견과 동일하게 회당 30분 이내로, 횟수는 다른 일반 접견과 합하여 월 4회로 제한되어, 수형자가 변호사와 소송을 위한 상담이나 준비를 하기에 부족하므로, 이로 인해 청구인과 같은 수형자의 재판청구권, 행복추구권, 평등권이 침해된다.

(3) 국선변호인의 조력을 받을 권리
- 피고인의 이익을 위해 법원이 직권으로 선임하는 변호인
- 형사피고인만을 위한 제도
- 구속적부심사에서 구속된 피고인에게 변호인이 없을 때
- 미성년자, 70세 이상인 자, 농아자, 심신장애의심자, 장기 3년 이상의 형에 해당자
- 빈곤 기타의 사유로 변호인선임 불가능시(피고인의 청구시에 한정)

대법원 1995. 2. 28. 94도2880 피고인이 탄원서에서 경제적 어려움으로 인하여 변호인을 선임할 수 없다는 이유로 증인의 위증을 밝히기 위한 은행구좌 및 자금경로의 조사와 증인신문 및 감정신청을 위하여 형사소송법 제33조 제5호에 의한 국선변호인 선임신청을 법원에 하였음에도 법원이 피고인의 위 신청에 대하여 아무런 결정을 하지 아니한 것은 위법하다.

▌신체의 자유의 한계와 제한

1. 한계
- 불문율적 제한: 타인의 권리침해, 도덕률, 헌법질서위반 금지

2. 제한
- 일반적 법률유보(헌법 제37조 제2항)
- 국가긴급권(헌법 제76조, 제77조 제3항)

Ⅳ. 거주·이전의 자유

▌의의

1. 개념
- 자기가 원하는 곳에 주소나 거소를 설정, 그것의 이전
- 자기 의사에 반하는 주거지를 옮기지 않을 자유
- 즉, 거주·이전의 자유라 함은 자기가 원하는 곳에 주소 또는 거소를 정하거나 그곳으로부터 자유로이 이전하거나, 자기 의사에 반하여 거주지를 옮기지 아니할 자유를 의미한다.

2. 연혁
- 봉건시대에는 불인정
- 근대헌법에 명문의 규정은 없지만 당연한 것으로 인정
- 바이마르헌법(1919)에서 최초 인정

3. 주체
- 한국국적을 가진 자연인과 국내법인
- 외국인: 허가를 받아야 함

▌법적 성격

1. 인간존재의 본질적 자유: 인간의 존엄성을 유지하기 위한 자유
2. 인신의 자유: 이동할 자유의 보장
3. 정신적 행동의 자유

4. 경제적 기본권: 자본주의의 존립을 위한 불가결한 조건

▮ 내용

1. 국내거주·이전의 자유

- 대한민국영역 안에서의 거주지의 자유로운 설정과 변경의 자유

- 이북지역은 불인정

* 이와 관련해서 여행과 같은 일시적인 이동이 '거주·이전의 자유'에 포함되는지 여부가 문제된다. 학설은 소극·적극의 두 가지로 나뉘어 있다. 소극설은 '거주· 이전의 자유'를 국내의 임의의 장소에 주소 또는 거소를 정하고 그것을 이전할 자유라고 이해하여 여행의 자유는 여기에 포함되지 않는다고 하고, 이에 대해 적극설은 이 자유에는 엄밀한 의미에서 거주소를 변경할 자유만이 아니라 널리 여행할 자유가 포함되어 있다고 한다. 거주·이전의 자유가 단지 경제적 자유만이 아니라 정신적 자유, 인격형성과도 깊은 관련성을 가지는 점에서 여행의 자유를 포함한다고 하는 후설이 정당하다.

2. 국외거주·이전의 자유

- 국외이주의 자유: 해외이민의 자유

- 해외여행의 자유: 통치권이 미치지 않는 곳으로 여행할 자유(출국과 입국의 자유)

- 귀국의 자유

- 해외로부터 귀국할 자유

- 본국으로부터 최종적 보호를 받을 권리

* 외국인의 출입국의 자유

한국에 재류하는 외국인에게 한국헌법의 기본권 보장이 미치는지 여부에 관해서는 학설·판례는 거의 일치해서 권리의 성질을 검토하여 가능하면 외국인에게도 기본권 보장이 미치는 것으로 한다. 여기에서는 외국이주 내지 해외여행의 자유가 외국인에 관해서도 한국에의 출입국 또는 재입국의 자유로서 헌법상 보장받고 있는지 여부가 문제된다. 1) 외국인의 입국의 자유는 상당히 제한을 받고, 2) 외국인의 출국의 자유는 다음과 같다. 즉, 한국에서 출국할 자유에 관해서는 일반적으로는 — 입국의 경우와는 달리 — 외국인에게도 헌법상 보장되고 있다고 해석된다. 즉 소정의 절차를 거치면 출국할 수 있다. 그러면 그 헌법상 근거에 관해

서는 ㉠ 헌법 제14조의 거주·이전의 자유에 이것을 포함하는 설, ㉡ 외국인의 출국의 자유는 헌법 제6조 제2항의 외국인은 '국제법과 조약'이 정하는 바에 의하여 그 지위가 인정된다는 설로 견해가 분류된다.

구체적인 문제와 관련해서 이러한 견해 사이에 특히 그 결론에 실질적인 차이가 생기는 것은 아니다. 그러나 사고방식으로서는 ① ㉠설은 모두 출국의 자유를 헌법상의 권리라고 하여 입국의 자유를 국제관습법상 인정된 국가의 재량이라고 하는 점에서, 출국과 입국의 사이에 이론적 일관성을 결여한 문제가 있는 점, ② 헌법은 '모든 사람은 어떤 국가(자국을 포함)에서도 자유롭게 떠날' 권리를 보장하는 국제인권규약(자유권규약 제12조)을 제6조의 '한국이 체결한 조약'으로서 '성실하게 준수'해야 한다는 입장에 서는 점에서 ㉡설이 타당하다.

3. 국적이탈의 자유

- 대한민국국적을 포기하고 외국국적을 취득할 수 있는 자유
- 세계인권선언에서 명문으로 규정
- 외국에 귀화하는 자유는 인정
- 무국적의 자유는 부인

4. 망명권

망명권이란 본국에서의 정치적 탄압이나 종교적·민족적 압박 등으로부터 벗어나고, 또는 그것을 피하기 위해서 어느 국가에 비호를 구하는 사람이 그 나라의 헌법 혹은 그 국가와의 조약에 의해서 보호를 받을 권리 또는 국가의 비호권(영역주권에 근거한 영역적 비호)하에 그 보호를 향수할 수 있는 이익이다. 한국헌법은 망명권에 관한 규정을 두지 않고, 또 종래 특별한 입법조치도 없었기 때문에 실정국내법상 명명권에 대한 보장은 없는 것이라고 되어 있었다. 그러나 1992년의 '난민의지위에관한조약'과 '난민의지위에관한의정서'에 가입함으로써 그 한도에서 망명권이 인정되게 되었다.[3]

---

3 과거 우리나라 판례(대판 1984. 5. 22. 84도39)는 망명권을 인정하지 않고 있다. 그리고 일본 최고재판소도 "정치범죄인불인도의 원칙은 확립된 일반적인 국제관습법이라고는 말할 수 없다."고 하였다(최고재판소 소화 51년 1월 26일 판타 334호 105면). 그러나 일본은 1981년의 '난민의 지위에 관한 조약'에 가입함으로써 입법조치에 의해서 일시 비호를 위한 상륙허가제도(출입국관리 및 난민인정법 제18조의2)가 마련되었으므로 그 한도에서 망명권이 인정되게 되었다.

▎제한

1. 국가안전보장, 질서유지, 공공복리를 위한 제한
2. 특별권력관계로 인한 제한
   - 재소자, 군인, 군무원, 공무원 등
3. 민법상 제한
   - 부부의 동거의무, 친권자의 거소지정권, 파산자의 거소지 제한

▎한계

1. 본질적 제한 금지: 허가제는 위헌
2. 단 대도시의 인구집중을 막기 위한 입법의 합헌성 허용

> **1998. 2. 27. 97헌바79 지방세법 제138조 제1항 제3호 위헌소원** 지방세법 제138조 제1항 제3호가 법인의 대도시내의 부동산등기에 대하여 통상세율의 5배를 규정하고 있다 하더라도 그것이 대도시내에서 업무용 부동산을 취득할 정도의 재정능력을 갖춘 법인의 담세능력을 일반적으로 또는 절대적으로 초과하는 것이어서 그 때문에 법인이 대도시내에서 향유하여야 할 직업수행의 자유나 거주·이전의 자유의 자유가 형해화할 정도에 이르러 그 기본적인 내용이 침해되었다고 볼 수 없다.

V. 주거(住居)의 자유

▎의의

- 주거라 함은 사람이 거주하는 설비를 말하며 개인의 사생활을 영위하는 중심이 되는 장소를 의미한다.
- 주거의 자유란 자신의 주거를 공권력, 제3자로부터 침해당하지 않을 권리

▎주거의 자유의 주체

1. 자연인(내외국인 불문)
2. 법인: 주체가 될 수 없음(그 생활공간의 관리자가 주체임)

대법원 1984. 6. 26. 83도685 복수의 주거권자가 있는 경우 한 사람의 승낙이 다른 거주자의 의사에 직접, 간접으로 반하는 경우에는 그에 의한 주거에의 출입은 그 의사에 반한 사람의 주거의 평온 즉 주거의 지배, 관리의 평온을 해치는 결과가 되므로 주거침입죄가 성립한다 할 것이며, 동거자중의 1인이 부재중인 경우라도 주거의 지배 관리관계가 외관상 존재하는 상태로 인정되는 한 위 법리에는 영향이 없다.

▌주거의 자유의 내용

1. 주거의 불가침

(1) 주거

- 사람이 거주하는 설비, 사생활영위의 장소
- 민법상 주소와는 다른 개념(원칙적으로 부동산이나 동산도 포함)
- 현재의 거주 여부는 불문

(2) 침입: 거주자의 동의나 승낙 없이 또는 그 의사에 반해서 들어가는 것

* 남편부재중 간통목적으로 처의 승낙하에 주거에 들어간 경우와 대리시험 응시자의 시험장 입실의 경우에도 불법행위를 목적으로 들어간 것이므로 주거침입죄가 된다.

대법원 1984. 6. 26. 83도685 남편이 일시 부재중 간통의 목적 하에 그 처의 승낙을 얻어 주거에 들어간 경우라도 남편의 주거에 대한 지배관리관계는 여전히 존속한다고 봄이 옳고 사회통념상 간통의 목적으로 주거에 들어오는 것은 남편의 의사에 반한다고 보여지므로 처의 승낙이 있었다 하더라도 남편의 주거의 사실상의 평온은 깨어졌다 할 것이므로 이러한 경우에는 주거침입죄가 성립한다.

대법원 1992. 9. 25. 92도1520 대학교의 강의실은 그 대학당국에 의하여 관리되면서 그 관리업무나 강의와 관련되는 사람에 한하여 출입이 허용되는 건조물인 것이지 널리 일반인에게 개방되어 누구나 자유롭게 출입할 수 있는 곳은 아니라고 할 것이고, 그 대학당국의 허락을 받지 않은 채 대학 C동 101호 강의실에 침입하였다는 것인바, 이는 폭력행위등처벌에관한법률 제3조 제1항 소정의 '다중의 위력으로 건조물에 침입한 행위'로서 범죄구성요건에 해당한다.

2. 영장주의(8차 개헌에서 신설)

(1) 원칙: 주거에 대한 압수·수색

- 범죄혐의, 수사를 위한 증거물의 발견·보존의 필요성: 정당한 이유

- 검사의 신청과 법관이 발부한 영장
- 수색할 장소와 압수할 물건 명시: 일반영장 금지
- (2) 예외: 구속영장의 집행, 현행범인의 체포·긴급구속
- (3) 행정절차에의 준용: 절충설(다수설)
  - 예외: 순수한 행정목적(전염병예방, 소화, 위생 등), 긴급을 요하는 경우

▌주거의 자유의 제한

1. 헌법 제37조 제2항
   - 형사소송법상 대물적·대인적 강제처분, 현장검증
   - 전염병예방법
   - 풍수해대책법
   - 우편법, 국세징수법, 근로기준법, 경찰관 직무집행법, 소방법
   - 긴급명령권(헌법 제76조), 비상계엄(헌법 제77조 제3항)

Ⅵ. 사생활의 비밀과 자유

▌의의

1. 개념
   - 공생활, 사회생활과 구별되는 개인생활
   - 개인생활의 자유로운 형성과 전개를 방해받지 않을 권리
   - 사생활의 내용을 부당하게 공개당하지 않을 권리
2. 연혁
   - 보통법(Common Law)상 명예훼손, 불법행위문제
   - Warren−Brandeis 논문발표 이후 독립된 권리로 논의
   - 우리나라는 8차 개헌에서 신설

▌법적 성격

1. 보호법익: 인간의 존엄성 보호, 인격의 자유로운 발전과 법적 안정성

2. 인격권의 일종

3. 국가권력과 제3자에 대한 소극적·방어적 성격의 자유권

4. 일신전속적 권리

5. 청구권적 성격: 자기관련 정보의 관리와 통제

▌주체

1. 자연인: 내외국인 불문

2. 법인: 명예훼손, 명칭·상호·상표 등이 영업적으로 이용당하는 경우

▌내용

1. **사생활의 비밀의 불가침: 사생활을 공개당하지 않을 권리**

 (1) 사적 사항의 불가침

 (2) 명예나 신용의 불가침

 ▪ 사회통념상 수인할 수 없을 정도의 공표금지

 (3) 인격적 징표의 불가침

 ▪ 성명, 초상, 경력 등

2. **사생활의 자유의 불가침**

 (1) 사생활의 자유로운 형성과 전개를 방해받지 않을 권리

 (2) 사생활의 형성과 유지의 불가침

 ▪ 법적 안정성, 행동의 자유 보장

 (3) 평온의 불가침

 ▪ 통산인의 수인의 한도를 넘는 정도

 ▪ 적극적 침해나 간섭, 소극적 감시, 도청, 도촬

3. **개인정보자기결정권**

 (1) 의의

 ▪ 자신에 관한 개인정보를 자율적으로 결정·관리할 수 있는 권리

 (2) 근거법률

 ▪ 공공기관의 개인정보보호에 관한 법률, 신용정보의 이용 및 보호에 관한 법률 등

 (3) 법적 성격

- 인격권의 일종
- 소극적·방어적 성격의 자유권
- 청구권적 성격의 능동적·적극적 권리
- 일신전속적 권리
(4) 주체: 자연인(내외국인 불문), 법인은 제외
(5) 내용
- 자기정보열람청구권: 알권리와 경합
- 자기정보정정청구권: 자신에 관한 정보가 부정확·불완전한 경우
- 자기정보사용중지, 삭제청구권: 무단공표의 금지, 사용중지 또는 삭제

▌효력

1. 대국가적 효력: 모든 국가권력을 직접 구속
2. 제3자적 효력
   - 간접적용설에 따라 사인간 법률관계에 구속력
   - 가족, 친지 간에는 합리적 한도 내에서 예외 인정

▌한계

1. 언론의 자유와의 관계
   - 권리포기이론: 일정 사정하에서 사생활의 비밀과 자유를 포기한 것으로 간주
   - 공익의 이론: 국민의 알권리의 대상(공익)은 사생활의 비밀과 자유(사익)보다
     우선
   - 공적인물이론: 유명인의 사생활침해는 어느 정도 수인해야 함
     ※ 위의 이론을 종합하여 구체적 사정에 따라 법익형량
2. 국정감사·조사권과의 관계: 합리적인 범위 내에서 필요최소한의 제한만 가능
3. 행정조사와의 관계: 행정상 필요한 객관적 자료(성명, 연령, 주소 등)는 가능
4. 수사권과의 관계
   - 사생활의 비밀과 자유의 가장 큰 위협: 엄격한 법률요건 아래 필요최소한
   - 수사상 알게 된 사생활: 비공개되는 한 침해 아님, 범인 공개수사를 위한 신상
     공개 가능

▌제한

1. 헌법 제37조 제2항: 본질적 내용침해 불가
2. 대통령의 긴급명령

▌침해와 구제

1. 공권력에 의한 침해
 (1) 입법기관에 의한 침해
 ▪ 법률: 청원을 통한 법률의 개폐요구, 위헌법률심사, 헌법소원
 ▪ 국정감사·조사: 침해행위의 배제청구, 손해배상청구
 (2) 행정기관에 의한 침해
 ▪ 행정조사, 범죄수사: 청원, 공무원파면청구, 형사처벌, 행정상 손해배상, 헌법
   소원
 ▪ 행정입법: 위헌명령심사, 헌법소원
 (3) 사법기관에 의한 침해
 ▪ 판결: 상소, 재심청구
 ▪ 공무원의 불법행위: 손해배상청구, 징계청원
2. 사인에 의한 침해
 (1) 사인: 민사상 손해배상, 위자료, 정정보도
 (2) 언론기관: 손해배상, 원인배제청구, 형사처벌
 (3) 정간물, 방송: 반론보도문 내지 반론보도방송의 청구

Ⅶ. 통신의 자유

▌의의

 ▪ 우편물이나 전기통신 등 수단에 의한 개인의 의사나 정보전달 및 교환을 할 수
   있는 자유
 ▪ 공권력에 의한 침해를 당하지 않을 자유

▌법적 성격

1. 통신의 자유불가침
2. 보호법익
   - 사생활비밀을 보호하는 수단적 기능
   - 표현의 자유의 기초
   - 사생활의 영역을 확장시키는 기능

▌주체

1. 자연인(내외국인 불문)
2. 법인(법인격 없는 단체 포함)

▌내용

1. 통신
   - 격지자 간의 의사 전달, 물품의 수수(授受)
   - 신서, 전화, 전신, 팩스, E-mail, 기타 우편물
2. 비밀
   - 내용, 형태, 당사자, 배달방법 등의 비밀
   - 개인간의 대화침해는 사생활의 비밀침해 및 통신의 비밀침해
3. 불가침
   - 열람금지: 통신업무종사 공무원의 통신물을 열거나 읽는 행위 금지
   - 누설금지: 통신업무상 알게 된 사실의 누설 금지
   - 정보금지: 통신업무내용의 정보활동에의 제공 금지
4. 통신의 비밀

   "통신의 비밀을 침해받지 아니한다."고 하는 것은 첫째로 공권력에 의해서 통신의 내용 및 통신의 존재 자체에 관한 사항에 관해서 조사의 대상이 되어서는 안 된다는 것(적극적 지득행위의 금지), 둘째로 통신업무종사자에 의해서 직무상 알게된 통신에 관한 정보를 누설해서는 안 된다는 것(누설행위의 금지)의 두 가지 면을 가지고 있다. 첫 번째 문제에 관해서는 우편법은 우편물의 검열을 금지하고(제8조), 편지의 비밀을 침해해서는 안 된다(제9조 제1항)고 규정하고, 또 전기통신사업법은

통신의 검열을 금지하고, 통신의 비밀을 침해해서는 안 된다(제4조 제1항)고 규정
하고 있다. 두 번째 문제에 관해서는 우편의 업무에 종사하는 자(우편법 제9조 제2
항) 및 전기통신사업에 종사하는 자(전기통신사업법 제4조 제2항)는 각각 직무상
알게 된 타인의 비밀을 지켜야만 한다는 규정을 두고 있다. 통신업무종사자는 우편
직원만이 아니라 일본전신전화주식회사나 국제전신전화주식회사의 사원도 우편직
원에 준하는 것으로 하여 여기에 포함해서 이해해야 할 것이라고 하고 있다.[4] 통
신업무종사자에게 금지된 누설행위의 상대방은 사인이냐 공권력이냐를 불문한다.

5. 전화의 역탐지: 전화의 발신장소를 탐지하는 것, 전화를 통한 협박 등의 현행범
　　　　　　　인의 발신장소에 대한 역탐지나 전화녹음은 영장 없이 가능하다
　　　　　　　고 본다.
6. 전화교환수가 업무상 행위의 일환으로 감화과정에서 범죄에 관한 통화를 청취한
　경우, 경찰에 통보하는 것은 허용된다고 본다.
7. 감청허용: 범죄목적에 이용 확실·범죄가 이미 행하여 또는 행하여지려고·범죄
　　　　　　수사상 필요하고 긴급성이 인정되는 경우에는 허용된다.

▌효력

1. 대국가적 효력과 제3자적 효력
2. 형사상 비밀침해죄, 민사상 불법행위 책임

▌한계와 제한

1. 한계
　(1) 전화의 역탐지: 통신의 발신장소, 발신자 등의 탐지
　(2) 발신자전화번호통보
　▪ 범죄행위의 방지, 사생활의 평온 보장(합헌)

---

4 좌등행, 헌법(제3판), 577면은 일본전신전화주식회사, 국제전신전화주식회사의 사원도 포함한
이유를 "회사는 강한 공익성을 가진 독점기업체이고, 공권력과 밀접한 관계를 가지며, 국민은
회사의 업무이용을 강제받는 관계에 있다고 하지 않으면 안 된다." 혹은 "법이 어떤 자를 코
먼 캐리어인 통신업무종사자로 위치시킨 경우 헌법상의 '통신의 비밀'불가침의 요청이 당연히
그 통신업무종사자에게 미친다."고 하는 쪽이 보다 정확한 것은 아닌가라고 설명하고 있다. 또
평송의, 통신의 비밀 호부타편, 백선1 103면은 사인에의 헌법의 적용근거는 "그것이 주식회사
에 의해 운용되고 있어도 그 공공성, 이용의 강제, 프라이버시보호의 필요성 등에서 구하지 않
을 수 없다."고 하고 있다.

- 전기통신사업법상 송신인의 전화번호 통보허용

(3) 업무취급과정에서 알게 된 범죄사실: 경찰에의 통보는 통신의 자유 침해 아님

2. 제한

(1) 헌법 제37조 제2항(통신비밀보호법, 국가보안법, 전파관리법, 파산법, 행형법 등)

헌재 1998. 8. 27. 96헌마398 통신의 자유침해 등 위헌확인 수형자를 구금하는 목적은 자유형의 집행이고, 자유형의 본질상 수형자에게는 외부와의 자유로운 교통·통신에 대한 제한이 수반된다. 따라서 수형자에게 통신의 자유를 구체적으로 어느 정도 인정할 것인가의 기준은 기본적으로 입법권자의 입법정책에 맡겨져 있다. 수형자의 교화·갱생을 위하여 서신수발의 자유를 허용하는 것이 필요하다고 하더라도, 구금시설은 다수의 수형자를 집단으로 관리하는 시설로서 규율과 질서유지가 필요하므로 수형자의 서신수발의 자유에는 내재적 한계가 있고, 구금의 목적을 달성하기 위하여 수형자의 서신에 대한 검열은 불가피하다. 현행법령과 제도 하에서 수형자가 수발하는 서신에 대한 검열로 인하여 수형자의 통신의 비밀이 일부 제한되는 것은 국가안전보장·질서유지 또는 공공복리라는 정당한 목적을 위하여 부득이할 뿐만 아니라 유효적절한 방법에 의한 최소한의 제한이며 통신의 자유의 본질적 내용을 침해하는 것이 아니다.

헌재 1995. 7. 21. 92헌마144 서신검열등 위헌확인 질서유지 또는 공공복리를 위하여 구속제도가 헌법 및 법률상 이미 용인되어 있는 이상, 미결수용자는 구속제도 자체가 가지고 있는 일면의 작용인 사회적 격리의 점에 있어 외부와의 자유로운 교통과는 상반되는 성질을 가지고 있으므로, 증거인멸이나 도망을 예방하고 교도소 내의 질서를 유지하여 미결구금제도를 실효성 있게 운영하고 일반사회의 불안을 방지하기 위하여 미결수용자의 서신에 대한 검열은 그 필요성이 인정된다고 할 것이고, 이로 인하여 미결수용자의 통신의 비밀이 일부 제한되는 것은 질서유지 또는 공공복리라는 정당한 목적을 위하여 불가피할 뿐만 아니라 유효적절한 방법에 의한 최소한의 제한으로서 헌법에 위반된다고 할 수 없다.

(2) 감청과 도청

1) 의의: 감청(합법적 청취), 도청(불법적 청취)
2) 근거법률: 통신비밀보호법 제3조
3) 감청의 허용요건(통신비밀보호법 제5조, 제6조)

- 통신비밀보호법상 범죄목적에 이용되는 경우
- 범죄의 계획 또는 실행
- 다른 방법으로 범죄저지나 범인체포, 증거수집이 어려운 경우
- 서면으로 검사가 법원에 청구

- 법원의 허가서를 받은 경우

4) 영장주의의 적용 여부

- 명문규정 없음
- 형사소추를 위한 통신의 비밀침해시 영장주의 적용

VIII. 양심의 자유

▌의의

1. 개념

- 양심이란 종교적 신앙설, 도덕적 윤리설, 사상설, 정신적 관조설 등이 대립하나, 우리 헌법상 사상의 자유에 관한 규정이 없으므로 양심은 도덕적·윤리적 판단의 사상을 포함한다고 본다. 사상이 논리적 측면의 사고인 점에서 윤리적 측면의 양심과 구별되고, 헌법 제46조 제2항, 제103조에서 규정한 국회의원과 법관의 직업적 양심과도 구별된다. 그리고 양심은 인간의 윤리적·도덕적 영역에 속하는 문제인 점에서 인간의 본질을 고차원적으로 이해하고자 하는 형이상학적인 사고체계인 신앙과 구별된다.
- 양심의 자유란 개인의 윤리의식과 사상의 자유로운 형성과 그것의 외부에의 표명강제 금지
- 개인의 윤리의식과 사상에 반하는 행동을 강요당하지 않을 자유

2. 연혁

- 프로이센헌법(1850): 헌법상 최초 규정
- 바이마르헌법, 독일기본법, 일본헌법: 종교의 자유와 분리 규정
- 우리나라: 제헌헌법에서는 종교의 자유와 동일조항에서, 5차 개헌부터 분리 규정

3. 양심과 유사개념

- 양심: 윤리적 차원의 사고
- 신앙: 종교적 확신
- 사상: 논리적 차원의 사고

헌재 1998. 7. 16. 96헌바35 구 국가보안법 제10조 위헌소원 양심이란 세계관, 인생관, 주

의, 신조 등은 물론 이에 이르지 아니하여도 보다 널리 개인의 인격형성에 관계되는 내심에 있어서의 가치적·윤리적 판단도 포함된다. 그러므로 양심의 자유에는 널리 사물의 시시비비나 선악과 같은 윤리적 판단에 국가가 개입해서는 아니되는 내심적 자유는 물론, 이와 같은 윤리적 판단을 국가권력에 의하여 외부에 표명하도록 강제받지 아니할 자유까지 포괄한다.

▌법적 성격

1. 인간의 권리, 최상급기본권
2. 주관적 공권(가장 소극적 자유권), 객관적 가치질서
3. 일신전속적 권리, 절대적 자유권(내심의 작용에 머무르는 한)

▌주체

자연인(내외국인, 무국적자 불문), 법인은 성질상 부인

▌내용

1. 양심결정(= 양심형성)의 자유
   - 이는 도덕적·윤리적 판단에 따라 양심을 결정할 자유, 국가권력이나 개인이 결정을 방해하거나 일정한 양심상의 결정을 하도록 강제할 수가 없다.
   - 자신의 도덕적·논리적 판단에 따른 확신
   - 어떤 경우에도 제한될 수 없는 절대적 자유
   - 실효성 확보의 전제조건
   1) 자유로운 토론, 분위기의 보장
   2) 의제된 진실의 강요 금지
   3) 국가권력이나 타인의 관여 금지
2. 양심유지의 자유
   - 외부에 표현하도록 강제받지 않을 자유
   - 묵비권과 구별: 사실관계의 표현금지, 인신의 자유의 내용
   - 양심추지의 금지
   1) 양심을 행동으로 강제표명 당하지 않을 자유

2) 십자가 밟기

▪ 충성선서: 공직자의 임명·재직요건으로 헌법이나 국가에 대한 충성선서

▪ 양심에 반하는 행위의 강제금지

1) 증언거부: 침묵의 자유에 포함 안 됨

2) 취재원묵비권: 양심의 자유에 포함 안 됨

3) 사죄광고를 명하는 판결: 양심의 자유 침해

1991. 4. 1. 89헌마160 민법 제764조의 위헌여부에 관한 헌법소원 민법 제764조에서 말하는 명예회복에 적당한 처분의 하나로서의 사죄광고의 강제는 양심도 아닌 것이 양심인 것처럼 표현할 것의 강제로 인간양심의 왜곡·굴절이고 겉과 속이 다른 이중인격형성의 강요인 것으로서 침묵의 자유의 파생인 양심에 반하는 행위의 강제금지에 저촉되는 것이며 따라서 우리 헌법이 보호하고자 하는 정신적 기본권의 하나인 양심의 자유의 제약이라고 보지 않을 수 없다.

4) 집총거부

▪ 국민개병제를 채택한 나라에서만 문제됨

▪ 판례는 병역법위반으로 처벌

5) **침묵의 자유**

▪ 양심의 자유는 인간의 내심의 표명을 강제받지 않는 침묵의 자유를 포함하는 것이다. 사상·신조 그 자체가 아니라 예를 들면 단체가입이나 학생운동참가의 사실 유무의 명시를 요구하는 것은 사상·신조의 자유위반의 문제가 될 수 있는가 하는 문제가 있다.[5]

▪ 학설에서도 예를 들면 특정 사상단체의 소속이라든가 학생운동경력 등의 신고를 강제하는 것은 사상내용 표명의 강제와 동일한 것이기 때문에 양심의 자유의 침해가 되는 것이라고 이해되고 있다. 이에 대해서 반드시 양심과 관련하지 않는 단순한 지식이나 사실의 지·부지는 원칙적으로 양심의 자유의 침해가 되지 않는다. 그래서 재판에서 증인으로 자기가 알고 있는 사실에 관해서 증언의무를 부여해도 헌법 제19조 위반의 문제는 생기지 않는 것이 된다.[6]

대법원 1992. 9. 14. 92도1534 종교의 교리를 내세워 법률이 규정한 병역의무를 거부하는 것과 같은 이른바 "양심상의 결정"은 헌법에서 보장한 종교와 양심의 자유에 속하는 것이 아니다(동지 대법원 1955.12.21. 65도894; 1969.7.22. 69도934; 1985.7.23. 85도1094).

---

5 최고재삼릉수지사건판결(최대판소화48년12월12일민집27권11호1536면)은 노동자의 고용시 기업

3. 양심상 결정을 표명하거나 표현할 자유

- 양심상 결정을 표현하거나 행동으로 실현할 자유
- 긍정설: 양심의 자유의 실효성 확보를 위해 필요
- 부정설: 내면적 자유에 한정되고, 그 표현은 표현의 자유로 보호 가능(다수설)

▌효력

1. 대국가적 효력: 모든 국가권력을 구속
2. 제3자적 효력: 간접적용설에 입각, 사인간의 법률관계에도 적용

▌제한과 한계

1. 보장정도에 관한 학설 대립

- 내재적 한계설: 내심작용에 머물러도 일정한 제한 가능
- 내면적 무한계설: 내심작용에 머물러 있는 한 제한 불가능(다수설)

대법원 1984. 1. 24. 82누163 헌법이 보장한 양심의 자유는 정신적인 자유로서 어떠한 사상, 감정을 가지고 있더라도 그것이 내심에 머무르는 한 절대적인 자유이므로 제한할 수 없는 것이나 그와 같은 내심의 사상을 문제로 삼은 것이 아니라 보안처분대상자인 원고가

주가 근로자에 대하여 재학중 단체가입이나 학생운동참가의 사실유무에 관해서 신고를 요구하는 것은 '그 사람의 종업원으로서의 적격성의 판단자료가 되는 것이 당연한 과거의 행동에 관한 사실을 알기 위한 것이고, 직접 그 사상, 신조 그 자체의 명시를 구하는 것은 아니지만, 그렇다고 해도 그 사실이 그 사람의 사상, 신조와 전혀 관계없는 것이라고 하는 것은 상당하지 않다'고 하고, 더 나아가 '원래 인간의 사상, 신조와 그 사람의 외부적 행동과의 사이에는 밀접한 관계가 있고, 특히 본건에 있어서 문제되고 있는 학생운동에의 참가야말로 행동은 반드시 항상 특정 사상, 신조에 결부되어 있는 것은 아니라고 해도, 많은 경우 어떤 사상, 신조와 관련을 갖고 있는 것을 부정할 수는 없다'고 판시하여, 사상·신조에 관련하는 외부적 행동에 관한 사실의 공개를 구하는 것이 사상·신조의 자유위반의 문제가 될 수 있음을 인정하고 있다. 또한 동 판결은 헌법의 인권규정의 사인간에 있어서 효력의 문제에 관하여 소극적인 간접적용설의 입장을 취하고(본서 제5장 제5절 3(1)참조), 노동자의 사상, 신조의 자유보다도 기업자의 경제활동의 자유의 일환으로서의 자유를 우선시키고, '기업자가 특정 사상, 신조를 가지는 자를 그것을 이유로 고용하는 것을 거절해도 그것을 당연히 위법이라고 할 수 없다'고 판시하고 있다.

6 일본에서 공무원의 복무선서에 관해서 국가공무원법 제97조에 근거해서 공무원의 복무의 선서에 관한 정령(소화41년 정령14호)은 "나는 국민 전체의 봉사자로서 공공이익을 위해서 근무할 책무를 깊이 자각하고, 일본헌법을 준수함과 동시에 법령 및 상관의 직무상 명령에 따라 불편부당하고 공정하게 직무수행에 임할 것을 엄숙히 선서합니다."라는 양식으로 복무선서를 부과하고 있다. 공무원은 헌법수호의무를 부담(헌법 제99조)하므로, 공무원에게 헌법의 존중·수호를 선서시키는 것은 직무의 성질상 오히려 본질적 요청이 되고 있다. 단지 특정 헌법해석을 내용으로 하는 선서나 인간의 정치적 관계나 신조를 추지할 수 있는 것은 허용되는 정치적 신조를 범위로 그것에 따른 행동을 강요하는 내용의 선서는 헌법 제19조 위반이 된다고 해석되고 있다.

지니고 있는 공산주의 사상은 원고의 경력, 전과내용, 출소 후의 제반행상 등에 비추어 그 내심의 영역을 벗어나 현저한 반사회성의 징표를 나타내고 있다고 보아 이를 사회안전법 소정의 특정범죄를 다시 범할 위험성 유무에 관한 판단의 자료로 삼은 것이므로 이는 양심의 자유를 보장한 헌법규정에 위반된다고 할 수 없다.

- 절대적 무제약설: 내심작용이든 외부표명이든 제한 불가능
2. 양심결정, 침묵의 자유: 제한불가능
3. 양심을 외부에 표현하거나 실현할 자유: 헌법유보와 법률유보에 의해 제한

IX. 종교의 자유

▎의의

1. 개념
- 자기가 추구하는 종교를 원하는 방법으로 신봉할 수 있는 자유
- 교회의 권위와 결합한 국가권력의 압력에 대한 투쟁으로 획득
2. 연혁
- 영국의 국민협약에서 최초 규정, 권리장전, 버지니아권리장전, 미국독립선언
- 우리나라: 제헌헌법부터 명문화

▎법적 성격

1. 고전적 기본권
2. 정신적 자유의 근원

▎주체

1. 사언인(내외국인 불문)
2. 법인
- 원칙상 부인
- 종교적 집회·결사·교육 등 종교적 수단과 관련된 경우 인정

대법원 2001. 2. 23. 99두6002 헌법상의 종교의 자유에는 특정 종교단체가 그 종교의 성직자와 교리자를 자체적으로 교육시킬 수 있는 종교교육의 자유도 포함되지만, 그 종교교육이 종교단체 내부의 순수한 성직자 또는 교리자 교육과정으로 행하여지는 것이 아니라 구 교육법(1997. 1. 13. 법률 제5272호로 개정되기 전의 것)상의 학교나 학원의설립·운영에관한법률상의 학원의 형태를 취하는 경우에는 국민의 교육을 받을 권리를 적극적으로 보호하기 위하여 교육기관의 설립에 일정한 설비·편제 기타 설립기준 등을 갖출 것을 요구하고 있는 구 교육법과 학원의설립·운영에관한법률의 규제를 받게 되고, 이러한 구 교육법과 학원의설립·운영에관한법률상의 규제를 들어 헌법상의 종교의 자유를 침해하거나 평등의 원칙 등에 위배된 것이라고 할 수가 없다.

▌내용

1. 신앙의 자유

(1) 신앙: 신과 피안(彼岸)에 대한 내면적 확신

(2) 내용: 신앙선택, 신앙변경(개종의 자유), 신앙고백, 신앙불표현, 무신앙의 자유(무종교의 자유)

(3) 내심작용이므로 절대적 자유

2. 종교적 행사의 자유

(1) 종교적 행사: 신앙을 외부에 표현하는 의식 또는 축전, 즉 예배, 기원 기타 종교상 행위, 축전, 의식 또는 행사를 행하거나 참가하고 혹은 이와 같은 행위를 하지 않을 자유를 말한다. 헌법 제20조 제2항은 누구도 이와 같은 행위를 강제받지 않는 것을 명문으로 정하고 있다. 종교를 선전할 자유(포교의 자유)도 종교적 행위의 자유에 포함된다.

(2) 종교적 행사의 방해나 금지 불가

(3) 종교적 의식이나 집회에의 참가 강제의 금지

3. 종교적 집회·결사의 자유

(1) 종교적 목적으로 동신자(同信者)가 회합하거나 단체를 조직하는 것

(2) 내용: 종교적 집회, 교단의 조직·결성, 집회·단체에의 가입·탈퇴의 자유

(3) 일반 집회·결사의 자유보다 광범위한 보장

4. 선교와 종교교육의 자유

(1) 선교: 자신이 신봉하는 종교의 선전, 다른 종교의 비판, 타종교신자에의 개정권고

대법원 1996. 9. 6. 96다19246 종교의 자유에는 자기가 신봉하는 종교를 선전하고 새로운 신자를 규합하기 위한 선교의 자유가 포함되고 선교의 자유에는 다른 종교를 비판하거나 다른 종교의 신자에 대하여 개종을 권고하는 자유도 포함되는바, 종교적 선전, 타 종교에 대한 비판 등은 동시에 표현의 자유의 보호대상이 되는 것이나, 그 경우 종교의 자유에 관한 헌법 제20조 제1항은 표현의 자유에 관한 헌법 제21조 제1항에 대하여 특별 규정의 성격을 갖는다 할 것이므로 종교적 목적을 위한 언론·출판의 경우에는 그 밖의 일반적인 언론·출판에 비하여 보다 고도의 보장을 받게 된다.

(2) 종교교육의 자유

- 국공립학교: 특정종교교육 금지(정교분리의 원칙)
- 사립학교: 포교활동의 일환으로 인정

대법원 1992. 12. 22. 92도1742 종교교육 및 종교지도자의 양성은 헌법 제20조에 규정된 종교의 자유의 한 내용으로서 보장되지만, 그것이 학교라는 교육기관의 형태를 취할 때에는 헌법 제31조 제1항, 제6항의 규정 및 이에 기한 교육법상의 각 규정들에 의한 규제를 받게 된다.

대법원 1998. 11. 10. 96다37268 사립학교는 국·공립학교와는 달리 종교의 자유의 내용으로서 종교교육 내지는 종교선전을 할 수 있고, 학교는 인적·물적 시설을 포함한 교육시설로써 학생들에게 교육을 실시하는 것을 본질로 하며, 특히 대학은 헌법상 자치권이 부여되어 있으므로 사립대학은 교육시설의 질서를 유지하고 재학관계를 명확히 하기 위하여 법률상 금지된 것이 아니면 학사관리, 입학 및 졸업에 관한 사항이나 학교시설의 이용에 관한 사항 등을 학칙 등으로 제정할 수 있으며, 또한 구 교육법시행령 제55조는 학칙을 학교의 설립인가신청에 필요한 서류의 하나로 규정하고, 제56조 제1항은 학칙에서 기재하여야 할 사항으로 '교과와 수업일수에 관한 사항', '고사(또는 시험)와 과정수료에 관한 사항', '입학·편입학·퇴학·전학·휴학·수료·졸업과 상벌에 관한 사항' 등을 규정하고 있으므로, 사립대학은 종교교육 내지 종교선전을 위하여 학생들의 신앙을 가지지 않을 자유를 침해하지 않는 범위 내에서 학생들로 하여금 일정한 내용의 종교교육을 받을 것을 졸업요건으로 하는 학칙을 제정할 수 있다.

▌효력

1. 대국가적 효력
2. 제3자적 효력(간접적용설)

▌한계와 제한

1. 신앙의 자유: 절대적 자유
2. 종교상 행위, 종교포교·교육, 종교적 집회·결사의 자유: 상대적 자유
   - 법률에 의해 제한 가능(헌법 제37조 제2항)
   * 대법원은 승리제단 교주에 대한 사건에서 사기죄를 인정하고 있으며, 믿음의 깊이는 헌금의 다과에 의하여 판단된다는 설교를 한 세칭 박장로사건에서 사기죄를 인정하고 있다. 또한 종교를 이유로 징병의무를 거부할 수 없으며, 국기에 대한 경례를 종교상의 우상숭배라 하여 거부한 학칙위반학생에 대한 제적처분은 정당하다고 판시하고 있으며, 수혈을 거부한 어머니에게 유기치사죄를 인정하고 있다.
   1) 비과학적 질병치료, 재물약취의 사이비종교, 종교의 자유를 이유로 하는 병역기피

   대법원 1980. 9. 24. 79도1387 딸을 병원에 입원시켜 놓고 의사가 그 당시 국내의 의료기술상 최선의 치료방법이라는 수혈을 하려하여도 이를 완강하게 거부하고 방해하였다면 비록 그 환자의 증세로 보아 회복의 가망성이 희박한 상태이어서 의사가 권하는 최선의 치료방법인 수혈이라도 하지 않으면 그 환자가 사망할 것이라는 위험이 예견가능한 경우에 아무리 생모라고 할지라도 자신의 종교적 신념이나 후유증 발생의 염려만을 이유로 환자에 대하여 의사가 하고자 하는 위의 수혈을 거부하여 결과적으로 그 환자로 하여금 의학상 필요한 치료도 제대로 받지 못한 채 사망에 이르게 할 수 있는 정당한 권리가 있다고는 할 수 없다.
   대법원 1965. 12. 21. 65도894 모든 국민이 종교의 자유를 가진다고 하여서 병역의 의무를 거부할 수 있는 것은 아니므로 징집으로 군에 입대한 피고인이 "제7일 안식일 예수재림교"를 신봉한다고 하여 소속중대장의 집총훈련을 받으라는 정당한 명령을 거부할 수는 없다.

   2) 도로교통법, 집회 및 시위에 관한 법률: 종교적 행위
3. 긴급명령, 비상계엄에 의한 제한 가능

▌국교부인과 정교분리의 원칙

1. 의의
   - 국교부인: 특정 종교를 국교로 지정하는 것 금지

▪ 정교분리: 정치와 종교의 결별

대법원 1996. 4. 19. 95카합4745 구체적인 교리에 대한 나름대로의 분석에 근거하여 특정 종교인을 사이비로 기술한 출판물을 출판한 사안에서, 그와 같은 분석 및 그 분석의 결과가 사실과 다르다거나 사실을 왜곡하였는가 여부를 과학적으로 입증하기는 불가능하고 오히려 이러한 종교·교리적 분석은 하나의 '의견'에 불과하여 명예훼손이 성립하기 위한 '사실의 적시'라고 보기 어려우므로, 그 출판물에서 그 종교인을 단정적·반복적으로 그리스도교의 사이비라고 표현하고 있다거나 이와 유사한 내용으로 표현한 것만으로는 그 종교인의 인격권·명예권이 침해되었다고 볼 수 없고, 또한 우리 헌법은 제20조 제2항에서 국가의 종교적 중립성을 요구하고 있는바, 특정 종교의 이단이나 사이비 여부로 인하여 발생하는 분쟁에 법원이 개입하여 어떠한 특정 종교나 교리가 옳고 이에 대한 비난이 위법하다고 선언할 수는 없다.

* 국교부인과 정교분리원칙의 성격

국교부인과 정교분리원칙의 성격에 관해서 제도적 보장설이 학설상 일반적으로 주장되고 있다. 헌법은 종교의 자유 보장을 강화하기 위한 수단으로서 정교분리를 제도로서 보장한 것이라고 해석되고 있다.[7]

학설에서는 제도적 보장론 그 자체가 처음 제도의 중핵부분과 주변부분을 구별하고 제도의 중핵이 아닌 주변부분은 입법권에 의해서 변경할 수 있다고 하는 이론이라는 점에서 정교분리규정을 제도적 보장의 규정이라고 보는 한 정교분리의 완화와 결합한다고 하는 비판에서 출발하여 정교분리규정을 종교의 자유를 강화 내지 확대하는 인권보장조항이라고 파악하는 견해도 주장되기에 이르고 있다.

인권설에 대해서는 정교분리가 제도적 보장인가 아닌가의 문제와 정교분리가 엄격한 분리인가 완화된 분리인가 하는 문제는 직접 결합하지 않는다고 하여 개별적으로는 첫째로 종교의 자유와는 다른 독자의 인권으로서 어떠한 내용의 권리인가, 어떤 경우에 인권침해가 해당되는가, 누가 어떤 경우에 인권침해의 제거를 청구하는 소송을 제기할 수 있는가 등 인권으로서의 정교분리의 구체적 내용이

---

7 그런데 일본 최고재판소는 진지진제소송판결(최대판소화52년7월13일민집31권4호533면)에 있어서 정교분리규정이 "이른바 제도적 보장의 규정이고 종교의 자유 그것을 직접 보장하는 것은 아니고 국가와 종교의 분리를 제도로서 보장함으로써 간접적으로 종교의 자유의 보장을 확보하려고 하는 것이다."라는 입장에서 국가와 종교와의 분리에도 스스로 일정한 한계가 있고 국가와 종교와의 관련이 "종교의 자유의 보장의 확보라는 제도의 근본목적과의 관계에서 어떤 경우에 어떤 한도로 허용되지 않는 것이 되는가 문제되지 않을 수 없다."고 판시했다. 즉 최고재판소는 정교분리규정이 제도적 보장의 규정이라는 점에서 정교분리원칙을 엄격하게 적용할 수 없다는 입장에 섰던 것이다.

명확하지는 않은 점, 둘째로 헌법 제20조 제2항을 보면 정교분리의 요청은 국가에 대한 금지명령이라도 기본권의 근거로 함에 충분하지 않다는 점, 셋째로 정교분리를 인권이라고 해석한 경우에 종교의 자유와는 다른 독자의 기본권성은 어떠한 점에 인정되는 것인가 불명확하다는 점이 지적되고 있다. 정교분리의 원칙에 관한 가장 중요한 문제는 절대적 분리(엄격한 분리)인가 상대적 분리(완화된 분리)인가라는 분리의 정도문제와 정교분리위반의 판정기준으로서 어떤 기준을 사용해야 할 것인가 하는 문제이다.

* 목적효과기준

국가와 종교와의 사이에 일정한 관계가 있다는 점을 전제로 하여 국가와 종교와의 관계가 정교분리원칙에 위반하는가 아닌가를 판정하는 기준으로 하여 목적효과기준이 있다. 목적효과기준은 미국의 판례에서 확립한 사고방식으로 미국의 판례이론에 있어서는 다음 세 가지 요소에서 성립해 있는 것으로 되어 있다. 첫째로 국가의 행위목적이 세속적인 것, 둘째로 국가행위의 주요한 효과가 어느 종교를 원조, 조장하고 또는 억압하는 것은 아니라는 점, 셋째로 국가행위와 종교와의 사이에 과도한 관련이 없는 점이다.

2. 종교의 자유와의 관계

- 종교의 자유 속에 포함(허)
- 파생원칙일 뿐 당연히 포함되지 않음(다수설)

3. 내용

(1) 종교의 정치간섭금지, 정치의 종교관여금지

- 종교의 정치화, 정치의 종교화 방지
- 종교세계와 정치세계의 독자적 질서형성

(2) 국가의 종교교육·종교활동금지

(3) 국가의 특정종교의 우대 또는 차별의 금지

- 재정적·경제적 우대 금지
- 크리스마스나 석가탄신일의 공휴일제: 특정 종교의 우대 아님

X. 언론, 출판의 자유

▌의의

1. 연혁

- 영국의 인민협약(1649)에서 선언, 검열법 폐지(1695)로 확립
- 세계 각국의 헌법에 명문화

2. 개념

- 언어, 문자, 도형 등
- 불특정 다수인에게 표현할 자유
- 즉, 전통적 의미의 언론출판의 자유란 자기의 사상이나 지식을 언어나 문자 등으로 외부 내지 불특정다수인에게 표현하는 자유를 의미한다. 그리고 헌법 제21조 제1항은 집회·결사의 자유와 함께 '언론·출판 기타 일체의 표현의 자유'를 보장하고 있다. 그리고 현대에 와서는 이러한 전통적 의미의 언론출판은 다음과 같이 변화되었다. 즉, 언론출판의 자유는 알권리, 의사 전달의 자유와 언론의 자유를 포함하는 권리이다. 알권리는 ① 원시 data를 수집하여서 의미있는 자료로 가공·편집할 수 있는 권리, ② 이러한 데이터를 우리는 정보(information)라 하고, 정보를 access해서 수집할 수 있는 권리, ③ 정보를 편집·가공·수정·정정·열람할 수 있는 권리, ④ 정보를 처리할 수 있는 권리를 의미한다고 본다. 여기서 ② 정보를 access해서 수집할 수 있는 권리는, access할 수 있는 대상이 국가기관이나 공공기관이면 정보공개청구권[8]이라고 하고, 언론기관이면 언론기관 access권[9]이라고 한다.[10] 그리고 ③ 정보를 편집·가공·수정·정정·열람·관리할 수 있는 권리는 정보통제권, ④ 정보를 처리할 수 있는 권리를 정보처리권이라고 한다. 이러한 알권리는 주로 정보에 접근해서 수집·처리할 수 있는 권리로 의사를 전달하기 위한 사전 단계에서 인정되는 기본권이다. 즉 알권리는 의사표현을 하기 위한 전 단계에서 인정되는 기본권으로서 정보를 수령할 수 있는 기본권이고, 의사표현의 자유는 정보를 전달할 수 있는 기본권이다.[11]

---

8 알권리의 근거를 정보공개청구권에서 찾는 일부 견해도 있다.
9 일부 학자에 의하면 협의의 access권이라고도 한다.
10 졸고, 헌법상 개인정보자기결정권에 관한 연구, 법조 5월호, 2002. 196−198면 참조.
11 표현의 자유(Communication權)

3. 기능

- 개인의 자유로운 인격 발전
- 인간의 존엄성 보장
- 국민주권의 실현

헌재 1998. 4. 30. 95헌가16 출판사및인쇄소의등록에관한법률 제5조의2 제5호등 위헌제청
언론·출판의 자유는 민주체제에 있어서 불가결의 본질적 요소이다. 사회구성원이 자신의 사상과 의견을 자유롭게 표현할 수 있다는 것이야말로 모든 민주사회의 기초이며, 사상의 자유로운 교환을 위한 열린 공간이 확보되지 않는다면 민주정치는 결코 기대할 수 없기 때문이다. 따라서 민주주의는 사회 내 여러 다양한 사상과 의견이 자유로운 교환과정을 통하여 여과 없이 사회 구석 구석에 전달되고 자유로운 비판과 토론이 활발하게 이루어질 때에 비로소 그 꽃을 피울 수 있게 된다. 또한 언론·출판의 자유는 인간이 그 생활 속에서 지각하고 사고한 결과를 자유롭게 외부에 표출하고 타인과 소통함으로써 스스로 공동사회의 일원으로 포섭되는 동시에 자신의 인격을 발현하는 가장 유효하고도 직접적인 수단으로서 기능한다. 아울러 언론·출판의 자유가 보장되지 않는다면, 사상은 억제되고 진리는 더 이상 존재하지 않게 될 것이다. 문화의 진보는 한때 공식적인 진리로 생각되었던 오류가 새로운 믿음에 의해 대체되고 새로운 진리에 자리를 양보하는 과정 속에서 이루어진다. 진리를 추구할 권리는 우리 사회가 경화되지 않고 민주적으로 성장해가기 위한 원동력이며 불가결의 필요조건인 것이다.

알권리	의사표현의 자유
1. 원시 data ↓ 가공·편집 2. Information ↓ 3. 정보 access권 ↓ 수집 4. 정보통제권 편집·가공·수정·정정·열람·관리 ↓ 5. 정보처리권	1. 의사전달의 자유 ↓ 2. 의사표명의 자유

정보 access權

접근대상 ＼ access	헌법상 권리
국가(행정기관)	정보공개청구권
언론기관	언론기관 access權
기 타	기타 access權

▋ 법적 성격

1. 자유권 + 제도보장

- 개인의 주관적 공권
- 민주적·법치국가적 질서형성과 유지를 위한 제도보장

2. 다른 기본권과의 관계

집회, 결사의 자유	양심, 신앙의 자유	학문, 예술의 자유
개인적 vs. 집단적 보완관계 vs. 특별규정	제21조 우선적용	제21조의 특별법적 규정 우선적용

3. 언론출판의 자유의 사회적 가치

언론출판의 자유를 뒷받침하는 사회적 가치로서 ① 개인이 언론활동을 통해서 자기의 인격을 발전시킨다고 하는 개인적인 가치(자기실현의 가치)와 ② 언론활동에 의해서 국민이 정치적 의사결정에 관여한다는 민주정치에 이바지하는 사회적인 가치(자기통치의 가치)가 있고, 이것에 의해서 표현의 자유의 우월적 지위가 도출되는 것이다. 표현의 자유의 의의로서 더 나아가 각인이 자기의 의견을 자유롭게 표명하고 경쟁함으로써 진리에 도달할 수 있다고 하는 '사상의 자유시장'이 거론되고 있다. '사상의 자유시장론'은 미국의 연방대법원 홈즈 판사가 "진리의 최선의 판단기준은 시장에서 경쟁을 통해 스스로 용인되는 힘을 가지고 있는가 어떤가이다."라고 말했던 것으로, 미국에 있어서 표현의 자유의 '우월적 지위'론의 발전에 큰 영향을 주었던 것이다. '사상의 자유시장론'에 대해서는 "진리는 궁극적으로 승리할 보장은 있는가라는 원리적 의문과 함께 원래 자유시장이라는 실제상 존재하고 있는 것인가, 오히려 매스미디어의 소수자에의 집중이 한층 강해지고, 논설이니 보도의 획일적 경향이 강화되고 있는 것이 실상이 아닌가 하는 현실기능면에 관한 의문이 제기되고 있다."는 점은 확실하지만, '사상의 자유시장론'은 오늘날 기본적으로 타당한 이론이다. 표현의 자유의 '우월적 지위'의 이론에서 위헌심사기준으로서의 이중기준론이 도출되는 것이다.

▋ 주체

1. 자연인(내외국인 불문): 특별권력관계자의 경우 일정한 제한

2. 법인: 보도의 자유, 정보수집 등의 주체

▌내용

1. 의사표현의 자유(의사표현 및 전달의 자유)

(1) 개념

- 전통적 의미의 언론의 자유
- 사상이나 의견의 외부표명, 불특정다수인에게 전달할 자유

헌재 1996. 10. 31. 94헌가6 음반및비디오물에관한법률 제16조 제1항등 위헌제청 의사표현의 자유는 언론·출판의 자유에 속하고, 여기서 의사표현의 매개체는 어떠한 형태이건 그 제한이 없다고 할 것이다(동지 헌재 1996. 10. 4. 93헌가13).

(2) 의사

- 가치판단의 결과표명 + 주관적 색채가 있는 단순한 사실의 전달(다수설)

(3) 내용

- 자유롭게 말할 권리, 자유롭게 알릴 권리, 타인과의 접촉권 보장

2. 알권리(= 정보의 자유)

(1) 개념

- 접근이 가능한 정보원으로부터 정보를 수집·처리할 권리
- 정보(사상·의견 등 개인의 정신적 활동의 자료)를 받는 쪽의 자유
- 알권리는 모든 정보원으로부터 의사형성에 필요한 정보를 수집할 수 있는 권리를 말한다. 그리고 알권리의 기능은 의사표현의 선행조건이며 민주정치에서 인격의 자유로운 발전과 행복추구, 발전의 전제조건이다.[12] 그리고 이러한 알권리는 자유권인 동시에 청구권이다.[13]

1989. 9. 4. 88헌마22 공권력에 의한 재산권 침해에 대한 헌법소원 언론출판의 자유는 전통적으로는 사상 또는 의견의 자유로운 표명과 그것을 전파할 자유를 의미하는 것으로서, 개인이 인간으로서의 존엄과 가치를 유지하고 행복을 추구하며 국민주권을 실현하는데 필수불가결한 것으로 오늘날 민주국가에서 국민이 갖는 가장 중요한 기본권의 하나로 인식되고 있는 것이다. 그런데 사상 또는 의견의 자유로운 표명은 자유로운 의사의 형성을

---

12 허영, 한국헌법학, 박영사, 2000, 526면 참조.
13 김철수, 헌법학개론, 박영사, 2001, 622면 참조.

전제로 하는데, 자유로운 의사의 형성은 충분한 정보에의 접근이 보장됨으로써 비로소 가능한 것이며, 다른 한편으로 자유로운 표명은 자유로운 수용 또는 접수와 불가분의 관계에 있다고 할 것이다. 그러한 의미에서 정보에의 접근·수집·처리의 자유 즉 알권리·는 표현의 자유에 당연히 포함되는 것으로 보아야 하는 것이다.

(2) 법적 근거

▪ 알권리의 법적 근거에 관하여 헌법 제21조에서 찾는 견해와 헌법 제10조와 제21조에서 찾는 견해, 국민주권원리에서 찾는 견해 등이 있다. 우리 헌법재판소는 헌법 제10조와 헌법 제21조에서 그 근거를 찾으면서 헌법 제21조를 더 강하게 그 근거를 제시하는 것 같다.[14]

(3) 법적 성질

▪ 복합적 성격의 권리(자유권 + 청구권적 성격)

알권리는 국민이 정보를 수집하는 것을 국가에 의해서 방해받지 않는다는 자유권으로서의 성격을 가지는 데 그치는 것이 아니라 국가에 대하여 적극적으로 정보의 공개를 요구할 청구권적 성격을 가지고, 더 나아가서는 개인은 여러 가지 사실이나 의결을 앎으로써 정치에 효과적으로 참가할 수 있다고 하는 의미에서 참정권적인 역할을 담당하는 권리로서 지위가 부여되고 있는 것이다.

> **헌재 1989. 9. 4. 88헌마22 공권력에 의한 재산권 침해에 대한 헌법소원** 알권리의 생성기반을 살펴볼 때 이 권리의 핵심은 정부가 보유하고 있는 정보에 대한 국민의 알권리 즉, 국민의 정부에 대한 일반적 정보공개를 구할 권리(청구권적 기본권)라고 할 것이며, 또한 자유민주적 기본질서를 천명하고 있는 헌법 전문과 제1조 및 제4조의 해석상 당연한 것이라고 봐야 할 것이다.

(4) 내용

1) 정보공개청구권(情報公開請求權)

헌법 제21조에 의해서 정부에 대해 정보의 공개를 요구할 권리가 보장되고 있다고 해도 개개의 국민이 재판상 정보공개청구권을 행사하기 위해서는 공개의 기준이나 절차 등에 관해서 법률에 의한 구체적 정함이 필요하다. 이를 규정한 법률이 공공기관의 정보공개에 관한 법률(이하 이를 '정보공개법'이라 한다)이다. 국가의 수준의 '정보공개법'과 지방자치단체수준에서의 정보공개조례가 최근 상당수 제정되어

---

14 김철수, 앞의 책, 618~622면 참조.

있다. 정보공개제도는 알권리를 구체화하는 취지에서 제정된 것이고, 정보공개제도에 의해서 정보공개청구권은 구체적 권리가 되고 사법상 구제를 받는 것이다.

2) 언론기관(言論機關) 액세스권

국민의 알권리는 신문·방송이라는 매스 미디어가 국민에 대한 정보제공기능을 충분히 수행하고 있지 않는 경우에 매스 미디어에 대해서 적용된다. 매스 미디어에 대한 알권리의 주장은 '언론기관 액세스권'으로서 표현된다. 언론기관 액세스권이란 매스 미디어에 대한 알권리, 결국 정보를 받는 자인 일반국민이 정보를 보내는 자인 매스 미디어에 대하여 자기의 의견발표의 장소를 제공할 것을 요구할 수 있는 권리(구체적으로는 의견광고나 반론기사의 게재, 지면·프로그램에의 참가 등)를 의미한다. 즉, 이는 언론매체에 대한 접근이용권을 말한다. 이에는 일반국민이 자신의 의사를 언론기관에 표현할 수 있는 광의의 언론기관 액세스권과 자기에게 관련되는 불이익에 대하여 해명과 반박할 수 있는 협의의 언론기관 액세스권으로 구분된다.[15] 협의의 언론기관 액세스권에는 반론보도청구권(반론권, 반박권)[16]과 추후보도청구권(해명권)[17]이 있다. 여기서 반론권이란 피해자가 원문보도에 대하여 반론내용의 게재를 요구하는 권리를 의미하고, 원문보도가 허위일 것을 요하지 않는다. 그리고 해명권이란 정기간행물이나 방송에 의하여 범죄혐의가 있다거나 형사상 조치를 받았다고 보도 또는 방송된 자는 그에 대한 형사절차가 무죄판결 또는 이와 동등한 형태로 종결된 때에는 그 날로부터 1월 이내에 서면으로 발행인 등에게 이 사실에 관한 해명보도의 게재를 청구할 수 있는 권리를 의미한다. 언론기관 액세스권은 매스 미디어의 표현의 자유와 충돌하는 것이기 때문에 액세스권을 법적 권리로서 인정하는 것은 매스 미디어에 대한 광범한 공권적 규제에의 길을 열어주는 것은 아닌가 하는 비판이 제기되고 있다.[18]

---

15 허영, 앞의 책, 526~528면 참조.
16 정기간행물의 등록에 관한 법률 제16조 참조.
17 정기간행물의 등록에 관한 법률 제20조 참조.
18 일본의 산케이신문 의견 광고사건. 소화 48년 12월 2일 산케이신문상에 산경신문사가 자유민주당을 광고주로 한 일본공산당의 강령에 관한 의견광고를 게재했던바, 일본공산당은 명예훼손을 당했다고 주장하여 반론문의 무료게재를 요구하는 가처분을 신청했다. 가처분신청이 각하되었기 때문에(동경재결 소화 49년 5월 14일 판시 739호 49면), 본안소송이 제기되었지만 제1심 판결(동경지판 소화 52년 7월 13일 판시 857호 30면), 항소심판결(동경고판 소화 55년 9월 30일 판시 981호 43면) 모두 청구를 기각했다. 최고재 소화 62년 4월 24일 판결(민집 41권 3호 490면)은 반론문의 제도는 신문을 발행·판매하는 자에 있어서는 반론문의 게재를 위해서 지면을 할애해야만 하는 등의 부담을 지고 있는 것이어서 이러한 부담이 특히 공적 사항에 관한 비판적 기사의 게재를 시켜 헌법이 보장하는 표현의 자유를 간접적으로 침해할 위험에 연결될

언론기관 액세스권의 기능은 민주적인 여론정치형성과 개인의 인격의 자유로운 발전과 행복추구 발전의 전제조건이다. 그리고 그 특색은 국민 대 국가와의 사이에서 발생하는 문제가 아니라 국민 대 언론기관 사이에서 발생하는 문제이다.

헌재 1994. 8. 31. 93헌마174 열람거부등 위헌확인 이해관계인의 문서열람청구에 대하여 당해 행정기관이 그가 보관하고 있는 현황대로 문서를 열람하게 하고 당해 문서를 보관하지 않을 경우 그 문서를 보관하고 있지 않음에 대하여 일반인이 납득할 수 있을 정도로 확인의 기회를 부여하였다면, 비록 청구인이 문서열람의 목적을 달성하지 못하게 되었다고 하더라도 이를 가지고 알권리를 침해한 것이라고 할 수 없다.

헌재 1991. 5. 13. 90헌마133 기록등사신청에 대한 헌법소원 확정된 형사소송기록의 복사신청에 대한 서울지방검찰청의정부지청장의 거부행위는 청구인의 헌법상의 기본권인 알권리를 침해한 것이다.

(5) 한계와 제한

▪ 헌법유보(제21조 제4항)와 일반적 법률유보(제37조 제2항)로 제한가능

헌재 1989. 9. 4. 88헌마22 공권력에 의한 재산권 침해에 대한 헌법소원 알권리도 헌법유보(제21조 제4항)와 일반적 법률유보(제37조 제2항)에 의하여 제한될 수 있음은 물론이며, '알권리'는 아무에게도 달리 보호되고 있는 법익을 침해하는 권리를 부여하는 것은 아니다. 그리하여 여러 가지 특별법에 알권리를 제한하는 규정을 두고 있으나, 그 제한은 본질적 내용을 침해하지 않은 범위 내에서 최소한도에 그쳐야 할 것이다. 아울러 국가안보, 질서유지, 공공복리 등 개념이 넓은 기준에서 일보 전진하여 구체적 기준을 정립해야 할 것이며, 제한에서 오는 이익과 알권리·침해라는 해악을 비교·형량하여 그 제한의 한계를 설정하여야 할 것이다.

헌재 1991. 9. 16. 89헌마165 정기간행물의등록등에관한법률 제16조 제3항, 제19조 제3항 정기간행물의등록등에관한법률상 정정보도청구권(반론권)은 보도에 의하여 인격권 등의 침해를 받은 피해자가 반론의 게재를 요구할 수 있는 권리를 뜻하는 것으로서 헌법상 보장된 인격권, 사생활의 비밀과 자유에 그 바탕을 둔 것이며, 나아가 피해자에게 반박의 기회를 허용함으로써 언론보도의 공정성과 객관성을 향상시켜 제도로서의 언론보장을 더욱 충실하게 할 수도 있다는 뜻도 함께 지닌다.

염려가 다분히 존재하므로 구체적인 성문법이 없음에도 반론권을 인정하는 등 반론문게재청구권을 쉽게 인정하는 것은 불가능하다고 하고 있다.

3. 언론기관설립의 자유

(1) 개념: 언론기관을 자유롭게 설립할 수 있는 자유

(2) 법적 근거

- 헌법 제21조 제3항: 언론기관의 남설방지 목적

- 정기간행물의 등록에 관한 법률, 방송법

(3) 문제점: 언론기관의 독점화현상으로 언론의 자유의 침해가능성

4. 언론기관의 자유

① 개념

- 민주정치: 여론에 의한 정치

- 언론기관의 여론형성을 위한 정보의 수집·전달 자유

② 내용

- 보도(방송)의 자유: 언론매체를 통한 의사표현, 사실전달, 여론형성에의 참여

- 취재의 자유: 보도의 기능발휘를 위한 불가결한 내용

- 내부적 자유: 편집·편성권의 자유(경영으로부터의 독립성 보장)

③ 책임과 의무

- 책임: 민주적 여론형성에의 기여

- 의무: 진실보도(허위사실의 정정, 손해배상책임)

▌효력

1. 대국가적 효력
2. 제3자적 효력(간접적용설)을 가짐

▌한계

1. 헌법 제21조 제4항
2. 명예훼손
   - 타인의 사회적 평가의 침해
   - 형사상 처벌, 민법상 불법행위의 대상
   - 면책(국회의원의 발언, 소송당사자의 사법절차상 변론, 진실한 사실 등)

헌재 1999. 6. 24. 97헌마265 불기소처분취소 신문보도의 명예훼손적 표현의 피해자가 공적 인물인지 아니면 사인인지, 그 표현이 공적인 관심 사안에 관한 것인지 순수한 사적인 영역에 속하는 사안인지의 여부에 따라 헌법적 심사기준에는 차이가 있어야 한다. 객관적으로 국민이 알아야 할 공공성·사회성을 갖춘 사실은 민주제의 토대인 여론형성이나 공개토론에 기여하므로 형사제재로 인하여 이러한 사안의 게재를 주저하게 만들어서는 안 된다. 신속한 보도를 생명으로 하는 신문의 속성상 허위를 진실한 것으로 믿고서 한 명예훼손적 표현에 정당성을 인정할 수 있거나, 중요한 내용이 아닌 사소한 부분에 대한 허위보도는 모두 형사제재의 위협으로부터 자유로워야 한다. 시간과 싸우는 신문보도에 오류를 수반하는 표현은, 사상과 의견에 대한 아무런 제한 없는 자유로운 표현을 보장하는 데 따른 불가피한 결과이고 이러한 표현도 자유토론과 진실확인에 필요한 것이므로 함께 보호되어야 하기 때문이다. 그러나 허위라는 것을 알거나 진실이라고 믿을 수 있는 정당한 이유가 없는데도 진위를 알아보지 않고 게재한 허위보도에 대하여는 면책을 주장할 수 없다.

3. 사생활의 침해
- 수인한도를 넘는 사생활의 표현행위는 불법행위 구성

4. 공중도덕과 사회윤리 위배
- 음란의 문제(음란물반포죄로 제한)

헌재 1998. 4. 30. 95헌가16 출판사및인쇄소의등록에관한법률 제5조의2 제5호등 위헌제청 음란이란 인간존엄 내지 인간성을 왜곡하는 노골적이고 적나라한 성표현으로서 오로지 성적 흥미에만 호소할 뿐 전체적으로 보아 하등의 문학적, 예술적, 과학적 또는 정치적 가치를 지니지 않은 것으로서, 사회의 건전한 성도덕을 크게 해칠 뿐만 아니라 사상의 경쟁 메커니즘에 의해서도 그 해악이 해소되기 어려워 언론·출판의 자유에 의한 보장을 받지 않는 반면, "저속"은 이러한 정도에 이르지 않는 성표현 등을 의미하는 것으로서 헌법적인 보호영역안에 있다.

5. 선동
- 타인에 대해 실행의 결의를 조장하는 것
- 형법, 국가보안법상 규제

▌제한

1. 사전제한
표현에 대한 공권력에 의한 사전규제를 배제한다는 사전억제금지의 이론은 표현의 자유보장의 중요한 내용을 이루는 것이다. 사전억제는 ⓐ 표현이 '시장'에 나오기 전에 공권력이 그것을 억제하는 점에서 모든 사상은 여하튼 공개되어야 한다는 '사상의 자유시장'의 관념에 반한다는 점, ⓑ 사전억제에 관련한 표현행위의 모두가 우선 공권력의 판단을 받게 되고 그것 때문에 소추를 받는 특정한 표현행위에 관해서만 판단이 이루어지는 사후억제에 비해서 공권력에 의한 규제범위가 일반적으로 광범하다는 점, ⓒ 일반적으로 사전억제는 행정의 광범한 재량권 하에서 간이한 절차에 의해서 행해지고, 절차상 보장이나 실제의 억제적 효과의 점에서도 사후억제의 경우에 비해서 문제가 많다는 점을 근거로 사전억제의 원칙적 금지의 법리가 도출되는 것이다.

- 허가제의 금지란 등록 신고는 허용되나 이를 허가와 같은 제한을 의미하도록 운용하면 위헌이라는 것이다.

- 검열제의 금지(등록, 신고 등은 허용)란 사상이나 의견이 발표되기 이전에 국가기관이 그 내용을 심사, 선별하는 것을 금지하는 것을 의미하며, 언론·출판의 검열은 금지되나 문제는 영화 예술의 검열금지이다. 이에 관하여 강제적 검열은 금지되나 예술인들 자신에 의한 자율적 임의적·권고적 사전검열은 가능하다고 본다.

헌재 1998. 12. 24. 96헌가23 음반및비디오물에관한법률 제17조 제1항등 위헌제청 검열은 행정권이 주체가 되어 사상이나 의견 등이 발표되기 이전에 예방적 조치로서 그 내용을 심사, 선별하여 발표를 사전에 억제하는, 즉 허가받지 아니한 것의 발표를 금지하는 제도를 뜻한다. 그러므로 언론·출판의 자유에 대하여는 검열을 수단으로 한 제한만은 법률로써도 허용되지 아니한다.

헌재 1996. 10. 4. 93헌가13 영화법 제12조등에 대한 위헌제청 검열은 행정권이 주체가 되어 사상이나 의견 등이 발표되기 이전에 예방적 조치로서 그 내용을 심사, 선별하여 발표를 사전에 억제하는, 즉 허가받지 아니한 것의 발표를 금지하는 제도를 뜻한다. 그러므로 검열은 일반적으로 허가를 받기 위한 표현물의 제출의무, 행정권이 주체가 된 사전심사절차, 허가를 받지 아니한 의사표현의 금지 및 심사절차를 관철할 수 있는 강제수단 등의 요건을 갖춘 경우에만 이에 해당하는 것이다.

헌재 1997. 8. 21. 93헌바51 정기간행물의등록등에관한법률 제7조 제1항등 위헌소원 정기간행물의등록등에관한법률 제7조 제1항은 국가가 정기간행물의 실태에 관한 정보를 관리하고, 이를 바탕으로 언론·출판의 건전한 발전을 도모하기 위한 장·단기 계획을 수립하고

시행하는 데 필요한 참고자료를 획득할 수 있도록 한다는 목적을 가지는바, 그 입법목적의 정당성이 인정되고, 등록사항이 정기간행물의 외형에 관한 객관적 정보에 한정되어 있고, 등록제를 규정하여 정기간행물의 발행요건에 관하여 실질적 심사가 아니라 단지 형식적 심사에 그치도록 하고 있으므로, 입법목적의 달성을 위하여 필요최소한 범위에서 언론·출판의 자유를 제한하는 것으로서 헌법 제37조 제2항의 과잉금지원칙에 위반된다고 볼 수 없다.

- 영화·예술에 대한 사전검열: 영화심의제는 사전검열에 해당

헌재 1996. 10. 4. 93헌가13 영화법 제12조등에 대한 위헌제청 영화에 대한 심의제의 내용은 심의기관인 공연윤리위원회가 영화의 상영에 앞서 그 내용을 심사하여 심의기준에 적합하지 아니한 영화에 대하여는 상영을 금지할 수 있고, 심의를 받지 아니하고 영화를 상영할 경우에는 형사처벌까지 가능하도록 한 것이 그 핵심이므로 이는 명백히 헌법 제21조 제1항이 금지한 사전검열제도를 채택한 것이다.

헌재 1996. 10. 31. 94헌가6 심의기관인 공연윤리위원회가 음반의 제작·판매에 앞서 그 내용을 심사하여 심의기준에 적합하지 아니한 음반에 대하여는 판매를 금지할 수 있고, 심의를 받지 아니한 음반을 판매할 경우에는 형사처벌까지 할 수 있도록 규정하고 있는바, 공연윤리위원회는 공연법에 의하여 설치되고 행정권이 그 구성에 지속적인 영향을 미칠 수 있게 되어 있으므로, 음반에 대한 위와 같은 사전심의제도는 명백히 사전검열제도에 해당한다.

2. 사후제한

언론·출판의 자유에 대한 제한은 사후적 통제가 원칙이다. 또한 제한을 하는 경우에도 과잉금지 원칙에 따라 필요 최소한의 제한만이 허용되고 명백하고 현존하는 위험에 처하는 경우만 가능하다. 또한 명확성의 원칙이 지켜져야 한다.

- 일반적 법률유보에 의한 제한(본질적 내용 침해금지)
- 긴급명령과 비상계엄에 의한 제한

3. 언론규제입법의 합헌성 판단기준(이중기준의 이론)

(1) 명확성이론: 법률내용이 불명확·막연한 경우에는 무효

기본권의 목록 중에서 우월적 지위를 가지는 표현의 자유에 대하여 애매·불명확한 법률에 의해서 규제를 가하면 위축적 효과[19]가 생기기 때문에 법문상 불명확

---

19 '위축적 효과'라는 것은 영어의 chilling effect에서 나온 말로 어떤 행위를 하면 표현의 자유를 규제하는 법률에 저촉되는가 하는 것이 불명확하다면 국민측은 자신의 의견을 발표하는 것을 기다리다 끝나버리고, 그러한 상태에서 표현활동이 폐쇄상태에 빠져 민주주의의 붕괴를 초래할

한 법률은 원칙적으로 무효가 된다. 명확성의 이론은 형벌법규에 대해서 적용되는 것만은 아니고, 표현의 자유에 사전억제를 가하는 입법에 대해서도 중요한 의미를 가지고 있다.[20] 일본 최고재판소는 표현의 자유는 "헌법이 보장하는 기본권 중에서도 특히 중요시되어야 할 것이어서 법률로써도 표현의 자유를 규제하는 것에 관해서는 기준이 광범, 불명확하기 때문에 당해규제가 본래 헌법상 허용되어야 할 표현에까지 미쳐서 표현의 자유가 부당하게 제한된다고 하는 결론을 초래하지 않도록 배려할 필요가 있고, 사전규제적인 것에 관해서는 특히 당연하다고 할 것이다."라고 판시하고 있다.[21]

(2) 과잉금지원칙·필요최소한도의 규제수단을 채택해야 함(LRA원칙)

표현의 자유를 규제하는 법령에 관해서 입법목적은 정당해도 규제수단이 입법목적을 달성하기 위해서 '보다 덜 제한적인 대체조치(less restrictive alternatives)'를 이용하는 것이 가능하다고 판단되는 경우에는 당해 규제입법을 위헌으로 하는 기준이다. 이는 일반적으로 LRA의 기준이라고 약칭되고 있다. 이 기준은 특히 표현의 시기·장소·방법의 규제의 합헌성을 검토하는 경우에 유용하다. 이것은 과잉금지의 원칙을 표현의 자유에 적용한 것이다.

(3) 명백·현존위험의 원칙

명백하고 현존하는 위험의 원칙은 미국판례를 통해서 확립된 것으로 그 성립은 1919년의 Schenck 사건에서 홈즈 대법관이 근접성과 정도의 문제로 주장하였다. 그 내용으로 명백이란 표현과 해악의 발생 사이에 긴밀한 인과관계를 말하고, 현존이란 해악 발생이 시간적으로 근접함을 의미하며, 위험이란 공공의 이익에 대한 위협(해악 발생)을 말한다. '명백하고 현존하는 위험'의 기준은 ⓐ 가까운 장래 실질적 해약을 야기할 개연성이 명백한 것, ⓑ 실질적 해악이 중대한 것 결국 중대한 해악의 발생이 시간적으로 절박해 있는 것, ⓒ 당해 규제수단이 해악을 피하는 데 필요불가결한 것의 세 가지 요건이 인정되는 경우에는 표현행위를 규제할 수 있다고 하는 위헌심사기준이다. 이 기준은 원래는 표현행위를 금지하는 법령을 해석적용하는 경우에 어느 특정한 표현이 금지되는가 어떤가를 판단하는 기

위험성이 있다고 하는 것이다.

20 헌법재판소는 국가보안법 제7조에 대한 위헌심판(헌재 1990. 4. 2.자 89헌가113 결정), 국가보안법 제9조 제2항에 대한 헌법소원(헌재 1992. 4. 14. 89헌가113), 군사기밀보호법 제6조 등에 대한 위헌심판(헌재 1992. 9. 25.자 89헌가104) 등에서 이를 채택하고 있다.

21 최대판 소화 59년 12월 12일.

준이었던 것이 그 후 법령 그 자체의 합헌성판단기준으로서 사용되게 된 것이다.[22] 이의 이론적 역할은 언론제한 합리화, 언론자유의 최대한 보장하는 데 있다. 그리고 1951년 해악이 중대한 것이면 위험이 절박한 것이 아니더라도 언론을 억제할 수 있는 것으로 수정되었다.

헌재 1990. 4. 2. 89헌가113 국가보안법 제7조에 대한 위헌심판 국가보안법 제7조 제1항 및 제5항의 규정은 각 그 소정의 행위가 국가의 존립·안전을 위태롭게 하거나 자유민주적 기본질서에 위해를 줄 명백한 위험이 있을 경우에만 축소적용되는 것으로 해석한다면 헌법에 위반되지 아니한다.

- 미국의 판례(Schenk v. U.S.)를 통해 확립된 이론

Schenk v. U.S. 사회당 사무처장인 Schenk가 징집될 젊은이에게 징병제도를 거부하게끔 촉구하는 전단을 배포하자 간첩행위금지법 위반혐의로 기소한 사건으로 Holmes대법관은 명백하고 현존하는 위험의 법리를 개진하였고, Schenk의 위 행위를 이 법리에 따라 처벌하였다.

1) 개념
- 국가기밀누설, 타인의 명예 또는 사생활 침해
- 위험이 명백하고 현존하는 때에는 억제 가능
2) 내용
- 명백: 표현과 해악발생 사이에 인과관계가 존재하는 것
- 현존: 해악발생이 시간적으로 근접한 것
- 위험: 해악의 발생개연성
(4) 법익형량이론: 언론의 자유보다 더 큰 이익을 보호하기 위한 경우

▌침해와 구제

1. 국가기관: 기본권일반의 보장방법에 따름
2. 언론기관과 사인
- 기본권의 제3자적 효력(간접적용설)
3. 언론기관이 개인의 명예와 권리 침해

---

22 일본에서는 하급심판결에서 이 기준을 적용한 것이 보이지만, 최고재판소판례에서는 채택되어 있지 않다.

(1) 반론보도청구권

헌재 1991. 9. 16. 89헌마165 정기간행물의등록등에관한법률상의 정정보도청구권은 정기간행물의 보도에 의하여 인격권 등의 침해를 받은 피해자가 반론의 게재를 요구할 수 있는 권리, 즉 이른바 반론권을 뜻하는 것으로서 헌법상 보장된 인격권, 사생활의 비밀과 자유에 그 바탕을 둔 것이며, 나아가 피해자에게 반박의 기회를 허용함으로써 언론보도의 공정성과 객관성을 향상시켜 제도로서의 언론보장을 더욱 충실하게 할 수도 있다.

- 피해자가 원문보도에 대해 주장하는 반론내용의 게재를 요구할 권리
- 언론중재위원회의 중재를 거친 후 청구

(2) 추후보도청구권

- 범죄혐의가 있다거나 형사상 조치를 받았다고 보도된 자
- 무죄판결 또는 이와 동등한 형태로 종결시
- 청구인의 명예·권리회복

XI. 집회, 결사의 자유

▌의의

1. 개념
- 다수인이 공동의 목적을 가지고 회합, 결합하는 자유
- 집단적 형태의 표현의 자유

2. 기능
- 언론·출판의 자유에 대한 보완적 기능
- 민주정치 실현에 불가결한 전제
- 인간본연의 자연적 행동양식
- 다수자의 인권보호

▌주체

1. 대한민국 국민, 법인
2. 외국인(제한 가능)

▌집회의 자유

1. 개념

- 다수인이 공동의 목적을 가지고 일정한 장소에서 일시적으로 회합할 자유
- 집단적 시위＝움직이는 집회(다수설)

1992. 1. 28. 89헌가8 국가보안법 제7조등에 관한 헌법소원 집회 또는 이동하는 집회를 뜻하는 시위란 그것이 불특정 다수인의 규합이요, 단체적·집단적 행동을 수반하는 만큼 어느 집회·시위라도 직접적인 법익침해까지 이르지 아니하여도 어느 정도는 사회적 불안이나 사회적 혼란의 우려는 불가피한 것이다.

2. 법적 성격

법적 성질에 관하여는 자유권과 제도보장이 결합된 것으로 보는 견해(김철수)와, 주관적 권리로 보는 견해(인격발전), 정치적이고 민주적 기본권(의사형성, 의견발표 위한 집단적 형태의 정보교환, 시위보호)으로 보는 견해, 집회의 자유에 대하여는 공권으로서의 성격만 인정하고 결사의 자유에 대하여는 공권과 제도보장이 함께 인정되는 것으로 보는 견해(허영) 등이 있다.

- 초실정법적 권리, 주관적 권리 → 인간의 고립방지
- 정치적 기본권적 성격
- 공물이용권으로서의 성격

3. 내용

집회란 다수인이 공동의 목적을 가지고 일정한 장소에서 일시에 집합하는 행위를 말한다. 따라서 집회가 성립하려면 최소한 3인 이상이 모여야 한다. 그리고 다수설에 의하면 집단적 시위, 행진은 움직이는 집회로서 집단적 의사표시의 한 형태이며, 집회의 개념에 포함된다. 이의 내용은 적극적으로 집회를 개최하는 자유, 집회를 사회 또는 진행하는 자유, 집회에 참가하는 자유와 소극적으로 집회를 개최 않을 자유, 집회에 참가하지 않을 자유가 포함된다. 그리고 집회에서의 연설, 토론은 언론의 자유로서 보장되는 것이 아니라 집회의 자유로서 보장된다(특별법적 성격). 이를 요약하면 다음과 같다.

- 집회개최의 자유, 집회의 사회 또는 진행할 자유, 집회참가의 자유
- 집회를 개최하지 않을 자유, 집회에 참가하지 않을 자유

4. 효력

- 대국가적 방어권: 모든 국가기관 구속
- 제3자적 효력: 간접적용설

5. 한계

- 평화적·비폭력적·비무장의 집회 또는 시위
- 내재적 한계: 헌법질서·타인의 권리·도덕률

6. 제한

(1) 사전제한

- 허가제 금지(신고제는 공물관리상 필요성에서 허용)

(2) 사후제한

- 헌법 제37조 제2항
- 형법, 국가보안법, 집회 및 시위에 관한 법률

1992. 1. 28. 89헌가8 국가보안법 제7조등에 관한 헌법소원 집회·시위의 규제에는 집회에서의 의사표현 자체의 제한의 경우와 그러한 의사표현에 수반하는 행동자체의 제한 두 가지가 있을 수 있다. 전자의 경우에는 제한되는 기본권의 핵심은 집회에 있어서의 표현의 자유라고 볼 것이다. 그런데 구 집시법에서는 사회적 불안의 요인이 전자에 기인한 것이든 후자에 기인한 것이든 가리지 않기 때문에 이 규정에 의하여 비단 집단적 행동인 집회의 자유만이 아니라 집단적 의사표시인 표현의 자유마저 위축시키는 결과를 가져올 것이다. 뿐만 아니라 적용범위가 과도하게 광범위하고 불명확하기 때문에 법운영 당국에 의한 자의적 집행의 소지도 생길 수 있다.

▌결사의 자유

1. 개념

- 결사란 다수의 자연인 또는 법인이 공동의 목적을 위하여 계속적인 단체를 형성하는 것을 말하고, 그 특징으로 조직적 의사에 복종하는 것을 말한다. 결사의 자유란 다수인이 공동목적을 위해 단체를 형성할 자유를 의미한다.

2. 법적 성격

- 복합적 성격(자유권적 기본권＋정치적 기본권)

3. 내용

(1) 적극적 측면

- 단체결성, 단체존속, 단체활동, 결사에의 가입·잔류의 자유

(2) 소극적 측면

- 탈퇴 및 가입하지 않을 자유
- 공법적 결사의 경우 가입강제는 허용, 그러나 공법상 결사의 경우 강제가입 인
  정: 변호사회, 의사회 등

> **1996. 4. 25. 92헌바47 축산업협동조합법 제99조 제2항 위헌소원** 헌법 제21조가 규정하는
> 결사의 자유라 함은 소극적으로는 기존의 단체로부터 탈퇴할 자유와 결사에 가입하지 아
> 니할 자유를 내용으로 하는바, 위에서 말하는 결사란 자연인 또는 법인의 다수가 상당한
> 기간 동안 공동목적을 위하여 자유의사에 기하여 결합하고 조직화된 의사형성이 가능한
> 단체를 말하는 것으로 공법상의 결사는 이에 포함되지 아니한다.

4. 효력

(1) 대국가적 효력

(2) 제3자적 효력(간접적용설)

5. 제한

- 사전제한: 허가제의 금지
- 사후제한: 헌법 제37조 제2항, 형법, 국가보안법

XII. 학문의 자유

▌의의

1. 개념

- 학문적 활동에 대하여 공권력의 간섭·방해를 받지 않을 자유
- 진리와 진실을 계획적으로 탐구할 자유

2. 연혁

- 17C 영국의 베이컨(Francis Bacon), 밀턴(John Milton)에 의해 처음 제기
- 1848년 프랑크푸르트헌법이 최초로 규정

▌법적 성격

주관적 권리 + 제도적 보장(결합설: 헌법재판소, 통설)

▌수체

1. 자연인(내외국인 불문)
2. 법인(대학, 연구단체 포함)

> **헌재 1992. 10. 1. 92헌마68등(병합)** 교육의 자주성이나 대학의 자율성은 … 학문의 자유
> 의 확실한 보장수단으로 꼭 필요한 것으로서 이는 대학에게 부여된 헌법상의 기본권이다.
> … 서울대학교가 학문의 자유와 대학의 자율권이라고 하는 기본권의 주체이다.
> ※ 소수의견: 공법인의 기본권 주체성은 부인된다.

▌내용

1. 연구의 자유: 진리탐구를 위한 대상선택, 방법, 내용, 시기 등의 불간섭(82도716)

> **대법원 1982. 5. 25. 82도716** 학문의 연구는 기존의 사상 및 가치에 대하여 의문을 제기
> 하고 비판을 가함으로써 이를 개선하거나 새로운 것을 창출하려는 노력이므로 그 연구의
> 자료가 사회에서 현재 받아들여지고 있는 기존의 사상 및 가치체계와 상반되거나 저촉된
> 다고 하여도 용인되어야 할 것이다.

2. 연구발표의 자유: 외부에의 공표할 자유(논문, 저서 등)(67다591)

> **대법원 1967. 12. 26. 67다591** 대학실험에서 진리와 가치를 탐구하기 위하여 실험을 하
> 고, 그 결과를 발표하는 것이 학문의 자유에 속한다 하더라도, 그 실험결과가 잘못되었는
> 데도 이를 사회에 알려서 선의의 제3자를 해친다면 이는 학문의 자유권의 범위를 넘어선
> 것으로 허용될 수 없다.

3. 강학의 자유
   - 대학이나 고등교육기관의 교육자가 자유로이 교수나 강의할 자유
   - 하급교육기관(초·중·고등학교) 등에는 불인정(89헌마88)

> **헌재 1992. 11. 12. 89헌마88 교육법 제157조에 관한 헌법소원** 대학에서의 교수의 자유가
> 초·중·고등학교에서의 수업의 자유보다 더욱 보장되어야 하기 때문에 교수의 자유와 수
> 업의 자유가 완전히 동일할 수 없다.

4. 학문적 집회·결사의 자유

- 공동연구 발표를 위해 집회의 개최
- 단체의 결성을 할 자유

▌ 한계와 제한

1. 연구의 자유: 절대적 기본권(제한 불가)
2. 연구발표, 교수, 학문적 집회결사: 헌법 제37조 제2항에 의해 제한 가능

▌ 대학의 자치

1. 개념

- 학문의 자유의 기초인 대학이 본연의 임무달성을 위해 필요한 사항은 자율사항
- 대학의 인사나 시설·운영 등을 대학이 자주적 결정·관리

2. 헌법적 근거

- 학문의 자유, 헌법 제31조 제4항은 재확인

3. 내용

(1) 교수회의 자치
- 교수의 연구의 자유, 교수내용에 대한 불간섭
- 대학인사의 자치 교수의 신분보장
- 대학의 시설 및 학사운영의 자주결정권

(2) 대학의 자치와 경찰권
- 1차적: 대학의 자주적인 가택권, 질서유지권, 징계권 보유
- 2차적: 경찰권 개입 가능

XIII. 예술의 자유

▌ 의의

- 미(美)를 추구할 자유
- 예술가만의 자유는 아님

※ 예술: 일정한 표현매체를 통해 작가의 가치를 표현하는 창작적 활동으로서 미술, 음악, 연극, 영화, 비디오물, 게임물 등을 포함

▌법적 성격

개인의 자유권＋제도보장(객관적 질서)

▌주체

1. 자연인(내외국인 불문)
2. 법인: 법인인 예술단체만

▌내용(91헌바17)

1. 예술창작의 자유: 창작소재, 창작형태 및 창작과정 등에 대한 임의로운 결정권을 포함한 모든 예술창작활동의 자유
2. 예술표현의 자유: 창작한 예술품을 일반대중에게 전시·공연·보급할 수 있는 자유
3. 예술적 집회·결사의 자유

▌제한과 한계

1. 예술창작의 자유: 절대적 기본권
2. 예술표현, 예술적 집회·결사: 헌법 제37조 제2항에 의해 제한 가능

헌재 1993. 5. 13. 91헌바17 음반에관한법률 제3조등에 대한 헌법소원 예술표현의 자유는 무제한한 기본권은 아니다. 예술표현의 자유는 타인의 권리와 명예 또는 공중도덕이나 사회윤리를 침해하여서는 아니된다. 그리고 국가안전보장, 질서유지 또는 공공복리를 위하여 필요한 경우에는 헌법 제37조 제2항에 의하여 법률로써 제한할 수 있으나, 이러한 필요에서 하는 법률에 의한 제한도 그 목적이 헌법 및 법률의 체계상 그 정당성이 인정되어야 하고(목적의 정당성), 그 목적달성을 위하여 그 방법이 효과적이고 적절하여야 하며(방법의 적절성), 그로 인한 피해가 최소한도에 그쳐야 하며(피해의 최소성), 보호하려는 공익과 침해하는 사익을 비교형량할 때 보호되는 공익이 더 커야 한다는(법익의 균형성) 과잉금지의 원칙에 반하지 않는 한도 내에서 할 수 있는 것이다.

▌ 지적재산권의 보호

1. 지적재산권 보호는 자유권 자체는 아니나 문화적 창작을 보호
2. 보호법률
   - 과학진흥법, 발명보호법, 국가기술자격법, 특허법, 디자인보호법, 상표법, 저작권법, 영화법, 공연법, 공업소유권법

XIV. 직업선택의 자유

▌ 의의

1. 개념

- 자신이 원하는 직업을 자유로이 선택·종사하는 등 직업에 관한 포괄적인 자유 '직업'이란 인간이 자기의 생계를 유지하기 위해서 하는 계속적 활동임과 동시에 분업사회에 있어서는 이것을 통해서 사회의 존속과 발전에 기여하는 사회적 기능분담의 활동인 성질을 가지고, 각인이 자기가 갖는 개성을 전유해야 하는 장소로서, 개인의 인격적 가치와 불가분의 관련을 갖는 것이다. 그리고 '직업'은 경제적·사회적 성질뿐만 아니라 개인의 인격적 발전과도 밀접하게 관련하는 성질을 함께 가진다.[23]

헌재 1993. 5. 13. 92헌마80 헌법 제15조는 자기가 선택한 직업에 종사하여 이를 영위하고 언제든지 임의로 그것을 전환할 수 있는 자유로서 민주주의·자본주의 사회에서는 매우 중요한 기본권의 하나로 인식되고 있는 것이다. 왜냐하면 직업선택의 자유는 근세 시민사회의 출범과 함께 비로소 쟁취된 기본권으로서 중세 봉건적 신분사회에서는 인정될 수 없었던 것이며 현대사회에서도 공산주의 국가에서는 원칙적으로 인정되지 않는 기본권이기 때문이다. 여기서 직업이란 생활의 기본적 수요를 충족시키기 위한 계속적인 소득활동을 의미하며 그러한 내용의 활동인 한 그 종류나 성질을 불문한다.

'직업선택의 자유'에는 자기가 종사해야 할 직업을 자유롭게 선택할 뿐만 아니라 선택한 직업을 수행하는 자유도 포함된다. 문제는 직업수행상의 제 활동 중 영리를 목적으로 하는 계속적·주관적인 활동인 '영업의 자유'[24]도 이 '직업선택의 자

---

23 일본 최대판 소화 50년 4월 30일 민집 29권 4호 572면 참조.

유'에 포함되는가 하는 점에 있다. 영업의 자유의 헌법상 근거에 관해서 학설은
다음의 두 가지로 나뉘어진다.

(1) 헌법 제15조설

이것은 헌법 제15조의 '직업선택의 자유'는 자신이 선택한 직업을 수행할 자유 중
에 영업의 자유도 포함된다고 하는 것이고 통설적 견해이다.[25]

(2) 헌법 제15조·제23조설

이것은 개인의 영업활동이 자기의 능력을 발휘하는 장소의 자유로운 선택을 의
미하는 것만이 아니라 재산권 행사의 측면도 함께 가지는 것이므로 영업의 자유
는 헌법 제15조와 제23조에 의해서 근거한다고 하는 것이다. 즉 영업의 자유는
협의와 광의로 나뉘고, 헌법 제15조는 '개업의 자유, 영업의 유지·존속의 자유,
폐업의 자유'를 내용으로 하는 '영업하는 것의 자유'를 보장(협의)하고, '무엇을
얼마나 팔 것인가 혹은 누구에게서 살 것인가'인 영업활동의 자유는 재산권 행사
의 자유로서 헌법 제23조에서 도출되는 자유(광의)라고 한다.

(3) 소결

(2)설의 특징은 협의의 영업의 자유가 개인의 인격적 가치와 밀접하게 관련되는
것으로서 그 제한에 대해서는 신중한 배려를 요함에 비해서, 자본재의 자유로운
행사를 의미하는 광의의 영업활동에 대해서는 고도의 규제를 가하는 것이 가능
하다고 하는 점에 있고, 영업에 대한 다양한 규제의 모습을 보여주는 것으로서
주목할 가치가 있다. 그러나 ㉠ 실제 영업활동이 '영업하는 것의 자유'와 '영업활
동의 자유'의 어디에 속하는가를 결정하는 것은 용이하지 않은 점, ㉡ 헌법 제15

---

24 영업의 자유에 관해서는 그것이 기본권으로서의 성질을 가지는가 아닌가 하는 문제가 제기되
고 있다. 그것은 영업의 자유가 ㉠ 역사적으로 기본권으로서가 아닌 공서로서 추구되었던 것
인 점, ㉡ '국가로부터의 자유'를 본질로 하는 기본권과는 달리 사회적인 독점으로부터의 자유
를 확보하기 위한 규제원리인 점, ㉢ 이것을 기본권이라고 보는 것은 독점자본의 자유를 용인
하는 것이 되고, '독점으로부터의 자유'라는 본래의 의미가 부인되어 버리는 점 등을 이유로 이
것을 직업선택의 자유와 구별해서 그 헌법상 기본권으로서의 성질을 부정하려고 하는 것이다.
영업의 자유가 다른 기본권과는 달리 역사적으로 공서로서 형성되고, 사회에 있어서 독점적인
경제활동을 규제해서 개인의 영업의 자유를 확보하는 규제원리로서 작용하는 것이라고 해도
거기에서 즉시 이것을 기본권이 아니라고 결론지을 수는 없다. 이것을 헌법상 보장된 개인의
자유권으로서 근거지우고 국가와의 관계에 있어서 구성하는 것은 헌법해석의 문제이다.

25 일본 최고재판소도 '일본 헌법 제22조 제1항은 국민의 기본적 인권의 하나로서 직업선택의 자
유를 보장하고 있고 그래서 직업선택의 자유를 보장한다고 함에는 널리 일반적으로 이른바 영
업의 자유를 보장하는 취지를 포함하고 있다는 것이라고 해석해야 할 것'이라고 한다(최대판
소화 47년 11월 22일 형집 26권 9호 586면).

의 '직업선택의 자유'에 관한 제약원리는 일의적인 것이 아니고 권리내재적인 제약과 함께 정책적인 그것도 함께 가지는 것이라는 점을 생각하면 (1)설을 취해도 (2)설과 같은 정도의 엄격한 규제를 영업활동에 대해서 가하는 것은 가능하고, 그 한에서 양설 간에 구체적인 결과의 차이는 없다. 결론적으로 직업선택의 자유는 영업의 자유와 선택한 직업에 종사할 자유를 포함한다(김철수).

2. 연혁

- 바이마르헌법에서 최초 규정
- 우리나라(5차 개헌에서 규정)

▌법적 성격

1. 인격의 발전에 관한 자유권
2. 경제적 기본권
3. 자유시장경제질서라는 객관적 법질서의 구성요소
4. 종합적 기본권

> **1996. 8. 29. 94헌마113** 직업의 자유는 생활의 기본적 수요를 충족시키는 수단이요 개성 신장의 바탕이 된다는 점에서 주관적인 공권의 성격이 강하지만, 각자의 직업수행에 의해서 국가의 사회질서가 형성된다는 점에서 사회적 시장경제질서라고 하는 객관적 법질서의 수성요소이기도 하다.

▌주체

1. 자연인(내외국민 불문: 국가정책상 외국인 제한 가능)
2. 법인: 사법인만, 공법인은 제외

▌내용

1. 직업결정의 자유
   - 직종결정, 전직(轉職), 무직업의 자유, 직업교육장선택의 자유
   - 근로의 의무는 윤리적 의무이므로 무직업의 자유와 모순되지 않는다.
2. 직업수행의 자유
   - 자신이 결정한 직업을 수행해 나갈 자유(개업, 계속, 폐업)

- 영업의 자유도 포함
- 헌법 제37조 제2항에 의한 제한의 대상

2000. 12. 14. 98헌바104 지방세법 제112조 제3항은 과밀억제권역 내에 본점 또는 주사무소용 사무실을 가지고 있다가 같은 권역 내의 다른 곳으로 사무실을 이전하는 경우와 같이 '과밀억제권역내에 인구유입 또는 경제력 집중을 유발하는 효과가 없는' 경우에는 적용되지 않는 것으로 좁게 풀이하는 것이 상당하고, 이렇게 풀이할 경우 입법목적도 적절히 달성할 수 있고 과잉규제로 인한 헌법위반의 소지도 없어진다. 그러나 구체적으로 어떤 경우에 이 법률조항을 적용하지 아니할 것인지는 일률적으로 말할 수 없고 과세관청, 법원 등의 법적용기관이 개별사안별로 판단할 수밖에 없을 것이다. 결론적으로 그 적용범위를 위와 같은 합헌적인 범위밖에까지 부당히 확장하지 않는 한, 이 법률조항은 직업의 자유를 헌법 제37조 제2항에 위반하여 침해하는 것이라고 볼 수 없다.

3. 직업이탈의 자유: 언제든지 자유로이 포기하거나 그 직업에서 이탈할 자유

4. 자유경쟁과의 관계

- 직종의 독점배제 내지 제한을 전제로 하는 자유경쟁을 원칙으로 함
- 단, 사회적 시장경제질서 하에서 자유경쟁이 제한될 수 있음

헌재 1990. 10. 15. 89헌마178 법무사법시행규칙 제3조 제1항은 "법원행정처장은 법무사를 보충할 필요가 있다고 인정되는 경우에는 대법원장의 승인을 얻어 법무사시험을 실시할 수 있다."라고 규정하였는바, 이는 법원행정처장이 법무사를 보충할 필요가 없다고 인정하면 법무사시험을 실시하지 아니해도 된다는 것으로서 상위법인 법무사법 제4조 제1항에 의하여 청구인을 비롯한 모든 국민에게 부여된 법무사자격 취득의 기회를 하위법인 시행규칙으로 박탈하고 법무사업을 법원·검찰청 등의 퇴직공무원에게 독점시키는 것이 되며, 이는 결국 대법원이 규칙제정권을 행사함에 있어 위임입법권의 한계를 일탈하여 청구인이나 기타 법무사자격을 취득하고자 하는 모든 국민의 헌법 제11조 제1항의 평등권과 헌법 제15조의 직업선택의 자유를 침해한 것이다.

5. 기업의 자유: 기업의 자유는 헌법 제119조에서도 규정되어 있는바 직업의 자유로서도 보장된다(김철수).

6. 독점과의 관계: 이 자유는 특정 직업, 직종 및 기업의 독점과 양립할 수 없다.

▌효력

1. 대국가적 효력: 모든 국가권력을 직접 구속하는 대국가적 방어권

2. 제3자적 효력: 제한된 범위 내에서 간접적으로만 인정

▌제한

1. 헌법 제37조 제2항에 의한 제한 가능: 본질적 내용침해의 금지, 필요한 최소한 도로 한정
2. 제한목적: 국가안전보장, 질서유지, 공공복리
3. 제한형식

(1) 헌법규정

- 헌법 제39조

(2) 법률

- 독점규제 및 공정거래에 관한 법률, 의료법, 근로기준법, 국가보안법, 형법 등

(3) 법률 이외의 형식

- 비상계엄, 긴급재정·경제처분명령권

4. 제한의 대상: 원칙적으로 제한 없음
5. 제한의 정도(3단계제한론)

독일 헌법재판소는 직업선택의 자유에 있어 3단계이론을 판시하고 있는데 이러한 단계를 어기는 경우에는 헌법 제37조 제2항의 과잉금지의 원칙에 어긋난다고 주장한다(허영).

(1) 1단계

- 직업수행의 자유의 제한
- 영업허가거부 대신 영업시간의 제한, 택시의 부제 운영

(2) 2단계

- 주관적 사유(시험합격, 교과과정의 이수 등)에 의한 직업결정의 자유의 제한
- 직업의 성질(전문성·기술성)상 허용되는 제한

(3) 3단계

- 객관적 사유에 의한 직업결정의 자유의 제한(화약류 제조와 판매)
- 직업을 제한하지 않음으로 인한 해악이 명백하고 현존하는 위험일 때 제한

6. 제한의 한계

- 과잉금지의 원칙 위반의 금지

- 본질적 내용의 침해 금지
- 단계적 한계를 무시한 제한은 위헌성이 큼

XV. 재산권(財産權)

▌의의

1. 연혁

- 근세초: 신성불가침의 권리로 인정(프랑스 인권선언 제17조, 미국 수정헌법 제 5조)
- 20세기: 재산권을 사회화된 권리로 규정(바이마르헌법 제153조)

2. 개념

'재산권'이란 일체의 재산적 가치를 가지는 권리를 의미한다. 소유권 기타 물권, 채권 이외에 저작권·특허권·상표권·의장권 등 무체재산권, 광업권·어업권 등의 특별법상의 권리 등이 그 예이고, 공법적인 권리인 수리권·하천이용권 등도 재산권적 성격을 가지는 한 그것에 포함된다. 그러나 단순한 기대이익이나 반사적 이익 등은 재산권에 속하지 않는다.

- 경제적 토대인 재산의 취득·소유·수익·처분 등을 할 수 있는 권리
- 공법상·사법상의 재산적 가치 있는 모든 권리

▌법적 성격

권리, 제도보장설
- 대국가적 방어권으로서 개인의 재산상 권리보호(=주관적 공권)
- 사유재산제도의 보장(=제도보장)

헌재 1993.7.29. 92헌바20 재산권 보장은 개인이 현재 누리고 있는 재산권을 개인의 기본권으로 보장한다는 의미와 개인이 재산권을 향유할 수 있는 법제도로서의 사유재산제도를 보장한다는 이중적 의미를 가지고 있다.

- 헌법재판소(권리·제도 동시보장설)

▌주체

1. 모든 국민: 자연인 + 법인(국가 · 지방자치단체 포함)
2. 외국인: 국제법, 국제조약이 정하는 바에 따라 보장범위 결정

▌객체(범위)

1. 사법상, 공법상 경제적 가치 있는 모든 권리

   - 모든 종류의 물권, 채권, 특별법상 권리(광업권, 어업권 등)

헌재 2014. 2. 27. 2012헌바424 납세의무자가 종전의 규정에 의한 조세우대조치를 신뢰하였다고 해도 이는 영구적으로 조세혜택을 받을 권리를 부여한 것이라 할 수 없고 그러한 신뢰는 당시의 법제도에 대한 단순한 기대이익에 불과하므로 재산권으로 볼 수 없다.

2. 지적 재산권

   - 정신적 창작활동의 산물에 대한 배타적 권리
   - 저작권: 저작인격권 + 저작재산권
   - 산업소유권: 특허권, 실용신안권, 의장권, 상표권 등
   - 제3의 지적 재산권: 컴퓨터소프트웨어, 데이터베이스 등

3. 토지재산권

   - 토지의 지표뿐 아니라 지상과 지하에 미침
   - 다른 재산권에 비해 가중된 사회적 · 공공적 구속을 받음

▌재산권의 내용

1. 사유재산제의 보장

   1) 생산수단의 사유(私有)의 보장
   2) 사유재산제의 제한의 한계: 모든 생산수단의 국 · 공유화 금지
   사유재산제를 부정하는 제도는 재산권보장에 관한 객관적 가치질서를 침해하는 것이 된다. 사유재산제가 보장되고 있는 헌법질서 내에서는 모든 생산수단의 전면적인 국유화와 공유화는 허용될 수 없으며, 상속제도를 부인하는 입법조치도 허용되지 않으며, 전면적인 계획경제체제의 도입도 허용되지 않는다.

2. 사유재산권의 보장

   1) 사유재산제도를 기초로 소유 · 상속, 그 재산의 사용 · 수익 · 처분할 수 있는

자유의 보장

2) 실질적 내용
- 재산권의 내용과 한계의 법정주의
- 재산권 제한의 법정주의와 그 침해시 적절한 보상
- 소급입법에 의한 재산권 침해의 금지

3) 사유재산권 행사의 공공복리적합의무

재산권의 내용과 한계는 반드시 법률로 정해야 하며, 개인이 누리고 있는 구체적 재산권을 국가권력이 침해할 경우 반드시 법률에 근거가 있어야 하며, 법률로써 개인의 구체적 재산권을 침해할 경우에도 그 법률은 헌법상의 제 원칙에 의한 제약을 받는다. 그리고 이는 입법자의 입법형성권에 속하는 문제이나 법률로 정하는 경우에도 사유재산제도를 부인하는 것은 재산권보장규정의 침해를 의미한다.

3. 소급입법에 의한 재산권박탈의 금지

1) 죄형법정주의의 파생원칙상 당연한 것
2) 헌법재판소는 부진정소급입법의 경우에만 허용될 수 있음을 인정

헌재 1997. 6. 26. 96 헌바 94 "일반적으로 과거의 사실 또는 법률관계를 규율하기 위한 소급입법의 태양에는 이미 과거에 완성된 사실 또는 법률관계를 규율의 대상으로 하는 이른바 진정소급효의 입법과 이미 과거에 시작하였으나 아직 완성되지 아니하고 진행과정에 있는 사실 또는 법률관계를 규율의 대상으로 하는 이른바 부진정소급효의 입법이 있으며, 소급입법에 의한 재산권의 박탈이 금지되는 것은 전자인 진정소급효의 입법이고 소위 부진정소급효의 입법은 원칙적으로 허용되는 것이라고 할 것이다."

4. 무체재산권의 보장

무체재산권도 재산권에 포함되며, 헌법은 제22조 제2항(저작권, 특허권)에서 별도 규정을 두어 이를 보장하고 있다.

5. '경제'의 장에 규정된 재산권보장의 내용

자유시장 경제질서, 경제에 대한 국가적 규제·조정, 광업권 등의 특허, 농지소작제의 원칙적 금지 등

▌ 재산권의 한계

1. 사유재산제의 한계
- 법정주의(개별적 법률유보): 재산권을 구체적으로 형성
- 유동적·가변적이나 입법자의 자의는 금지

2. 구체적 재산권의 한계(= 재산권의 사회적 구속성)

(1) 의의
- 공공복리
- 개인의 재산권이 제한을 받고, 받을 수 있다는 것

헌재 1993. 7. 29. 92헌바20 재산권의 사회적 제약 내지 사회 기속성을 강조하는 것은 재산권의 절대적 보장에서 배태되는 사회적 폐단을 최소화함과 아울러 사유재산제도의 기본이념을 보호하려는 것으로서 사유재산제도의 유지존속을 위한 사유재산제도의 최소한의 자기희생 내지 양보이다.

(2) 법적 성격
- 윤리적 의무설과 법적 의무설 대립
- 헌법원리설: 재산권의 내재적 제약성 강조(권)
- ※ 헌법상의 의무로서 입법형성권의 행사에 의해 현실적인 의무로 구체화

헌재 1989.12.22. 88헌가13 재산권의 사회적 제약 내지 사회기속성을 강조하는 것은 재산권의 절대적 보장에서 배태되는 사회적 폐단을 최소화함과 아울러 사유재산제도의 기본이념을 보호하려는 것으로서 사유재산제도의 유지존속을 위한 사유재산제도의 최소한의 자기희생 내지 양보인 것이다.

▌ 재산권의 침해

1. 침해

(1) 의의
재산권 침해란 공권력에 의하여 개인의 재산권이 제한 또는 박탈되는 것이다.

(2) 목적
재산권은 국가안전보장, 질서유지, 공공복리를 위한 경우(헌법 제37조 제2항)와

공공필요(헌법 제23조 제3항)의 목적으로만 제한할 수 있다. 이때 공공필요는 공익사업을 시행하거나 공공복리를 달성하기 위하여 재산권의 제한이 불가피한 경우로서 공공복리의 개념보다는 넓고 적극적인 개념이라고 할 수 있다.

(3) 형식

재산권의 제한은 형식적 의미의 법률과 이에 준하는 명령(헌법 제76조)에 의해서만 가능하고 법률의 위임에 의한 명령이나 조례로는 제한할 수 없다고 보는 것이 다수의 견해이다.

(4) 유형

1) 수용: 공공필요를 위하여 국가·공공단체 또는 사업주체가 개인의 비대체적인 특정의 재산권을 법률에 의하여 종국적, 강제적으로 취득하는 것이다.

2) 사용: 공공필요를 위하여 국가·공공단체 또는 사업주체가 개인의 토지 기타의 재산권을 법률에 의하여 일시적·강제적으로 사용하는 것이다. 이는 공용제한의 일종으로서 공용사용권의 설정이 주목적이고, 이때 재산권에 대한 제한은 그 효과에 불과하다는 점에서 제한과 구별된다.

3) 제한: 공공필요를 위하여 국가·공공단체 또는 사업주체가 개인의 특정의 재산권에 대하여 과하는 공법상 제한으로서 물적 공용부담의 일종이다.

2. 조건(보상)

(1) 이론적 근거

특정인에게 가해진 특별한 희생한 희생은 이를 전체의 부담으로 보상함이 정의와 공평에 맞는다.

(2) 법적 근거

헌법 제23조 제3항은 프로그램적 규정에 불과하다는 입법방침설, 법률에 따로 규정이 없더라도 헌법규정만으로 손실보상을 청구할 수 있다는 직접효력규정설, 법률의 규정을 요하나 법률이 재산권 침해를 규정하면서 이에 대한 보상을 규정하지 아니하면 그 법률은 위헌무효라는 위헌무효설로 견해가 나뉜다.

(3) 보상기준

보상기준에는 완전보상설(타당), 상당보상설로 대립되어 있고, 보상방법은 금전보상과 현물보상이 있다. 보상기준에 대하여 상론하면 다음과 같다.

(4) '정당한 보상'의 의미

헌법 제29조 제3항에서 말하는 '정당한 보상'의 의미에 관해서 학설은 다음 세 개로 대별된다.

1) 완전보상설: 이것은 '정당한 보상'이란 완전한 보상을 의미한다고 해석하는 것이다. '완전한 보상'의 내용에 관해서 다시 ㉠ 보상대상이 된 재산이 일반시장에서 가지는 객관적인 경제가치를 가리킨다고 하는 것, ㉡ 재산의 객관적 가치만이 아니라 부대적 손실을 포함하여 모든 손실을 가리킨다고 하는 것으로 나뉘어진다.

2) 상당보상설: 이것은 당해재산에 대하여 가해진 공공목적의 성질, 그 제한의 정도 등을 고려해서 산정된 합리적인 상당액이라면 그것이 시장가격을 하회하는 것이라도 시인되어야 한다는 것이다.

3) 완전보상원칙설: 이것은 '정당한 보상'에는 완전보상과 상당보상 양자가 있을 수 있다고 한 후에 전자를 손실보상의 원칙으로 해야 한다고 하는 견해이다.

1)설과 2)설의 대립은 제2차대전 후의 농지개혁에 있어서 정부에 의한 농지매수가격이 통상 거래가격에 비해서 매우 저렴했던 것에서 그것이 제3항에서 말하는 '정당한 보상'이라고는 할 수 없는 것이 아닌가 하는 소송이 각지에서 제기되고, 법정에서 다투어진 것과 관련한다.

▌재산권의 침해와 구제

1. 침해유형

(1) 공공필요를 위한 것이 아닌 침해

(2) 법률에 의하지 않은 침해

(3) 소급입법에 의한 침해

(4) 보상규정이 없는 법률에 의한 침해

(5) 과잉금지원칙에 위배된 침해

2. 구제방법

(1) 수용유사적 침해이론

(2) 불법적 침해행위의 배제

(3) 원상회복의 요구

(4) 헌법 제29조 제1항의 손해배상청구

▪ 기타 문제

1. 재산권의 위법한 침해와 손실보상(수용유사침해이론)

재산권이 국가권력의 고의나 과실에 의하여 불법으로 침해된 경우에는 침해행위의 배제나 원상회복을 요구할 수 있고, 헌법 제29조 제1항에 따라 손실배상을 청구할 수 있다. 그러나 재산권 제한의 적법요건을 구비하지 아니한 재산권의 제한은 재산권의 위법한 침해가 되며 이것에 대한 실정법 규정이 없기 때문에 문제가 된다. 다시 말하면 공공필요에 의하지 아니한 재산권의 제한은 재산권의 위법한 침해가 되며 이것에 대한 실정법 규정이 없기 때문에 문제가 된다. 다시 말하면 공공필요에 의하지 아니한 재산권 침해, 법률에 의하지 아니한 재산권 침해, 보상에 관한 규정이 없는 법률에 의한 재산권 침해, 과잉금지의 원칙에 위배되는 재산권의 침해 등은 위법한 재산권 침해가 된다. 이런 경우에 고의나 과실이 없는 위법한 재산권 침해에 대하여는 공법상의 손실보상이론을 확대 적용하여 수용유사침해의 이론에 따라 손실보상을 받을 수 있다(권영성). 대법원은 수용유사침해이론을 인정하지 않고 있다(대법원 1993.10.26. 선고 93다6409 판결).

2. 생활보상

통상의 수용 등의 경우 필요한 완전한 보상의 내용은 수용의 대상이 된 재산의 시장가격의 보상 이외에 이전료나 영업상의 손실 등 부대적 손실을 포함하는 것이 원칙이다. 문제는 예를 들면 깊은 산속마을이 댐건설로 수몰, 이촌(移村)·전업(轉業)을 부득이 하게 되어 재산권 제한에 따른 종래의 생활을 근본적으로 변경해야만 하는 경우 부대적 손실을 포함하는 금전적 보상만으로 '정당한 보상'이 행해졌다고 할 수 있는가 하는 점이다. 이 경우 특별한 희생을 입는 사람에 대한 — 단지 금전보상을 넘어서 — 현물보상이나 생활재건조치가 문제된다. 이것이 '정당한 보상'에는 생활보상 내지 생활권보상이 포함된다고 하는 사고방식이다. 이 생활권보상은 단순히 입법정책상의 요청은 아니고 헌법 제23조 제3항의 '정당한 보상'을 생존권 보장의 취지에 의해서 해석함으로써 도출되는 헌법상의 요청이지만, 그 구체적인 조치에 관해서는 정치부문의 재량에 맡겨져 있다.[26]

---

26 일본 최고재판소는 하천부근지제한령위반사건의 판결에서 "손실보상에 관한 규정이 없다고 해도 모든 경우에 관해서 일체의 손실보장을 완전히 부정하는 취지로는 해석되지 않고, 본건피

3. 법률로 보상규정을 빠뜨리는 경우의 문제

공용수용을 정한 법률이 보상규정을 흠결하고 있는 경우에 직접 헌법 제23조 제3항에 근거해서 손실을 청구할 수 있는가 아닌가에 관해 학설은 일반적으로 이것을 지지하고 헌법 제29조 제3항은 사유재산을 공공을 위해서 사용한 경우의 구제규정이고, 당연히 헌법상 보상청구권이 생기는 것이라고 한다.

고인도 그 손실을 구체적으로 주장입증해서 별도 일본 헌법 제29조 제3항을 근거로 해서 보상청구를 할 여지가 완전히 없는 것은 아니다."라고 판시하여 직접 일본 헌법 제29조 제3항에 근거해서 보상청구를 인정했다.

정치적 기본권

I. 정치적 기본권 총설

▎정치적 기본권의 개념

- 정치적 기본권이란 국민이 국가권력의 형성·행사에 직접·간접으로 참여하는 권리를 의미한다.
- 민주정치에서 필수불가결한 권리(참정권, 정치권, 참정권적 기본권)

▎정치적 기본권의 유형

1. 정치적 자유
   - 정치적 의견의 자유로운 표명
   - 정치적 사상의견의 자유로운 출판
   - 정치적 집회·시위의 자유
   - 정치적 결사의 자유
   ※ 대국가적 방어권(국가적 간섭통제배제)

2. 참정권
   - 참정권이란 국민이 국정에 참여하거나 국가기관을 구성하는 권리(= 국민의 능동적 지위에 도출)를 의미한다.

3. 정치적 활동권
   - 고전적 의미: 정치적 표현의 자유 + 참정권
   - 현대적 의미: 정당과 관련된 권리, 투표·선거에 영향을 미치는 활동권 등
   - 시민운동권과 저항권

Ⅱ. 참정권

▌의의

- 국가의 의사형성, 정책결정에 직접 참여
- 선거나 투표에의 참여
- 자신이 공무원으로 선임될 수 있는 권리

  참정권이란 국민이 국민투표를 통해 국가의 의사결정에 직접 참여하거나 선거인단의 구성원으로서 국가기관의 창설에 참여하며, 공무를 담당할 수 있는 권리를 말한다.

▌법적 성격

1. 특성

- 국가내적인 국민의 권리, 실정법상 권리
- 일신전속권: 대리행사 불인정

2. 의무성의 수반 여부

- 권리설과 권리·의무설의 대립
- 헌법상 기본권으로 선언, 참정권의 행사·불행사의 자유인정: 권리설이 타당(다수설)

헌재 1998. 10. 29. 96헌마186 대의제 민주주의 하에서 국회의원선거권이란 것은 국회의원을 보통·평등·직접·비밀선거에 의하여 국민의 대표자인 국회의원을 선출하는 권리에 그치고 국민과 국회의원은 명령적 위임관계가 아닌 자유위임관계에 있다 할 것이다.

▌주체

1. 국민이 권리: 외국인은 제외됨

2. 실정법상 권리이므로 그 자격요건을 법률로 강화 또는 완화 가능

▌직접참정권

1. 직접민주제적 요소: 간접민주제의 보완기능

2. 국민발안권(國民發案權)

- 국민발안권이란 국민이 헌법개정안이나 법률안의 제안을 제출할 수 있는 권리를 의미
- 미국의 주헌법, 스위스헌법, 독일기본법 채택
- 우리나라: 1962년 헌법 제119조 제1항 명문규정

3. 국민표결권(國民表決權)

1) 국민이 중요한 법안 또는 정책을 국민이 투표로 결정할 수 있는 것을 의미
2) 레퍼랜덤(협의의 국민표결)
- 국민이 일정한 중요사항을 투표로써 직접 확정하는 것
- 헌법안에 대한 것(헌법 제130조), 법률안에 대한 것
- 필수적 레퍼랜덤, 임의적 레퍼랜덤
3) 플레비지트(국민결정)
- 신임제 국민투표
- 헌법 제72조: 국가안위에 관한 중요정책에 대한 국민표결권

4. 국민소환권(國民召還權)

- 국민이 공직자를 임기만료 전에 해직시킬 수 있는 권리

> **헌재 2001. 6. 28. 2000헌마735** 헌법은 법률이 정하는 바에 따른 '선거권'과 '공무담임권' 및 국가안위에 관한 중요정책과 헌법개정에 대한 '국민투표권'만을 헌법상의 참정권으로 보장하고 있으므로 지방자치법 제13조의2에 규정한 주민투표권은 헌법이 보장하는 참정권이라고 할 수 없다.

▌간접참정권

1. 국가기관의 구성에 참여, 국가기관의 구성원으로 선임될 수 있는 권리

2. 선거권(選擧權)

1) 선거권이란 국민이 각종의 공무원을 선임할 수 있는 권리를 의미한다.
2) 공무원의 범위: 최광의의 공무원
3) 대통령선거권(제67조), 국회의원선거권(제41조), 지방자치단체의 장·의원선거권(제118조)
4) 선거권의 법적 성격
- 주관적 공권설: 개인을 위한 주관적 권리

- 공의무설: 국가가 부여한 공무수행
- 권한·자격설: 선거인으로서의 권한 또는 자격

※ 정치적 기본권의 행사임과 동시에 공무수행(2원설): 통설

- 공직선거법
- 선거연령: 20세

3. 공무담임권(公務擔任權)

- 이는 모든 국가기관의 공직에 취임할 수 있는 권리를 의미
- 피선거권 + 공직취임권
- 선거에서의 당선, 임명에 필요한 자격구비, 선발시험 등에의 합격

헌재 2001. 8. 30. 99헌바92 등 공직선거법 제111조 제1항이 평등의 원칙에 위배되거나 공무담임권을 침해한다고는 볼 수 없다 할 것이다. 정치자금법 제3조 제8호는 평등의 원칙에 위배되지 아니하고 나아가 이로 인한 공무담임권의 침해도 없다 할 것이다.

▌ 참정권의 제한과 한계

1. 일반적 법률유보에 의한 제한

- 국가안전보장, 질서유지, 공공복리
- 본질적 내용의 침해금지, 과잉금지의 원칙 존중

헌재 1998. 5. 28. 97헌마362 대통령선거의 공정성을 확보하기 위하여 선거일공고일로부터 선거일까지의 선거기간 중에는 선거에 관한 여론조사의 결과 등의 공표를 금지하는 것은 필요하고도 합리적인 범위 내에서의 제한이라고 할 것이다.

2. 소급입법에 의한 참정권 제한의 금지

- 현대 민주국가에서의 보편적 원리
- 반민족행위자처벌법(제헌국회), 반민주행위자공민권제한법(4.19)
- 정치활동정화법(5.16), 정치풍토쇄신을위한특별조치법(1980.11)

청구권적 기본권

Ⅰ. 청구권적 기본권 총설

▌의의

- 청구권이란 국민이 국가에 대하여 특정한 행위를 적극적으로 요청할 수 있는 권리를 의미
- 국가의 보호를 청구할 수 있는 주관적 공권
- 기본권 보장을 위한 기본권, 권리보호청구권, 구제권적 청구권, 전통적 수익권

▌법적 성격

1. 고전적 기본권 중 하나로 다른 권리나 이익을 확보하기 위한 수단적 성질
2. 적극적 성질의 기본권
3. 국가적 행위나 급부를 청구함을 내용으로 함
4. 구체적 권리: 행사절차에 관한 구체적 입법이 있을 때 행사 가능

▌다른 기본권과의 비교

1. 자유권: 국가로부터의 자유 vs. 국가에 적극적 요구
2. 생존권: 새로운 유형의 기본권 vs. 고전적 기본권
3. 참정권: 능동적 권리 vs. 적극적 권리

Ⅱ. 청원권(請願權)

▌의의

1. 개념

- 국가기관에 대하여 의견이나 희망을 진술할 수 있는 권리를 의미

2. 연혁

- 영국의 권리장전(1689)에서 최초로 성문화

3. 기능

  1) 국민의 관심사와 고충처리(국민의 신임획득, 유대관계 지속)

  2) 국회의 대정부통제기능 수행의 보조수단

  3) 편리한 권리구제수단

헌재 2000. 6. 1. 2000헌마18 청원을 수리한 국가기관의 의무는 이를 성실, 공정, 신속히 심사·처리하여 그 결과를 청원인에게 통지하는 이상의 의무를 요구할 수 있는 것은 아니다.

  * 청원과 행정쟁송 비교

청 원	국가작용을 위한 권익의 침해를 요하지 않고 그 적법여부나 부당여부를 불문하여 장래의 사항도 청원할 수 있음 제3자나 공공의 이익을 위한 청원도 가능하며 청원제기기간의 제한이 없고 재결을 반드시 요하지 않으며 그 결과가 국가기관을 구속하지 않음
행정쟁송	자기의 권익이 침해된 경우 제소기간 내에 제기하여야 하고 사전 재결을 요하며 재결 결과는 국가기관 구속

▌법적 성격

1. 자유권설: 자신의 의견·관심사를 국가기관에 자유로이 진술

2. 청구권설: 자유로운 진술을 국가가 수리·심사할 것을 청구할 수 있는 권리(다수설)

3. 이중적 권리설: 자유권과 청구권이 성격을 동시에 가짐

4. 복합적 권리설: 자유권, 청구권, 참정권 등의 성격을 모두 갖는 기본권

▌주체

- 자연인(내외국인 불문)
- 법인: 국내법인, 국내법에 의해 인정된 외국법인

- 특별권력관계에 있는 자: 직무와 관련된 청원, 집단적 청원은 원칙상 불가

내용

1. 청원사항(청원법 제4조): 예시적 사항
- 피해의 구제, 공무원의 비위의 시정 또는 공무원에 대한 징계나 처벌 요구
- 법률·명령·규칙의 제정·개정 또는 폐지, 공공의 제도 또는 시설운영, 기타
- 예외: 재판에 간섭, 국가원수 모독, 타인모해를 목적으로 한 허위사실의 적시

2. 청원의 대상기관
- 국가기관, 지방자치단체의 기관
- 그 밖의 공공단체

3. 청원의 방법과 절차
- 문서주의: 청원인의 성명·직업·주소의 기재, 서명날인, 이유와 취지명시 등
- 국회와 지방의회에의 청원을 하는 경우에는 의원의 소개가 있어야 할 수 있음

헌재 1999. 11. 25. 97헌마54 의원이 미리 청원의 내용을 확인하고 이를 소개하도록 함으로써 청원의 남발을 규제하고 심사의 효율을 기하기 위한 것이고 지방의회의원 모두가 소개의원이 되기를 거절하였다면 그 청원내용에 찬성하는 의원이 없는 것이므로 지방의회에서 심사하더라도 인용가능성이 전혀 없어 심사의 실익이 없으며 청원의 소개의원도 1인으로 족한 점을 감안하면 이러한 정도의 제한은 공공복리를 위한 필요최소한의 것이라고 할 수 있다.

헌재 2006. 6. 29. 2005헌마604 국회에 청원을 할 때 의원의 소개를 얻어 청원서를 제출하도록 한 것은 청원권을 침해한다고 볼 수 없다.

- 청원사항을 주관하는 관서에 제출
- 이중청원의 금지

청원의 효과

1. 적극적 효과
- 헌법 제26조 제2항: 청원의 수리·심사의무
- 청원법 제9조 제4항: 그 결과의 통지의무

2. 소극적 효과

헌재 2000. 6. 1. 2000헌마18 헌법 제26조는 모든 국민은 법률이 정하는 바에 의하여 국가기관에 문서로 청원할 권리를 가지며 국가는 청원에 대하여 심사할 의무를 진다고 하여 모든 국민의 청원권을 보장하고 청원을 수리한 국가기관은 청원에 대하여 심사하여야 할 의무를, 청원법은 청원의 처리결과에 대하여 통지하여야 할 의무를 각 규정하고 있는데, 청원에 대한 심사 및 통지의무는 재판청구권 및 기타 준사법적인 구제청구와 그 성질을 달리하므로 이러한 의무는 청원을 수리한 국가기관이 이를 성실, 공정, 신속히 심사·처리하여 그 결과를 청원인에게 통지하는 이상의 의무를 요구하는 것은 아니다.

- 청원을 이유로 차별대우나 불이익의 강요 금지(청원법 제11조)

▌청원의 제한과 한계

1. 헌법 제37조 제2항
2. 본질적 내용의 침해금지, 과잉금지원칙의 위반금지

- ❖ 옴브즈만제도
- 헌법은 국민의 청원에 대해 심사할 의무만 규정
- 이에 따라 스웨덴의 옴브즈만제도(Ombusdsman)를 반영, 국무총리소속 국민권익위원회를 설치하여 고충민원, 부패방지, 중앙행정심판 업무를 담당

Ⅲ. 재판청구권(裁判請求權)

▌의의

1. 개념: 재판청구권이란 독립된 법원에 의해 정당한 재판을 받을 권리를 의미

헌재 1998. 5. 28. 96헌바4 재판청구권은 재판이라는 국가적 행위를 청구할 수 있는 적극적 측면과 헌법과 법률이 정한 법관이 아닌 자에 의한 재판이나 법률에 의하지 아니한 재판을 받지 않을 소극적 측면을 아울러 갖는다.

2. 연혁
- 전제군주의 자의적 재판으로부터 국민의 자유와 권리를 보장하기 위함
- 영국의 대헌장, 프랑스인권선언, 프랑스헌법(1791: 최초 성문화), 미국연방헌법

- 대한민국: 재판받을 권리(제헌헌법), 무죄추정(8차), 형사피해자공판정진술권(9차)

▮ 법적 성격

1. 청구권설: 재판이라는 국가적 행위를 청구할 수 있는 권리(다수설)
2. 이중적 성격설: 청구권적 성격 + 자유권적 성격

▮ 주체

- 자연인(내 · 외국인 불문)
- 법인(사법상 결사 포함)

▮ 내용

1. 「재판」을 받을 권리
 (1) 요건
 - 재판을 청구할 자격이 있는 자(당사자적격)
 - 법적 판단을 구하기에 적합한 사건(권리보호사건)
 - 소를 제기할 이익(소의 이익)
 (2) 유형
 - 민사재판청구권, 형사재판청구권, 행정재판청구권, 헌법재판청구권
 (3) 군사재판을 받지 않을 권리
 - 일반국민은 군사법원의 재판을 받지 않을 권리를 가짐
2. 「헌법과 법률이 정한 법관에 의한」 재판을 받을 권리
 (1) 헌법과 법률이 정한 법관
 - 자격 · 임명절차가 헌법(법률)에 따라 행해짐
 - 신분보장과 직무상 독립이 보장된 법관
 - 법원조직법
 (2) 즉결심판, 보호처분, 약식명령 · 통고처분
 - 헌법과 법률이 정한 법관의 재판
 - 정식재판청구권 보장

헌재 2003. 10. 30. 2002헌마275 통고처분이라 함은 법원에 의하여 자유형 또는 재산형에 처하는 과벌제도에 갈음하여 행정관청이 법규위반자에게 금전적 제재를 통고하고 이를 이행한 경우에는 당해 위반행위에 대한 소추를 면하게 하는 것을 말한다. 통고처분은 이와 같이 법관이 아닌 행정공무원에 의한 것이지만 처분을 받은 당사자의 임의의 승복을 발효요건으로 하고 불응시 정식재판의 절차가 보장되고 있으므로 통고처분에 대하여 행정쟁송을 배제하고 있는 이 사건 법률조항이 법관에 의한 재판을 받을 권리를 침해한다든가 적법절차의 원칙에 저촉된 사건이라고 볼 수 없다.

(3) 배심재판
- 배심원이 법률심이 아닌 사실심에만 관여하면 합헌

헌재 2015. 7. 30. 2014헌바447 우리헌법상 헌법과 법률이 정한 법관에 의한 재판을 받을 권리라 함은 직업 법관에 의한 재판을 주된 내용으로 하는 것이므로 국민참여재판을 받을 권리는 헌법 제27조 제1항에서 규정한 재판을 받을 권리의 보호범위에 속하지 않는다.

(4) 군사재판
- 법관에 의한 재판 아님(군판사, 현역군인에 의한 재판)
- 헌법상 특별법원으로서 군사법원 인정

헌재 2009. 7. 30. 2008헌바162 현역병의 군대 입대 전 범죄에 대하여 군사법원의 재판권을 규정하고 있는 군사법원법 제2조 제2항은 헌법에 위반되지 아니한다.

- 상고심은 대법원의 관할
(5) 행정기관에 의한 재결·결정: 재판의 전심절차로 허용되고, 정식재판의 길이 허용

3. 「법률에 의한」 재판을 받을 권리
- 법관의 주관적 자의(恣意)에 의한 재판 배제
- 실체법과 절차법이 합헌적 법률로써 정해진 재판

구 분	형사재판	민사, 행정재판
실체법	형식적 의미의 법률	일체의 성문법 + 불문법
절차법	형식적 의미의 법률	
예 외	긴급명령, 국세법	긴급명령, 긴급재정명령, 대법원규칙, 헌법재판소규칙

▌재판청구권의 제한

1. 법률에 의한 제한(제37조 제2항): 법원조직법, 형사소송법, 행정소송법

2. 군사법원에 의한 재판
- 군인, 군무원, 예비군
  - 신분적 재판에 해당하는 것으로 재판을 받을 권리의 제한
- 일반국민
  - 법률이 정한 경우
  - 비상계엄 선포시(제110조)

3. 상고의 제한
- 사실심의 상고제한은 합리적 이유가 있을 때에는 가능
- 법률심의 상고제한은 재판을 받을 권리 침해로서 위헌

4. 제소기간의 한정(행정소송법 제20조)
- 행정상 법률관계의 조속한 확정 필요성에서 인정
- 합리적 이유 있는 제한이므로 합헌

5. 예외적 제한
- 비상사태시 대통령이 법원의 권한에 특별조치를 하는 경우

Ⅳ. 형사보상청구권(刑事補償請求權)

▌의의

1. 개념
- 구금되었던 형사피의자·형사피고인 → 불기소처분, 무죄판결
- 정신적·물질적 손실의 보상을 국가에 청구할 수 있는 권리

즉, 형사보상청구권이란 형사피의자 또는 형사피고인으로 구금되었던 자가 법률이 정한 불기소처분을 받거나 확정판결에 의하여 무죄를 선고받은 경우에 그 정신적·물질적 손실에 대한 보상을 국가에 청구할 수 있는 권리를 말한다.

2. 연혁
- 프랑크푸르트헌법에서 최초 규정
- 제헌헌법(형사피고인의 경우), 9차(형사피의자까지 확대)

▎법적 성격

1. 청구권 or 재산권

- 18C 재산권 보장, 국가배상책임은 19~20C 이후부터 입법화
- 주관적 공권으로 양도나 압류의 대상이 아님: 공권적 청구권

2. 본질: 손실보상(헌법규정에 의해 직접 효력발생)

▎주체

- 형사보상청구권의 주체는 원칙적으로 형사피고인, 형사피의자이지만, 본인이 사망한 경우와 사형집행된 경우에는 그 상속인이 그 주체가 됨
- 외국인도 형사보상청구권의 주체가 됨

▎내용

1. 성립요건

- 형사피의자(공소제기가 없는 자), 형사피고인(공소제기당한 자)
- 구금: 미결구금 + 형집행
- 불기소처분: 범죄불성립, 증거가 없어 기소하지 않은 경우
- 무죄판결(피고인보상)
- 무과실책임: 국가기관의 고의·과실 불문

2. 절차

- 청구기간: 무죄판결 확정, 불기소처분 통지를 받은 날로부터 1년 이내
- 청구기관
- 불기소처분(불기소처분을 한 검사소속의 지방검찰청 피의자보상심의회)
- 무죄판결(무죄판결을 한 법원)
- 보상금지급청구
- 불기소처분(검찰청에 청구)
- 무죄판결(보상결정을 한 법원에 대응한 검찰청)
- 보상금지급청구권의 양도 및 압류금지
- 불복신청

- 피의자보상(법무부장관의 재결을 거쳐 행정소송 제기)
- 피고인보상(보상결정에 불복신청 불가, 단 청구기각에 대한 즉시항고)

▌형사보상의 내용

1. 정당한 보상

- 형사보상법 시행령(대통령령) 제2조(보상의 한도)에 근거하여 형사보상법 제5조 제1항에 따른 구금(拘禁)에 대한 보상금의 한도는 1일당 보상청구의 원인이 발생한 해의 최저임금법에 따른 일급(日給) 최저임금액의 5배
- 국가배상청구도 가능

2. 형사보상결정의 공시제

Ⅴ. 국가배상청구권(國家賠償請求權)

▌의의

1. 개념

- 공무원의 직무상 불법행위로 손해를 입은 국민
- 국가(지방자치단체)에 손해의 배상을 청구할 수 있는 권리

국가배상청구권이라 함은 공무원의 직무상 불법행위로 인해 손해를 입은 국민이 국가 또는 공공단체에 대하여 그 배상을 청구할 수 있는 권리를 말한다.

2. 연혁

- 대륙법계(바이마르헌법을 시초로 국가책임 인정)
- 영미법계(20C 중엽 이후 일정 범위 내에서 인정)

▌법적 성격

1. 재산권과는 구별되는 청구권

2. 공권적 청구권: 양도나 압류의 대상이 안 됨

3. 근거법인 국가배상법은 공법설과 사법설로 대립되나 공법설이 다수설

4. 효력의 성격

① 방침규정설(方針規定說): 국가배상청구권은 구체적인 입법이 없는 한 그 청구
　　　　　　　　　　 권을 행사할 수 없는 방침규정에 불과하다고 한다.
② 직접효력설(直接效力說): 이 규정에 근거하여 직접 국가배상청구권을 행사할
　　　　　　　　　　 수 있다고 한다.

대법원 1971. 6. 22. 70다1010 국가배상청구권은 일종의 채권으로서 헌법 제23조의 재산
권의 일종이다. 그러나 국가배상책임은 실체적 기본권인 재산권으로서의 성격보다는 오히
려 절차적 기본권인 청구권적 기본권으로서의 성격이 강하다. 특히 국가배상청구권은 헌
법에 의하여 실정적으로 보장되는 국가 내적 권리라는 특성을 갖는다.

▌주체

1. 모든 국민 및 법인
2. 외국인: 상호보증이 있는 경우 인정(국가배상법 제7조)

▌내용

1. 배상청구의 유형
   - 공무원의 직무상 불법행위로 인한 배상
   - 영조물의 설치·관리의 하자로 인한 배상
2. 성립요건
   - 공무원: 공무를 위탁받아 실질적으로 공무수행을 하는 자 모두
   - 직무의 범위: 권력행위+관리행위, 판례는 유동적
   - 직무를 집행함에 당하여: 직무행위 자체+외형상 관련 있는 모든 행위
   - 불법행위: 공무원의 고의과실로 인한 법령위반행위
     　　　　　입증책임은 피해자기 부담
   - 타인: 가해공무원 + 직무행위 가담자 이외의 자 모두
   - 손해발생: 가해행위로 인해 발생된 보는 불이익(성신석·불실석 불분)

▌국가배상책임의 본질

1. 대위책임설: 피해자구제를 위해 공무원 대신 국가가 책임부담(행정법학계)
2. 자기책임설: 공무원은 국가의 기관으로 사용한 국가의 자기책임(헌법학계)

3. 절충설: 고의·중과실일 때는 대위책임, 경과실일 때는 자기책임

▌ 국가배상청구의 상대방

1. 국가에 대한 청구권: 선택적 청구권 인정 여부
   - 국가(공공단체)만 vs. 국가와 가해공무원 중 선택 가능
   - ※ 손해배상에 만전을 기하기 위해 선택적 청구 불가
2. 배상책임자: 선임감독자와 비용부담자가 다른 경우
   - 선택적 청구 가능
   - 내부관계에서 손해배상책임 있는 자에게 구상권 행사

▌ 배상청구의 절차와 배상의 범위

1. 절차: 배상심의회의 결정을 거친 후에 국가배상청구소송 제기 가능
2. 배상범위: 가해행위와 상당인과관계에 있는 모든 손해

▌ 국가배상청구권의 제한

1. 이중배상금지
   - 군인, 군무원, 경찰공무원 기타 법률로 정한 자
   - 전투, 훈련 등 직무와 관련하여 받은 손해
   - 법률이 정하는 보상 외에 공무원의 직무상 불법행위로 인한 배상청구 불가
2. 법률에 의한 제한
   - 헌법 제37조 제2항
   - 철도법, 우편법, 우편물운송법 등

Ⅵ. 손실보상청구권(損失補償請求權)

▌ 의의

손실보상청구권이란 적법한 공권력의 행사로 재산상 특별한 희생을 당한 자가 재산적 손실의 전보를 국가에 청구할 수 있는 권리를 의미한다.

손실보상청구권	손해배상청구권	형사보상청구권	범죄피해자구조청구권
합법침해(재산권)	위법침해(재산, 자유)	인신구속의 결과책임	타인의 범죄행위
헌법 제23조 제3항	헌법 제29조 제1항	헌법 제28조	헌법 제30조

▌법적 성격

1. 현실적 권리성: 헌법 제23조 제3항의 직접효력 규정
2. 공권성
3. 수단적 권리성: 헌법 제23조 제1항을 보장하기 위한 수단

▌주체

1. 개인(자연인과 법인 포함)
2. 외국인과 외국법인: 우리나라에서 재산권을 향유하는 자

▌성립요건

1. 재산권: 사법상 또는 공법상 경제적 가치 있는 모든 권리
2. 공공필요: 재산권의 제한이 불가피한 경우
3. 공권력에 의한 침해
   - 침해: 재산권에 대한 일체의 훼손
   - 공권력: 국가 또는 공공단체의 권력적 작용
   - 헌법 제23조 제3항의 재산권의 수용, 사용, 제한: 침해유형의 예시
4. 특별한 희생
   - 특정인 또는 일정범위의 국민에게만 불균형적으로 과해진 권익 박탈
   - 재산권 자체의 소멸이나 효용의 방해

▌손실보상의 방법과 기준

1. 공용침해와 보상의 결부: 공용침해법률의 유효요건
2. 공용침해의 적법성
   - 형식적 의미의 법률
   - 긴급재정경제처분·명령, 비상계엄

3. 보상규정을 결한 공용침해
  - 위헌무효로 보아 국가배상법상 손해배상청구 가능
  - 수용유사적 침해이론 적용
4. 손실보상의 기준: 정당한 보상
  - 완전보상

▌손실보상의 내용

1. 방법: 금전보상의 원칙
2. 결정방법: 원칙적 당사자간 협의, 협의 불성립시 재결
3. 지급방법: 선불, 일시불과 개별불

▌손실보상청구권의 제한

  - 재산권에 대한 제약이 특별한 희생의 정도에 이르지 않은 경우, 헌법 제37조 제2항의 일반원리에 의해 제한 가능

Ⅶ. 범죄피해자구조청구권(犯罪被害者救助請求權)

▌의의

1. 개념
  - 타인의 범죄행위로 생명·신체의 피해를 입은 자가 국가에 대해 경제적 구조를 청구할 수 있는 권리를 의미
2. 연혁
  - 16~17세기 홉스, 스피노자의 질서국가사상, 18~19세기 벤담의 공리주의, 20세기 사회국가사상의 영향을 받음
  - 1963년 뉴질랜드 형사보상재해보상법, 1980년 일본의 범죄피해자 등 급부금금지법 등
  - 현행 헌법에 신설(범죄피해자구조법 제정: 1988)

▎본질

- 사회국가의 이념에 바탕을 둔 사회보장적 차원의 피해구조(사회보장설: 다수설)

▎법적 성격과 주체

1. 생존권적 성질을 띤 청구권적 기본권
2. 주체
- 국민(타인의 범죄행위로 피해를 입은 국민, 그 유족)
- 외국인(상호보증이 있는 경우)

▎성립요건

1. 적극적 요건
- 타인의 범죄행위: 정당행위, 정당방위, 과실에 의한 행위는 제외
- 생명·신체에 대한 피해: 사망 또는 중장해
- 가해자의 불명 또는 무자력과 피해자의 생계유지가 곤란한 때
2. 소극적 요건: 친족간 범죄, 피해자의 귀책사유, 기타

▎내용

1. 범죄피해구조금의 청구와 지급
2. 구조금의 종료: 유족구조금(사망자), 장해구조금(중장해자)
3. 국가배상법 기타 법률에 의한 지급이 가능한 경우에는 구조금 불지급

▎지급방법과 절차

1. 지급방법: 원칙적으로 일시불
2. 지방검찰청 소속의 범죄피해구조심의회에 신청
3. 범죄피해의 발생을 안 날로부터 1년, 범죄피해가 발생한 날로부터 5년 이내
4. 구조금수령권의 양도·압류·담보제공 금지

사회적 기본권

Ⅰ. 사회적 기본권 총설

▌개념

- 사회권이란 국민의 인간다운 생활을 위해 국가적 급부와 배려를 요구할 수 있는 권리를 의미

▌연혁

- 자본주의발전에 따른 사회적 병폐현상의 극복, 시민적 자유권의 보완 내지 수정
- 1919년 바이마르헌법의 사회적 기본권조항이 시초

▌헌법규정: 헌법전문, 헌법 제10조, 제34조 제1항, 제119조 제2항, 제31조, 제32조

▌법적 성격

1. 프로그램규정설(입법방침규정설)
   - 입법의 가이드라인, 국회의 입법조치가 있어야 효력 발생
2. 추상적 권리설
   - 구체적 권리를 부여한 것이 아니라 국가가 추상적 의무부담, 입법조치를 통해 구체화

   헌재 1991. 2. 11. 90헌가27 교육을 받을 권리는 생존권적 기본권으로서 이는 직접 행정권과 사법권을 구속하는 것이 아니라 입버의 방향만 지시하는 것이고 따라서 의무교육의 무상에 관한 규정도 사법권을 구속하는 재판규범이 될 수 없다.

3. 구체적 권리설
   - 국가에 대한 구체적 권리를 직접 부여, 재판규범으로서의 효력

▌ 생존권의 재판규범성

1. 자유권적 측면: 대국가적 직접효력(교육을 받을 권리, 근로3권, 환경권)
2. 재판규범성
   - 사회권을 구체화하는 입법이 있는 경우 그에 대한 침해시 위법성 다툼 가능
3. 입법의 부작위
   - 구체적 입법이 없는 경우: 헌법소원 긍정
   - 불완전한 입법이 있는 경우: 헌법소원 부정

▌ 자유권과 사회권의 관계

구 분	자유권	사회권
이 념	소극적·방어권, 인간의 권리	적극권, 국법상 권리, 국민의 권리
주 체	원칙(자연인), 예외(법인과 외국인)	국민(자연인)
권리내용	개인의 자유로운 생활영역 확보	인간다운 생활을 위한 급부와 배려
효 력	직접 국가권력 구속, 헌법규정만으로 재판규범, 제3자적 효력이 많음	구체적 입법시 재판규범, 입법기관 구속, 예외적으로 제3자적 효력
법률유보	직접 국가권력 구속, 헌법규정만으로 재판규범, 제3자적 효력이 많음	권리형성적 법률유보
제한기준	국가안전보장, 질서유지(소극적 목적)	공공복리(적극적 목적)

▌ 양기본권의 조화

1. 동전의 양면과 같은 관계
2. 생존권은 자유권을 실질화해 주는 보충관계

Ⅱ. 인간다운 생활을 할 권리

▌ 의의

- 인간다운 생활을 할 권리란 인간의 존엄성에 상응하는 건강하고 문화적인 생활을 영위할 권리를 의미하고, 이는 헌법 제10조를 보완하는 규정

▌법적 성격

- 입법방침설, 추상적 권리설, 구체적 권리설 대립되어 있으나, 현재 헌법재판제도가 완비되어 있는 점에 비추어 구체적 권리설이 타당

▌주체

- 자연인인 국민에 한정(법인 외국인은 제외)

▌내용

1. 인간다운 생활의 의미와 수준

- 인간의 존엄성 유지에 상응하는 건강하고 문화적인 생활
- 최저생계수준

2. 사회보장에 의한 인간다운 생활 보장

- 건강하고 문화적인 생활을 보장하기 위한 제 급여제도

1) 사회보험
- 국민의 생활안정, 위험의 분산을 위한 공공적 보험제도
- 의료보험, 연금보호, 재해보상보험, 실업보험 등

2) 공적부조
- 생활불능, 생계유지 곤란 자에게 무상으로 최저생계유지를 위한 급여

3) 사회보상: 국가유공자 등의 생활 보장을 위한 제도

4) 사회복지: 요보호자의 자립에 필요한 지원을 위한 국가적 활동

> **헌재 1999. 4. 29. 97헌마333** 공무원연금법 제3조 제2항에서 18세 이상으로서 폐질상태에 있지 않은 자는 … 유족의 범위에서 배제, 유족급여를 받을 수 없게 하였다라도 이는 우리나라의 경제수준, 재정능력, 전체적인 사회보장수준, 우리 가족관계의 특수성 등을 합리적으로 고려한 것이라서 입법형성의 한계를 벗어나 사회보장수급권, 재산권, 평등권을 침해하는 것이 아니다.

▌효력

- 직접 국가권력을 구속하며 추상적 권리

- 사인 간에는 간접적으로 적용

▌침해와 구제

- 청원권, 선거권의 행사

헌재 2001. 8. 30. 2000헌마668 국민건강보험법 제62조 등이 규정한 보험료 제도가 과다한 보험료 산정의 근거가 된다고 볼 수 없는 이상 더 이상 살펴볼 필요 없이 국민건강보험법 제62조나 제5조 제1항에 의해 청구인의 인간다운 생활을 할 권리가 침해되었다고 볼 수 없다.

- 입법부작위에 의한 사회권 침해는 헌법소원 가능

Ⅲ. 교육을 받을 권리

▌의의

1. 개념

- 교육을 받을 권리란 능력에 따라 균등하게 교육을 받을 수 있는 권리(수학권)를 의미
- 그리고 이는 교육을 받을 수 있도록 국가의 적극적 배려를 요구할 수 있는 권리

2. 연혁

- 1848. 2월 혁명 이후 프랑스 제2공화국 헌법에 교육의 자유·평등 및 무상 초등교육 장려, 전문교육 규정
- 1919년 바이마르 공화국 헌법에 생존권적 기본권의 하나로 규정

3. 기능

- 능력개발을 통한 개성신장의 수단
- 생존을 위한 필수조건
- 민주국가실현을 위한 수단

▌법적 성격

자유권적 측면 + 사회권적 측면

▋ 주체

- 국민(법인과 외국인 제외)

헌재 1992. 11. 12. 89헌마88 학교교육에서 교사의 가르치는 권리를 수업권이라고 한다면 그것은 자연법적으로는 학부모에게 속하는 자녀에 대한 교육권을 신탁하는 것이고 실정 법적으로는 공교육의 책임이 있는 국가의 위임에 의한 것이다. 그것은 … 학생의 수학권 의 실현을 위하여 인정되는 것으로서 양자는 상호협력관계에 있다고 하겠으나 수학권은 헌법상 보장된 기본권의 하나로서 보다 더 존중되어야 하며 그것이 왜곡되지 않고 올바로 행사될 수 있게 하기 위한 범위 내에서 제약을 받지 않으면 안 된다.

▋ 내용

1. 능력에 따라 교육을 받을 권리

- 정신적 육체적 능력에 상응한 적절한 교육

2. 균등하게 교육을 받을 권리

- 교육에서의 차별금지
- 균등한 교육을 받을 수 있는 교육시설, 장학정책 등의 시행

헌재 1994. 2. 24. 93헌마192 능력에 따라 균등하게 교육을 받을 권리를 가진다는 것은 합리적 차별사유 없이 교육을 받을 권리를 제한하지 아니함과 동시에 국가가 모든 국민에 게 균등한 교육을 받게 하고 특히 경제적 약자가 실질적인 평등교육을 받을 수 있도록 적 극적 정책을 실현해야 한다는 것이다.

3. 교육을 받을 권리

- 학교교육, 가정교육, 공민교육 등

헌재 1992. 11. 12. 89헌마88 수학권은 통상 국가에 의한 교육조건의 개선정비와 교육기 회의 균등한 보장을 적극적으로 요청할 수 있는 권리로 이해된다.

- 평생교육
- 무상의 의무교육(교육을 받게 할 의무)
  1) 권리의 주체는 취학연령의 미성년자, 의무의 주체는 학령아동의 보호자
  2) 무상의 범위: 취학필요비무상설

▌효력

1. 사회권적 측면: 대국가적 효력
2. 자유권적 측면: 대국가적 효력 + 제3자적 효력

Ⅳ. 근로의 권리

▌의의

1. 개념
 ▪ 근로의 권리라 함은 일할 의사와 능력이 있는 자가 국가에 대하여 근로의 기회를 제공해 줄 것을 요구할 수 있는 권리를 말한다.
2. 법적 성격
 ▪ 사회권이며 구체적 권리

> **헌재 1991. 7. 22. 89헌가106** 헌법 제32조 및 제33조에 규정된 근로기본권은 자유권적 기본권으로서의 성격보다는 생존권 내지 사회권적 기본권으로서의 측면이 보다 강한 것으로 그 권리의 성질적 보장을 위해서는 국가의 적극적인 개입과 뒷받침이 요구되는 기본권이다.

3. 주체
 ▪ 자연인인 국민에 한정

▌내용

1. 본질적 내용
 ▪ 근로기회청구권 vs. 생활비지급청구권
 ▪ 근로능력을 가진 자가 근로의 기회제공을 요구한 권리
2. 보충적 내용
 ▪ 국가의 고용증진 의무: 사회정책 및 경제정책에 의한 고용기회의 확대
 ▪ 적정임금의 보장

1) 적정임금

- 근로자와 그 가족이 건강하고 문화적인 생활을 유지할 수 있는 임금수준

2) 무노동무임금

- 파업기간, 근로시간 중 노조활동, 노조전임자에의 임금의 미지급

3) 최저임금제

- 법적 강제력에 의해 부여된 임금의 최저한도(1986. 12. 31 제정)

4) 동일노동에 대한 동일임금

- 근로조건기준의 법정주의

  - 계약자유의 원칙에 대한 수정 내지 제한

  - 임금과 그 지불방법, 취업시간과 휴식시간, 재해보상 등(근로기준법)

헌재 1999. 9. 16. 98헌마310 헌법 제32조 제3항은 근로조건의 기준은 인간의 존엄성을 보장하도록 법률로 정한다고 규정하고 있는바, '상시 사용 근로자수 5인'이라는 기준에 따라 근로기준법의 전면적용 여부를 달리한 것에는 합리적 이유가 있다고 인정되고 그 기준이 인간의 존엄성을 전혀 보장할 수 없을 정도라고 볼 수 없으므로 위 헌법조항에 위반된다고 할 수 없다.

- 여자와 연소자 근로에 대한 특별보호
- 국가유공자 등의 근로기회 우선보장

▋근로의 권리의 효력과 제한

1. 효력
   - 대국가적 효력(직접 적용), 제3자적 효력(간접적용)
2. 제한
   - 헌법 제37조 제2항
   - 긴급명령, 비상계엄

V. 근로3권

▌의의

1. 개념
- 근로3권이란 근로조건의 향상을 위해 근로자가 자주적 단결, 단체교섭, 단체행동을 할 수 있는 권리를 의미한다.

2. 연혁
- 바이마르헌법에서 근로권의 최초 규정
- 프랑스헌법, 이탈리아헌법, 일본헌법 등에서 규정

3. 법적 성격
- 자유권+사회권의 성격 포함(혼합권설)

헌재 1998. 2. 27. 94헌바13등 근로3권은 국가공권력에 대하여 근로자의 단결권의 방어를 일차적인 목표로 하지만, 근로3권의 보다 큰 헌법적 의미는 근로자단체라는 사회적 반대세력의 창출을 가능하게 함으로써 노사관계의 형성에 있어서 사회적 균형을 이루어 근로조건에 관한 노사간의 실질적인 자치를 보장하려는 데 있다. 근로자는 노동조합과 같은 근로자단체의 결성을 통하여 집단으로 사용자에 대항함으로써 사용자와 대등한 세력을 이루어 근로조건의 형성에 영향을 미칠 수 있는 기회를 가지게 되므로 이러한 의미에서 근로3권은 '사회적 보호기능을 담당하는 자유권' 또는 '사회권적 성격을 띤 자유권'이라고 말할 수 있다.

▌주체

- 근로3권의 주체는 노동의 대가로 생활하는 자를 의미하고, 내·외국인 불문(실업자도 포함)

▌단결권(團結權)

1. 의의
- 단결권이란 근로조건의 향상을 목적으로 단체를 자주적으로 구성할 권리를 의미

헌재 2015. 5. 28. 2013헌마671 오늘날 교육은 조직화·제도화된 학교교육이 중심을 이루고 있고 학교교육을 수행하는 사람이 교원이라는 점에서, 교원은 사용자에 고용되어 근로를 제공하고 임금 등 반대급부를 받는 일반근로자와 다른 특성이 있다(헌재 1991. 7. 22. 89헌가106 참조). 이에 교육기본법, 교육공무원법, 교원지위법 및 이를 준용하는 사립학교법 등 교육관계법령에서는 공·사립학교를 불문하고 교원에게 보수, 연수, 신분보장 등 모든 면에서 통상적인 근로자에 비하여 특별한 대우 및 특혜를 부여하고 있다. 또한, 교원의 보수 수준 등 근로조건 향상을 위한 재정적 부담은 실질적으로 국민 전체가 지게 되므로, 이 사건 법률조항이 청구인들의 단결권을 침해하는지 여부를 판단함에 있어서는 이러한 교원의 직무 및 근로관계의 특수성을 고려할 필요가 있다.

2. 주체
- 1차(근로자 개개인)
- 2차(그들의 집단도 포함)

3. 단결권의 유형과 내용
- 주체별: 개인적 단결권과 집단적 단결권
  - 개개 근로자가 노동조합 등 단체의 결성, 유지
  - 근로자 집단이 단결체를 구성할 수 있는 권리
- 영속성: 일시적 쟁의단, 노동조합
- 성질별: 적극적 단결권, 소극적 단결권
  - 노동조합의 결성과 가입, 그 구성원으로서 활동할 수 있는 권리
  - 단결하지 않은 권리, 단체불가입의 자유: 일반적 행동의 자유, 헌법 제37조
- 단결강제의 한 유형인 유니언숍은 인정하지만, 단체에 대한 불가입이나 탈퇴를 조건으로 고용하는 황견(黃犬)계약(yellow-dog contract)의 체결이나, 단체의 결성·가입을 이유로 한 해고 등은 위헌이다.

▌단체교섭권(團體交涉權)

1. 의의
- 근로자가 근로조건이나 근로환경 등에 대하여 단결체의 이름으로 사용자나 사용자단체와 자주적으로 교섭할 권리를 의미

대법원 2008. 9. 11. 2006다40935 국가의 행정관청이 사법상 근로계약을 체결한 경우 그 근로계약 관계의 권리의무는 행정주체인 국가에 귀속되므로, 국가는 그러한 근로계약관계

에 있어서 노동조합 및 노동관계조정법 제2조 제2호에 정한 사업주로서 단체교섭의 당사자의 지위에 있는 사용자에 해당한다.

2. 주체
- 노동조합과 상대방

3. 내용
- 경영권, 인사권 및 이윤취득권에 속하는 사항은 단체교섭의 대상 아님
- 사용자가 정당한 이유 없이 단체교섭을 거부하면 부당노동행위가 됨
- 단체교섭의 결과 협약 불성립시 노동위원회의 중재·조정 후 단체행동권으로 이행

▌단체행동권(團體行動權)

1. 의의
- '단체행동권'이라 함은 근로자가 근로조건의 향상을 위해 노동쟁의가 발생한 경우에 쟁의행위 등을 할 수 있는 권리를 의미

2. 주체
- 근로자(개개인은 물론 그 조직된 단체 포함)

3. 단체행동의 유형
- 근로자측
  - 파업(strike－집단적으로 노동력의 제공을 거부하는 행위), 태업(sabotage－의도적으로 작업능률을 저하시키는 행위), 보이코트(boycott－사용자가 생산하는 상품을 사지 않도록 하는 것), 피케팅(picketting－파업효과를 높이기 위해 파업상태를 순찰·감시하는 행위)
  - 일반적으로 생산관리는 근로자의 쟁의행위로 인정되지 않음
- 사용자측: 직장폐쇄, 임금공제, 위법쟁의행위에 대한 책임추궁

4. 단체행동권의 내용
- 대국가권력: 형사상 책임추궁을 당하지 않음
- 대사용자
  - 채무불이행 또는 불법행위를 이유로 민사상 책임추궁을 당하지 않음

- 해고나 기타 불이익을 받지 않음

5. 단체행동권의 한계
- 목적상: 근로조건의 향상을 위한 노사간의 자치적 교섭의 조성
- 수단·방법: 사용자의 재산권과 조화를 이루어야 함

▌근로3권의 효력

- 제3자에 대한 직접적 효력
- 사인간에 직접 적용되는 대표적 헌법규정

▌근로3권의 제한과 한계

1. 제한
- 헌법 제33조에 의한 제한
  - 공무원, 주요방위산업체의 근로자
  - 기능직과 고용직 공무원 예외(과학기술정보통신부, 국립의료원)
- 헌법 제37조 제2항에 의한 제한
  - 근로3권의 본질적 내용을 침해할 수 없음
  - 노동조합 및 노동관계 조정법, 노동위원회법, 근로자참여 및 협력증진에 관한 법률 등

Ⅵ. 환경권(環境權)

▌의의

1. 개념
- 쾌적하고 맑고 건강한 환경 속에서 인간다운 생활을 누릴 수 있는 권리를 의미

2. 연혁
- 1960년대 이후 산업화에 따른 공해의 폐해와 싸우기 위한 개념
- 8차 개헌에서 신설

▌법적 성격

- 종합적 기본권성
- 인간의 존엄성존중, 행복추구권, 사회적 기본권의 성격
- 사회적 기본권성에 주안점 있음

▌주체

- 모든 자연인(현재·미래의 자연인 모두 포함)

▌내용

1. 환경권의 대상
- 자연환경: 자연의 생태
- 생활환경: 사람의 일상생활과 관련된 환경

2. 환경권의 구체적 내용
- 공해예방청구권
  - 국가, 공공단체, 사인의 개발·사업·공사
  - 환경영향평가, 환경훼손행위규제 등 예방적 조치 강구의 요구권
- 공해배제청구권
  - 수인한도를 넘는 환경침해를 국가가 방지해 줄 것을 요구할 권리
  - 공공복리, 타인의 권리와 조화되는 범위 내에서 결정
- 쾌적한 주거생활권
  1) 의의: 쾌적한 주거생활 확보를 위해 국가에 일정한 배려·급부를 요구할 수 있는 권리
  2) 법적 성격: 청구권적 기본권 + 사회적 기본권
  3) 내용: 주택정책의 수립요구, 쾌적한 환경조성, 환경권보장을 위한 국가적 노력의 의무

▌환경권의 효력

1. 대국가적 효력: 모든 국가권력을 직접 구속

2. 제3자적 효력: 직접적용(권) vs. 간접적용(김, 허)

▌환경권의 제한과 한계

1. 헌법 제37조 제2항
2. 상린관계성에 따른 개별·구체적으로 판단

▌환경권의 침해와 구제

1. 국가권력: 청원권, 국가배상청구, 행정소송, 헌법소원
2. 사인: 민사상 손해배상청구, 소유권·점유권에 기한 물권적 청구권 행사
3. 환경소송
   - 수인한도론(피해자의 수인한도의 범위를 넘어야 위법성 인정)
   - 개연성이론(침해행위와 손해발상 사이에 인과관계 존재의 상당한 가능성)
   - 원고적격(공해와 직접 관련 있는 모든 자)

Ⅶ. 보건권, 가족권과 모성권

1. 보건권
   - 보건권이란 국민이 국가에 대하여 건강을 유지·향상시키는 데 필요한 정책의 수립·실시 등을 요구할 수 있는 권리('건강권'이라고도 함)
   - 보건권은 소극적으로는 국가권력에 의해 건강생활을 침해받지 아니할 권리를 적극적으로는 국민보건을 위해 필요한 시책을 강구할 의무를 수반
   - 형성중인 권리로서 국가의 적극적인 보건정책의 수립·실시가 있어야 실효성 담보 가능
2. 가족권
   - 가족권이란 국가에게 혼인과 가족생활에 대하여 개인의 존엄과 양성의 평등을 기초로 대우할 것을 청구할 수 있는 권리를 의미
   - 이는 소극적으로는 국가권력의 부당한 침해에 대한 방어권을 의미하고, 적극적으로는 개인의 존엄과 양성의 평등을 바탕으로 성립·유지되는 혼인·가족제도를 보장하여야 할 국가의 의무를 부여하는 것

3. 모성권
- 모성권이란 국가에 대하여 모성에 대하여 보호를 청구할 수 있는 권리를 의미
- 모성의 국가적 보호는 1차적으로는 그 건강을 특별히 보호하는 데 있으며, 모자복지법과 모자보건법이 이를 규정

Ⅷ. 국민의 기본적 의무

▌의의

1. 개념
- 의무란 통치권의 대상으로서의 국민의 지위에서 부담하는 의무 내지 국민이 국가의 통치권에 복종하고 그 강제를 수인하는 것을 말한다. 특히 헌법에 규정된 의무를 의미

2. 연혁
(1) 의무규정의 입법화: 1791년 프랑스헌법
(2) 납세, 국방의무: 18~19세기에 확립
(3) 교육, 근로, 환경의무: 20세기에 확립

▌법적 성격

1. 인간의 의무인지 국민의 의무인지 여부
(1) 인간의 의무설
  1) 고전적 의무: 국민의 의무
  2) 현대적 의무: 인간의 의무
(2) 국민의 의무설
- 헌법과 법률에서 의무로 규정된 것만이 국민의 의무

2. 전국가적 의무인지 실정법상의 의무인지 여부
(1) 전국가적 의무
- 무제한의 의무를 의미
- 법치국가의 원리에 위반

(2) 실정법상 의무(다수설)

- 국가공동체를 형성, 유지하기 위한 국민의 실정법상 의무

▌기본적 구조

1. 헌법이론적 의무

- 헌법상 명문규정은 없지만 민주주의 원리상 당연히 인정되는 의무
- 조국에의 충성의무, 헌법준수의무, 헌법옹호의무, 민주적 기본질서 존중의무

2. 헌법상 의무

(1) 근대적, 고전적 의무

- 국가의 유지를 목적으로 하는 의무
- 납세의무, 국방의무
- 특징: 국가권력의 남용억제, 국가권력의 발동제한(소극적, 방어적 성격)

(2) 현대적 새로운 의무

- 사회적 환경변화에 따라 새로이 관심의 대상이 되기 시작한 의무
- 교육의무, 근로의무, 환경보전의무, 재산권 행사의 공공복리적합의무
- 특징: 권리와 의무가 혼합된 형태

※ 헌법상 4대 국민의무: 납세, 국방, 교육, 근로의무

IX. 납세의 의무

▌의의

- 일반적으로 국가활동의 재정적 기초를 조세라 하며, 납세의 의무란 국가 또는 지방자치단체가 반대급부 없이 일방적, 직접적으로 부과하는 경제적 부담을 지는 의무를 의미

▌법적 성격

1. 소극적, 방어적 성격

- 국민의 재산권 보호를 위하여 국가권력을 제한

2. 적극적, 구성적 성격

- 국가의 존립과 활동의 경제적 비용을 주권자인 국민이 부담

▌주체

1. 국민(자연인 + 법인)

2. 외국인

- 국내에 재산이 있거나 과세대상이 되는 행위를 한 경우 인정
- 치외법권자, 조약에 특별한 규정이 있는 경우 제외

▌내용

1. 조세의 개념

- 반대급부 없이 국가가 부과하는 일체의 강제적, 일방적인 경제적 부담

헌재 1991. 11. 25. 91헌가6 조세는 국가재정수입의 주원천으로서 국가 또는 지방자치단체 등 공권력의 주체가 그 과세권에 의하여 재정조달의 목적으로 반대급부 없이 일반국민으로부터 강제적으로 부과, 징수하는 과징금을 말한다.

- 헌법전문, 헌법 제1조, 제10조, 제11조 제1항, 제38조, 제59조가 그 근거이며, 국세기본법 제18조 제1항, 제19조 등은 조세의 합형평성의 원칙을 재확인하고 있음

2. 과세의 원칙

 (1) 조세공평주의 = 헌법 제11조
 (2) 조세법률주의 = 헌법 제59조
  1) 과세요건법정주의
  2) 과세요건명확주의

X. 국방의 의무

▌의의

- 국방의 의무란 적극적으로는 외적의 침입으로부터 국토를 방위하여 국가의 존

립을 유지하는 의무
- 소극적으로는 신체의 자유에 대한 중대한 제한이라는 점에서 법률에 의하지 않고는 국방의 의무를 부과할 수 없다는 의미를 가짐
- 이는 국가의 독립유지, 영토의 완전성 보장을 목적과 외적의 침략행위에 대한 국토방위의 의무라는 이중적 의미를 지님

대법원 1995. 2. 28. 94누7713 병역의무는 국가수호를 위해 전국민에게 과하여진 헌법상의 의무로서 그 의무를 부과함에 있어서는 형평성을 유지하여야 함은 물론 그 면탈을 방지하도록 하여야 할 공익적 필요성이 매우 크다.

헌재 1999. 12. 23. 98헌마363 헌법 제39조 제1항에 규정된 국방의 의무는 외부 적대세력의 직간접적인 침략행위로부터 국가의 독립을 유지하고 영토를 보전하기 위한 의무로서 헌법에서 이러한 국방의 의무를 국민에게 부과하고 있는 이상 병역법에 따라 군복무를 하는 것은 국민이 마땅히 하여야 할 이른바 신성한 의무를 다하는 것일 뿐, 국가나 공익목적을 위하여 개인이 특별한 희생을 하는 것이라고 할 수 없다.

▌법적 성격

1. 소극적 성격
- 국가의 자의적 징집으로부터 국민의 신체의 자유보장

2. 적극적 성격
- 주권자인 국민이 국가의 보존, 방위 담당

3. 일신전속적 성격
- 타인에 의한 대체적 이행 불가능

▌주체

1. 국방의 의무
- 원칙적으로 자국민

대법원 1996. 8. 23. 95누18185 병역면제부결처분취소등 구 병역법 제24조 제2항 규정의 취지는 일본국 등 국외에서 대한민국 국적으로 영주권을 얻은 자에 대하여는 당연히 병역을 면제한다는 뜻으로 해석할 것이고, 같은법 시행령 제44조 및 같은법 시행규칙 제53조

에 의한 본적지 지방병무청장의 병역면제처분 규정은 구 병역법 제24조 제2항에 의하여 병역이 면제된 자에 대한 단순한 사후 정리절차를 규정한 것에 불과하다고 할 것이다(대법원 1974. 8. 20. 선고 73누248 판결 참조).

헌재 2010. 12. 28. 2008헌마527 병역의무를 이중으로 부과할 경우 그 의무의 이행과정에서 청구인의 신체의 자유, 거주·이전의 자유, 직업의 자유 등 수많은 기본권이 제한된다는 점을 감안하면, 이미 공익근무요원으로 실역의 병역의무를 이행한 자에게 재차 현역병으로 복무할 수 있는 기회를 주지 않음으로써 아직 병역의무를 이행하지 아니한 자와 달리 취급한다 하더라도, 이를 들어 헌법 제39조 제2항의 병역의무의 이행으로 인하여 불이익한 처우를 받는 경우에 해당한다 할 수도 없다.

2. 방위의 의무

- 병역법 제2조에 따라 남자인 국민

▌내용

1. 국방의 의무의 범위

(1) 협의설: 병역제공의무

(2) 광의설: 병역제공 + 방공, 방첩, 전시근로동원 등 국방에 필요한 모든 의무(다수설)

2. 국방의 의무의 법률주의

헌재 1995. 12. 28. 91헌마80 전투경찰대설치법등에대한헌법소원 전투경찰순경으로서 대간첩작전을 수행하는 것도 넓은 의미에서 헌법 제39조 소정의 국방의 의무를 수행하는 것으로 볼 수 있는 점, 현역병으로 입영한 사람의 배치 및 임무부여의 문제나 대간첩작전을 수행하는 자의 소속 및 신분의 문제는 입법자가 합목적적으로 정할 사항인 점, 청구인이 성별, 종교 또는 사회적 신분 등에 의하여 자의적으로 차별대우를 받은 것이라 할 수 없는 점 등을 종합하면, 이 사건 법률조항들이 청구인의 신분을 군인에서 경찰공무원으로 전환할 수 있게 한 것을 가지고 청구인의 행복추구권, 양심의 사유 및 평등권을 침해하는 것이라고 할 수 없고, 또한 병역의무의 이행을 원인으로 하여 행하여진 불이익한 처우라고 볼 수 없어 헌법 제39조 제2항에 위반된다고도 할 수 없다. 또한 전투경찰의 임무인 대간첩작전은 경찰의 본래의 임무와도 관련되고 특히 전투경찰대의 임무에는 대간첩작전의 수행뿐 아니라 치안업무의 보조도 포함되고 있는 점, 불법한 집회 및 시위의 진압은 경찰의 기본 임무로서 법률에 근거한 적법한 행위이고, 경찰관은 누구나 돌발사태의 진압 또는 공공질서가 교란되었거나 교란될 우려가 현저히 지역의 경비를 위하여 파견되거나 경찰기동대로 편성될 수 있는 점, 시위진압방식은 시위진압을 지휘하는 자의 재량으로 결정될 사항인 점, 이 사건 진압명령이 합리적인 이유 없이 청구인을 차별하여 시위진압임무에 투입하는 것이라고 볼 수 없을 뿐 아니라, 병역의무의 이행을 위하여 발하여지는 명령에 불과한 것이지 병역의무의 이행을 원인으로 하여 행하여진 불이익한 처우라고 볼 수 없는 점 …

- 병역법, 예비군법, 민방위기본법, 전시근로동원법 등

3. 병역의무의 이행으로 인한 불이익처우금지(제39조 제2항)

- 병역의무이행으로 인한 불이익 금지
- 국민개병제의 확립과 군복무의식의 고취

XI. 교육을 받게 할 의무

▌의의

- 이는 친권자나 후견인이 보호하는 자녀에게 적어도 초등교육과 법률이 정하는 교육을 받게 할 의무

▌법적 성격

- 윤리적 의무설과 법적 의무설(다수설) 대립

▌주체

- 학령아동의 친권자 또는 후견인

XII. 근로의 의무

▌의의

1. 개념

- 근로의 의무란 국민이 노동(육체적 노동＋정신적 노동)을 통하여 국가의 부를

증식시키는 데 기여할 의무를 의미

2. 입법례

- 프랑스 제4공화국 헌법에서 최초 등장

▌법적 성격

1. 법적 의무설

- 국가가 공공필요에 의해 근로할 것을 명하는 경우 이에 복종할 의무

2. 윤리적 의무설(다수설)

- 근로능력 있는 자가 근로를 하지 않는 것에 대해 가해지는 윤리적, 도의적 비난
- 근로의 의무의 내용과 조건을 법률로 정한 때에만 법적 의무

▌주체

1. 국민(자연인)

2. 법인, 외국인의 주체가 될 수 없음

▌내용

- 법률로써 내용과 조건을 민주주의의 원칙에 따라 규정

XⅢ. 환경보전의 의무

▌헌법규정

- "국가와 국민은 환경보전을 위하여 노력하여야 한다."(헌법 제35조 제1항 후단)

▌법적 성격

1. 윤리적, 도덕적 의무설

- " …노력하여야 한다"는 헌법규정에 근거

2. 법적 의무설(다수설)

- 환경권에 대응하는 불가결한 의무(권리 대응적 의무)

▌주체

1. 인류의 의무
   - 국민, 외국인, 무국적자 포함
2. 법인: 의무의 주체에는 포함되나 권리의 주체에서는 제외

▌내용

1. 환경을 오염시키지 않을 의무
2. 공해방지시설을 할 의무
3. 주택개발정책을 수립하여 쾌적한 주거환경을 조성할 의무

XIV. 재산권 행사의 공공복리적합의무

▌헌법규정

- "재산권의 행사는 공공복리에 적합하도록 하여야 한다."(헌법 제23조 제2항)

▌법적 성격

1. 윤리적 의무설(재산권제한설)
   - 재산권 행사의 내용을 이루는 단순한 윤리적 의무
2. 법적 의무설(재산권행사의무설, 다수설)
   - 재산권에의 사회적 제약성 내포를 근거
   - 헌법적 의무이며 법률로 강제 가능
3. 헌법원리설
   - 재산권에 당연히 수반되는 재산권의 내재적 제약을 명문화한 것

▌내용

1. 토지를 적극적으로 이용, 개발할 의무
2. 재산권을 남용하지 않을 의무

통치구조 서설

Ⅰ. 통치구조의 근본이념

▌기본권기속성

1. 통치구조: 국민의 자유와 평등을 실현하기 위한 제도적 장치
2. 기능: 기본권 실현을 위한 수단, 기본권에 봉사하는 기능
3. 제도적 장치
   - 헌법 제10조 후단: 국가의 기본권 보장 의무
   - 법치행정의 원리
   - 입법작용의 한계 명시
   - 대통령의 국가긴급권 행사에 대한 통제
   - 법률에 대한 위헌심판제도
   - 명령, 규칙, 처분에 대한 위헌위법심사제도

▌통치권의 민주적 정당성

1. 국민의 동의에 바탕을 둔 통치권의 창설과 권한행사
2. 민주적 정당성 확보제도
   1) 상시적 제도: 정당제도, 언론·출판·집회·결사의 자유, 청원권
   2) 주기적 제도: 선거제도, 국민투표제도
   3) 국회를 통한 간접적 확보제도
   - 임명동의권; 국무총리, 감사원장, 대법원장, 헌법재판소장
   - 국회선출권: 중앙선거관리위원회 위원, 헌법재판소 재판관

▌절차적 정당성

1. 목적: 통치권 행사의 남용, 악용방지

2. 통치권 행사의 방법과 과정상의 정당성 부여를 위한 통치수단의 제도화
3. 통치권의 기본권기속성의 실효성을 확보하기 위한 불가결한 수단
4. 제도적 장치
  - 국가기관 상호간의 견제
  - 헌법기관의 차등임기제
  - 여당과 야당 간의 권력통제
  - 중앙정부와 지방자치단체 간의 기능적 권력통제
  - 선거관리조직을 통한 권력통제
  - 헌법재판을 통한 권력통제

Ⅱ. 통치구조론의 내용

▎통치구조의 구성원리

  - 국민주권, 대의제, 권력분립, 법치주의, 책임정치

▎통치구조의 형태

  - 정부형태

전제주의	전제주의, 권위주의
입헌주의	직접민주제, 의원내각제, 대통령제, 집정부제, 이원정부제

  - 권력분립의 원리 적용 정도

▎통치구조의 기능적 측면

  - 국가기관의 기능
  - 권력작용의 의미와 범위

▎통치기구

  - 개별 국가기관(=헌법기관)의 구체적 내용

통치구조의 구성원리

Ⅰ. 국민주권의 원리

▌개념

- 국민: 국가적 의사의 전반적, 최종적 결정권자,
  모든 국가권력의 정당성의 근거

▌국민주권의 원리를 구현하는 방법

1. 간접민주제
   - 인격이 의제된 전체로서의 국민
   - 대의제의 원리, 국민과 대표자와의 관계는 무기속위임관계
   - 권력분립의 원리가 필수적 전제
2. 직접민주제
   - 유권적 시민의 총체
   - 개개 국민이 주권의 보유자, 주권의 대행 시 국민과 대표자의 관계는 기속위임 관계
   - 권력집중

Ⅱ. 대의제의 원리(=국민대표주의)

▌개념

- 주권자가 간접적으로 정치에 참여하는 기관구성 및 의사결정의 원리
- 간접민주주의, 대의제민주주의, 의회민주주의의 세 개념을 포괄하는 가장 넓은 개념

▌연혁

1. 영국
- 대의제의 발상지: 영국의회 주축
- Burke의 대의제 이론으로 확립

2. 프랑스
- 대의제 원리 전파의 중심국
- 주권은 국민에게, 행사권한은 의회가 보유(시에예스의 이론)
- 1791년 프랑스 헌법 국민대표개념을 바탕으로 한 최초의 입헌주의헌법 확립

3. 독일
- 바이마르헌법(1919)에서 최초로 수용
- 본기본법에서 대의제의 원리 확립

▌대의제의 본질과 기능

1. 본질
- 기관구성권과 의사(정책)결정권의 분리
- 의사(정책)결정권의 무기속위임

2. 기능
1) 책임정치의 실현
2) 민주적 선거제도의 정착, 권력분립제도의 실효성 부여
3) 엘리트에 의한 전문정치
4) 제한정치, 공개정치
5) 사회적 통합기능
6) 대의기능
7) 합의기능

▌대의제의 법적 성격

1. 법정대표설(옐리네크)
- 의회가 국민의 의사를 대표하는 제2차적 국가기관

▪ 선임관계와 대표관계를 혼동하는 단점

2. 헌법적 대표설(김철수, 문홍주)

▪ 헌법 제1조 제2항에 근거하는 것

▪ 국민의 대표자에 반드시 의회만 포함되는 것은 아니라는 단점

3. 정치적 대표설(권영성)

▪ 국민전체의 이익을 위해 행동할 정치적, 도의적 의무부담

▪ 국민의 의사를 국정운영에 반영하는 데 정치적 대표에 한정(명령적 위임관계 아님)

▌ 현대형 대의제

1. 변용요소: 정당제민주주의와 직접민주주의의 가미
2. 무기속위임의 기속위임적 성격으로 변질(준대의제, 반대표제, 현대형대의제)
3. 원인: ① 공개적 토론의 소외현상, ② 엘리트정치의 타락, ③ 대표기관의 대표성 약화, ④ 대중사회화, ⑤ 이익집단과 압력집단의 등장, ⑥ 국민의 직접적 참정의욕 증대

▌ 현대형 대의제의 실현형태

1. 대의제와 정당제민주주의의 조화

▪ 정당국가화로 인한 선거의 성격변모(정당에 대한 신임투표)

▪ 국회의원의 정당귀속성과 자유위임의 조화점 모색

긍정적 측면	부정적 측면
국민자치의 원칙 구현 대의기관의 부패와 무능력 보완 국가기관의 충돌시 해결기능수행	다수결의 불합리 선동과 여론조작으로 인한 독재수단의 전락가능성 기권율이 높은 경우 투표결과의 회의성

2. 직접민주제적 요소의 가미(= 보완책)

1) 내용

▪ 국민표결제: 레퍼랜덤(협의의 국민표결), 플레비지트(국민결정)

▪ 국민발안제: 헌법개정안(제130조), 법률안

▪ 국민소환제: 임기만료 전 공직자 해직

▌한국헌법과 대의제의 원리

1. 대의제의 원칙: 제40조, 제41조, 제66조 제4항, 제67조
2. 국민의 권리: 선거권(제24조), 공무담임권(제25조)
3. 정당국가적 요소: 복수정당제, 정당관련규정(제41조 제3항, 제89조, 제111조
   제5항, 제116조 제2항)
4. 직접민주주의 요소
   1) 대통령직선제
   2) 중요정책의 국민투표
   3) 헌법개정안에 대한 국민투표

헌재 1991. 3. 11. 91헌마21 오늘날 입헌민주국가에서는 대의제도에 의한 통치가 불가피한 것으로 선거야말로 국민의 의사를 체계적으로 결집하고 수렴하고 구체화하는 방법으로 국민의 정치적 의사를 형성하는 가장 합리적인 절차이며, 통치권의 정통성과 정당성을 담보하는 핵심이며 생명이다.

Ⅲ. 권력분립의 원리

▌개념

- 국가작용을 각기 다른 기관에 담당시켜 기관상호간의 견제와 균형을 통하여 국민의 자유와 권리를 보호하려는 자유민주적 통치기구의 구성원리

▌본질

1. 회의적, 비판적 인간관: 권력담당자에 대한 불신
2. 자유주의적 원리: 개인의 자유와 권리를 확보하기 위한 제도적 장치
3. 소극적 원리: 권력분배로 인한 마찰을 이용 권력남용 방지
4. 중립적 원리: 국가권력의 절대성 부인, 권력 자체의 순화와 중화
5. 권력균형의 원리: 정치집단간의 세력균형 유지

▌권력분립론의 발전과정

1. 로크의 2권분립론
- 입법권과 집행권(협의의 집행권＋동맹권), 입법권의 우위 주장
- 사법권에 관해서는 언급하지 않음
- 영국의 의원내각제의 이론적 기초 제공

2. 몽테스키외의 3권분립론
- 입법권, 행정권, 사법권으로 분립 주장
- 삼권을 동등하게 분립시키며, 특히 사법권의 독립 강조
- 시민적 법치국가원리의 기초 제공
- 엄격한 삼권분립에 기초한 미국대통령제의 기초 제공

▌권력분립의 헌법제도화

1. 영국
- 국가권력을 국왕, 의회, 내각, 법원으로 분립
- 국왕: 입법부의 중심, 내각의 수장(통치하지 않고 군림만)
- 입법권: 귀족원(상원), 평민원(하원)
- 집행권: 의회다수당이 구성하는 내각
- 사법권: 법원

2. 미국
- 미연방헌법(1787) 몽테스키외의 엄격한 삼권분립 채택
- 입법권: 상원(국민직선), 하원(국민직선)
- 집행권: 대통령선거인단에 의해 선출되는 대통령, 부통령
- 사법권: 연방대법원, 연방하급법원

3. 프랑스
- 현재 집행부 우위의 형태 채택
- 입법권: 국민의회(국민직선), 원로원
- 집행권: 대통령 담당, 수상이 정책집행
- 사법권: 헌법평의회, 법원

4. 독일

- 본기본법(1949)에서 권력분립의 원리채택
- 입법권: 연방의회(국민), 연방참사원(Land대표자)
- 집행권: 연방대통령, 연방수상 및 연방장관
- 사법권: 연방헌법재판소, 연방법원, Land법원

▌권력분립제의 유형

1. 입법부와 행정부와의 관계

1) 엄격분립: 양부간의 간섭금지(미국, 필리핀, 1871·1784 프랑스헌법)

2) 균형형: 양부가 분립되나 협력관계 유지(의원내각제국가)

3) 입법우위: 입법부가 행정권까지 행사(의회정부제, 국민공회제)

4) 행정우위: 국가원수에게 입법권, 행정권 귀속(제한군주제, 신대통령제국가)

2. 입법부와 사법부와의 관계

1) 입법우위: 위헌법률심사제 부인(영국)

2) 사법우위: 헌법재판소제도 + 추상적 규범통제 인정(오스트리아, 독일, 이탈리아)

3) 균형형: 구체적 규범통제 인정(미국)

▌권력분립제의 위기원인

권영성 교수	김철수 교수	허 영 교수
– 정당정치확립 – 복지국가의 요청 – 위헌법률심사제 강화 – 국가적 비상사태의 항구화 – 현대적 독재로부터의 도전 – 행정입법, 처분적 법률의 증대	– 정당국가 출현 – 적극국가의 요청 – 위헌법률심사제 – 민주주의 원리의 도전	– 정당국가의 발달 – 급부국가적 기능 확대 – 자유주의적 평등사회 실현 – 사회적 이익집단의 영향 증대 – 헌법관의 변화

▌권력분립의 현대적 변용과 수정이론 등장

1. 현대적 변용

1) 국가권력의 통일성 요청

2) 입법부와 행정부 간의 권력융화경향

3) 고전적 권력분립론의 재구성 필요성 제기

2. 뢰벤슈타인의 동태적 권력분립론

1) 정책결정권

- 정치적 기본결단이나 정책결정권한
- 국민, 국회, 정부 등의 합동작업 필요

2) 정책집행권

- 결정된 정책의 집행권한, 행정과 사법은 법률의 집행으로 구별필요성 부인

3) 정책통제권

- 권력분립에서 가장 중요한 기능
- 국회와 정부의 견제와 균형, 위헌법률심사권, 대통령법률안 거부권 등

3. 케기(Kägi)의 포괄적 권력분립론 = 다원주의 입장에서 권력의 분립과 통합주장

1) 헌법제정, 개정권과 일반입법권의 이원화

2) 입법부의 양원화, 집행부 내부의 권력분립

3) 국가기능담당자의 임기제한

4) 복수정당제의 확립과 여야간의 대립

5) 자연인의 권력과 국가권력의 분화

6) 수직적 권력분립

7) 국가와 교회 이원화

8) 민간권력과 군사권력의 분리 등

4. 뒤베르제의 4권분립

① 법규범제정권, ② 집행권, ③ 결정에 앞선 자문권, ④ 결정 후의 통제권

▌한국헌법과 권력분립의 원리

제1공화국 헌법	2원적 요소(대통령제＋의원내각제)를 포함한 행정부우위형
제2공화국 헌법	내각책임제로서 균형형
제3공화국 헌법	비교적 전형적인 미국식대통령제로 행정부우위형
제4공화국 헌법	대통령이 3권에 우월한 영도적 권력집중제로서 행정부절대우위형
제5공화국 헌법	권력분산형 대통령제에 입각한 행정부절대적 우위형
제6공화국 헌법	비교적 전형적인 대통령제

1. 현행 헌법상 권력분립제

1) 권력의 분할
- 수평적 분할(입법, 사법, 행정)
- 수직적 분할(중앙정부와 지방자치단체, 행정부 내부의 권력분산, 헌법기관의 임기제한)

2) 억제와 균형
- 기구 구성적 측면
- 기능적 측면
- 제도적 측면

3) 공화와 협조
- 집행부, 입법부, 사법부, 헌법재판소 상호간의 공화와 협조

4) 권력의 통제
- 국회의 대정부, 대사법부 통제권
- 대통령의 통제권(법률안거부권, 중요정책의 국민투표회부)
- 법원의 통제권(명령, 규칙, 처분의 위헌 위법심사권)
- 헌법재판소의 통제권(위헌법률심판, 권한쟁의심판, 탄핵심판, 정당해산심판, 헌법소원심판)

정부형태 서설

Ⅰ. 정부형태

▌개념

1. 권력분립의 원리의 조직적, 구조적 적용형태
   1) 광의: 국가기관 간의 권력분배, 권력행사방법 등 국가권력의 구조
   2) 협의: 입법부와 행정부 상호간의 관계
   3) 최협의: 행정부의 조직 및 작용의 형태
2. 정부형태의 선택: 주권자인 국민이 최종 결정

▌분류

1. 전통적 분류방법: 대통령제, 의원내각제, 의회정부제(회의제)

권영성 교수		김철수 교수		허 영 교수	
권력통합형	권력분립형	권력집중형	권력분립형	입헌주의형	다원주의형
전체주의, 전제주의	대통령제, 의원내각제, 이원집정부제, 제3세계	전제주의 (전체 + 권위)	직접민주제, 대통령제, 의원내각제, 집정부제	대통령제, 의원내각제	뢰벤슈타인의 다원적 분류

Ⅱ. 대통령제(大統領制)

▌개념

- 대통령이 의회로부터 독립하여 독자적으로 국정을 운영하는 정부형태
- 영국 의원내각제의 단점 극복을 위한 대안으로 탄생된 독창적 정부형태

▌구조적 원리

1. 대통령의 직선제와 임기제
2. 집행부의 1원적 구조 = 국가원수 및 집행부 수반으로서의 대통령 지위
3. 대통령과 의회의 상호독립성
    1) 성립상 독립(대통령은 국민직선)과 존속상 독립(정부불신임권과 국회해산권 부존재)
    2) 기능상 독립
    ▪ 정부각료의 국회의원겸직 금지
    ▪ 국회출석발언권 부인
    ▪ 행정부의 법률안제출권 부인
    ▪ 대통령의 법률안거부권 인정
4. 집행부, 입법부의 상호억제와 균형
    1) 대통령: 정치적 무책임성, 법률안거부권
    2) 의회: 입법권 독점, 집행부 공무원에 대한 임명동의, 국정감사, 탄핵

▌대통령제의 유형

1. 미국형 대통령제
    1) 엄격한 권력분립에 입각
    2) 해밀튼형: 집행부가 의회보다 우위(비상사태극복, 급속한 경제개발 필요)
    3) 매디슨형: 의회가 집행부보다 우위(평상시, 무능한 대통령 재직 시)
    4) 제퍼슨형: 집행부와 의회가 동등(다수 지배, 책임정치원리의 이상적 구현)
2. 대통령주의제
    ▪ 대통령제에 의원내각제적 요소를 가미한 형태: 권력의 협동달성
    ▪ 대통령의 국민직선, 우월적 지위 인정
    ▪ 체제변화에 따른 사회적·경제적 불안요소의 극복목적
3. 신대통령제
    1) 권력의 분립이 불충분, 권력통제장치가 미비한 대통령제
    2) 권력의 인격화, 권력분립의 명목화, 권위주의의 정부형태, 사법부의 종속성
    3) 사이비 민주주의의 정부형태

4. 반대통령제

1) 공화제에 전제군주국의 기능을 도입한 대통령제(폰 바이메)

2) 의원내각제적 요소 > 대통령제적 요소, 대통령의 의회해산 가능(뒤베르제)

3) 국가원수가 간접선거

▌대통령제의 기능

순기능	역기능
– 임기 중 정국안정: 정책계속성확보, 행정부 안정 – 국회의 경솔 및 횡포 방지(법률안거부권) – 대통령의 강력한 통치로 국민적 통합 달성 – 견제와 균형의 원리에 의한 독재 폐단 방지	– 대통령 독재의 위험성 – 집행부와 의회 대립 시 해결 곤란 – 책임정치의 실현 곤란 – 쿠데타의 발생가능성: 정권교체 불가능시

▌대통령제의 전제조건(미국의 성공이유)

1. 연방제의 채택: 연방정부와 주정부 간의 견제와 균형(수직적 권력분립)

2. 선거의 공정성, 정권의 평화적 교체 가능

3. 정당의 지방분권적 구조와 약한 당 규율

4. 사법심사제의 확립: 대통령과 의회를 법적으로 통제

5. 언론의 자유보장으로 언론기관의 통제기능 활발

Ⅲ. 의원내각제(議院內閣制)

▌개념

1. 국정운영: 의회에 의해 구성되고 의회에 대해 책임을 지는 내각

2. 행정부의 이원적 구성: 대통령(또는 군주)과 내각

3. 영국의 정치적 발전과정에서 국왕과 의회의 투쟁과정에서 성립

▌구조적 원리

1. 집행부의 이원구조

1) 대통령(또는 군주) vs. 내각

  2) 명목상 국가원수 vs. 집행에 관한 실질적 권한(수상, 총리)

2. 내각의 성립과 존속의 의회에의 의존

- 의회 다수파에 의해 내각 구성

3. 권력적 균형

  1) 의회의 내각불신임제 vs. 내각의 의회해산제

  2) 부진정의원내각제: 내각의 의회해산권 부재 또는 유명무실

4. 입법부와 집행부간 공화와 협조

  1) 정부각료와 의원의 겸직 허용

  2) 정부각료의 국회출석, 발언권 인정

  3) 집행부의 법률안제출권 인정

▌의원내각제의 유형

1. 입법부 우위의 의원내각제

- 고전적 의원내각제
- 프랑스 3·4공화국헌법이 해당
- 행정권이 대통령과 내각에 분배되는 이원적 구성
- 정부의 의회해산권 폐지
- 제국주의 전제정치에서 벗어난 신생국가에서 많이 채택

2. 집행부 우위의 의원내각제

- 독일 본기본법, 영국, 영연방국가, 일본(다당제), 이스라엘(다당제) 등
- 독일연방수상은 연방의회가 후임자를 선출하여야만 해임(건설적 불신임제)
- 영국의 경우 전통적인 양당제도, 다수대표제, 의원의 소속정당 기속, 다수당의 수장이 수상이 되는 등의 제도가 뒷받침되어 가능

▌의원내각제의 기능

순기능(장점)	역기능(단점)
여론정치 실현 가능(국민→의회→내각) 책임정치 구현 가능 의회신임을 전제로 한 효율적 국정운영 가능 의회와 내각대립시 신속해결(국민투표적 성격) 국가원수의 중재역할	군소정당 난립시 국정불안정 강력하고 계속적인 정치 곤란 다수결의 폭정 가능성 내재 의회가 정권획득을 위한 정쟁의 장소 전락

▌의원내각제의 전제조건

1. 양당제의 확립과 그 전제조건인 공정한 선거제도 확립
2. 직업공무원제의 확립
3. 고도의 정치의식과 통치기술로 무장된 정치인
4. 언론의 자유 보장 여론형성을 통한 국정감시 및 통제
5. 국민적 동질성 확보

▌대통령제와 의원내각제의 비교

1. 공통점
   1) 역사적 배경: 입헌주의의 완성단계
   2) 이론적 기반: 자유주의, 시민적 민주주의
   3) 헌법적 조건: 의회주의, 법치주의
   4) 제도적 전제: 권력분립, 대의제
2. 차이점
   1) 구성원리: 상호독립의 원리 vs. 상호의존의 원리
   2) 집행부구조: 일원적 구조 vs. 이원적 구조
   3) 정치적 책임추궁: 어려움 vs. 쉬움
   4) 대통령제: 의회의 내각불신임권, 내각의 의회해산권 불인정
3. 구별의 상대화
   1) 원인: 2차대전 후 신생국가들이 양 제도를 혼합하여 정부형태를 구성
   2) 재분류의 노력: 제3유형의 정부형태론 논의

Ⅳ. 이원집행부제(= 二元政府制)

█ 개념

- 의원내각제와 대통령제의 본질적 요소를 결합
- 대통령과 내각이 각기 집행에 관한 실질적 권한을 나누어 가지는 정부형태
- 바이마르공화국헌법 이후 핀란드, 프랑스 5공화국 헌법이 해당

█ 구조적 원리

1. 집행부의 이원적 구조
   1) 집행부 구성: 대통령과 내각
   2) 대통령: 국민직선, 내각수상 — 원내다수당 지도자, 국회 동의하에 지명
2. 집행권한의 분할행사
   1) 대통령: 외교, 국방 등 국가안보에 관한 사항관장, 국가긴급권 보유
   2) 수상: 법률 집행권, 일반 행정사항 관장
3. 기타
   1) 대통령: 수상임면권, 의회해산권 보유
   2) 의회: 내각에 대해서만 불신임결의

█ 이원집행부제의 유형

1. 채택배경
   1) 복수의 정치세력 간의 권력분점(= 권력적 균형유지 목적)
   2) 대통령제와 의원내각제의 장점을 반영한 정부형태의 구성 목적
2. 바이마르헌법상 이원집행부제
   - 대통령(국민직선): 국가긴급권, 국회해산권, 국회의결법률의 국민투표회부, 수상임명
   - 의회: 민선의원 구성, 정부불신임권
3. 프랑스 드골헌법상 이원집행부제
   - 강력한 권한의 대통령제를 중심으로 의원내각제 요소 가미

- 대통령(국민직선): 국회해산권, 비상대권, 수상임명권, 중요법률의 국민투표회부권
- 의회(양원제): 정부불신임권의 제한, 국회의 활동기간 축소

▌이원집행부제의 장단점

장 점	단 점
평상시: 입법부와 행정부의 마찰회피 비상시: 대통령의 강력한 통치 　　　(신속, 안정된 국정처리)	개인적 독재의 위험성 국민주권주의에 불충분 국민여론을 외면할 우려

V. 의회정부제(=회의제)

▌개념

- 모든 국가권력이 회의체(의회)에 집중된 직접민주제적 정부형태
- 권력혼합원리에 따른 정부형태로 민선 의회만이 권력행사
- 루소의 직접민주제에 기초한 가장 민주적이고 공화적인 정부형태

▌구조적 원리

1. 의회: 국가권력구조의 정점 위치, 상시 개회, 선거민에 대해서만 책임부담
2. 의회: 행정부 구성원 선임(의회에 대해 연대책임부담)
3. 국가원수 부존재, 있는 경우에는 명목적, 의례적 존재
4. 의회해산 시 집행부도 퇴진

▌의회정부제의 유형

1. 스위스
   1) 연방의회: 국민회의(200인 이상) + 참의원(44인)
   2) 행정부(연방평의회): 연방의회에서 선출한 7인의 집정관
   3) 연방평의회 의장에게 연방대통령 칭호부여(임기 1년)

2. 전제적회의제(인민회의제)

    1) 스탈린 헌법, 중국, 북한의 정부형태

    2) 연방인민최고회의, 전국인민최고회의, 최고인민회의가 절대적 지배권행사

    3) 행정부는 이에 종속

3. 기타

    1) 프랑스의 국민공회제

    2) 영국의 장기의회에 의한 통치체제

VI. 우리나라 정부형태의 변천과정

▌제1공화국 헌법상 정부형태

- 제헌
  - 미국식 대통령제(정부통령제)에 의원내각제적 요소 가미
- 1차 개정
  - 대통령직선제 및 의원내각제 요소 강화(정부불신임권 국회보유), 변형된 이원정부제
- 2차 개정
  - 대통령제 강화(국무총리 폐지, 부통령제 신설), 의원내각제 요소 약화

▌제2공화국 헌법상 정부형태(1960)

- 고전적 의원내각제 채택

▌제3공화국 헌법상 정부형태(1962)

- 비교적 순수한 대통령제 지향
- 대통령의 국민직선(임기 4년), 집행부의 국회 해산권과 국회의 불신임권 불인정
- 국무총리제 채택

▌제4공화국 헌법상 정부형태(1972) ─ 유신헌법

- 대통령: 국가원수, 집행부 수반의 지위
- 비상대권 보유: 긴급조치권, 국회해산권
- 대통령의 권한행사에 대한 통제와 권력남용방지를 위한 제도적 장치 미비

▌제5공화국 헌법상 정부형태(1980)

- 대통령제를 기본으로 의원내각제적 요소를 가미시킨 정부형태
- 유신헌법에 대한 반동으로 대통령의 권한 약화

▌현행 헌법상 정부형태

1. 대통령제 요소

- 대통령: 국가원수와 행정부 수반으로서의 지위와 권한 보유
- 국민의 보통, 평등, 직접, 비밀선거에 의해 직선
- 재임기간 중 탄핵소추를 제외하고 국회에 대해 정치적 책임을 지지 않음
- 대통령 보좌를 위한 정책심의기관으로 국무회의

2. 의원내각제적 요소

- 국무총리 임명에 대한 국회의 동의
- 국회의 국무총리, 국무위원에 대한 해임건의
- 국무총리, 국무위원, 정부위원의 국회출석발언 가능, 국회에서의 출석답변 요구 가능
- 정부의 법률안제출권 인정
- 의원과 국무위원의 겸직 허용

3. 대통령제에서 볼 수 없는 이질적 제도

- 긴급명령, 긴급재정경제명령 및 처분권한
- 국가안위에 관한 중요정책의 국민투표부의
- 헌법개정안의 발의
- 임시국회의 소집

Ⅰ. 의회주의의 의의

▌ 의회주의의 개념

- 집행부와 권력적 균형을 유지하면서 입법 등 국가정책결정과정에 참여하는 정치원리

- 정치원리이므로 정부형태인 의원내각제, 정당민주주의에 대한 의회민주주의와 대립되는 개념

▌ 의회의 정치적 기능

1. 다양한 의사와 이해관계를 통합, 조정
2. 각계 각층의 욕구를 수렴하여 국가정책결정과정에 반영
3. 정치교육적 기능: 법안 또는 예산심의 과정 공개
4. 집행부활동을 감시, 비판, 통제

▌ 의회주의의 기원과 발전과정

- 고대의 민회제도: 민주정치의 관념
- 중세 등족회의: 대표관념의 탄생   대표민주주의의 정치방식 확립

1. 등족회의(= 삼부회)
   - 중세시대 승려, 귀족, 시민 각 계급의 대표자로 구성된 회의체
   - 대표자: 계급구성원의 지시에 따라 행동, 보고(강제위임)
   - 등족회의 소집은 군주가 하고 군주의 권력행사의 도구역할 담당
   - 과세승인권을 가지고 있어 군주의 권력행사의 견제역할 담당
2. 근대 의회주의
   - 중앙집권적 군주국가 성립 후 등족회의가 소멸하면서 의회제도 등장

- 영국에서 Edmund Burke가 근대의회사상을 고취함으로써 성립
- 미국, 프랑스로 전파되면서 근대의회 성립

구 분	중세등족회의	근대의회
대표자	소속된 신분, 계급의 이익대표	전체 국민의 이익 대표
지 위	봉건적, 신분적 의회	민주적, 국민적 의회
대표선출방법	명령 또는 신분, 계급별 선거	국민에 의한 선거
직무위임방법	강제위임(기속위임)	자유위임(무기속위임)

3. 의회제 민주주의의 확립기(19세기)

- 국민의 대표기관임과 동시에 다른 국가기관을 감시, 비판기능을 가지는 의회주의
- 보통선거제의 실시로 참정인구의 양적 확대
- 주권자인 국민을 대변하는 의회의 중요성이 증대(= 국민주권주의의 확산)

4. 현대의 의회주의(20세기, 의회제 민주주의의 위기기)

- 사회국가, 복지국가, 적극국가화의 요청에 따른 집행권의 확대, 강화
- 정당정치의 확립과 정당의 과두화
- 의회의 구조적 결함과 부패 노정

▌ 의회주의의 기본원리

1. 국민대표의 원리

- 선거를 매개로 주권자인 국민과 대표기관인 의회의 연결

2. 공개, 토론의 원리

1) 의회의 의사결정의 방법
2) 토론과 신이이 공개
3) 이성적 토론: 소수의견의 존중과 반대의견의 설득

3. 다수결의 원리

1) 3인 이상의 집단에서 이루어지는 의사결정의 원리
2) 다수의사에 따르는 것이 합리적이라는 경험적 판단(독단, 전제 배제)
3) 비합리적 횡포를 이성적 토론과 표결로써 순화시키는 제도

4. 정권교체의 원리

1) 소수의견과 다수의견의 교체가능성

2) 의원내각제 → 내각의 교체, 대통령제 → 대통령의 교체

- 둘 이상의 정당 간의 공정한 경쟁

- 국민의 선택에 의한 정권교체

- 평화적, 정통성의 시비 부존재

▌의회주의의 위기와 극복방안

1. 위기원인

1) 국민적 동질성 상실과 계층 간의 갈등: 이해관계의 다원화, 분극화

2) 정당국가화에 따른 합의기능 상실: 의원의 정당에의 기속

3) 행정국가화, 사회국가화에 따른 의회의 기능적 정체

4) 선거의 성격 변질: 인물선거에서 정당이나 그 지도자에 대한 신임투표로

5) 의회의 운영방식과 의사절차의 비효율성

2. 극복방안

1) 사회국가원리, 사회적 시장경제질서의 구현을 통한 대립과 갈등 해소

2) 정당의 조직과 운영의 민주화 및 야당의 기능강화

3) 의회의 전문성 보완을 위한 직능대표제의 제도화

4) 후보자 공천을 위한 민주적 절차의 확립

5) 본회의 중심에서 상임위원회 중심으로 개편

6) 직접민주제의 도입을 통한 결함과 취약점 보완

▌우리나라 헌법과 의회주의

1. 제헌헌법 이래 도입

2. 현대 의회주의 채택

1) 직접민주제의 채택: 국민투표제

2) 정당제도: 복수정당제의 보장

Ⅱ. 의회의 형태

▌ 국가형태

1. 단일국가: 국가권력 집중, 입법권 전속, 의회의 권한 강력
2. 연방국가: 연방과 지방으로 분산, 의회의 권한이 상대적으로 약화

▌ 헌법유형

1. 연성헌법: 단순다수결로 헌법개정 가능하므로 의회의 권한 강력
2. 경성헌법: 가중된 의결정족수나 국민투표로 개정, 의회의 권한 상대적 약화

▌ 정부형태

1. 의원내각제: 의회가 집행부를 구성, 전복 가능
2. 대통령제: 집행부가 의회의 신임과 관계 없이 존속 가능

▌ 우리나라의 경우

- 단일국가, 경성헌법, 대통령제를 채택

Ⅲ. 국회의 헌법상 지위

▌ 국민대표기관으로서의 국회

1. 주권자인 국민을 대표하는 기관
2. 대표의 성질: 정치적 대표설(다수설)
3. 지위변질
   1) 정당정치의 발전으로 정당의 대표기관화
   2) 보완책: 국회입법에 대한 사법심사, 국회의원소환, 국민투표제

▌입법기관으로서의 국회

1. 국회의 본질적이고 전통적 지위
2. 헌법 제40조(입법권은 국회가 가진다): 형식적 의미의 입법권의 국회전속
3. 지위변질
   1) 국회의 통법부화
   ▪ 입법의 전문성, 기술성 증대
   ▪ 정당국가경향: 행정부제출 입법의 증대
   ▪ 상임위원회제도 발달: 실질적 입법기관으로서 기능담당
   2) 타 국가기관에의 실질적 입법권 부여
   ▪ 행정입법권, 각종 규칙제정, 자치입법
4. 존재의의
   ▪ 정책과 입법을 토론함으로써 여론을 반영하고, 입법의 민주적 정당성 부여

▌국정통제기관으로서의 국회

1. 행정부와 사법부의 국정수행을 견제: 국회의 기능 중 그 중요성이 증대되는 지위
2. 행정부 통제
   1) 집행부구성: 대통령간선, 국무총리 및 감사원장의 임명동의권
   2) 입법통제: 법률제정을 통한 통제, 행정부제안법안의 거부(소극적 통제)
   3) 재정작용: 예산심의와 결산심사, 긴급재정경제명령 및 예비비 승인 등
   4) 기타: 탄핵소추, 국정감사 및 조사권, 계엄해제요구, 해임건의권 등
3. 사법부통제
   1) 사법부 구성: 대법(관)원장, 헌법재판소장 임명동의, 재판관 3인 선출
   2) 법관 또는 헌법재판관에 대한 탄핵소추 의결
   3) 법원과 헌법재판소의 예산안 심의 확정권, 국정감사 및 조사권

▌국회의 최고기관성 여부

1. 의원내각제, 의회정부제: 의회가 국가 최고기관으로서의 지위를 가짐
2. 대통령제: 대통령, 의회가 국민에 의해 공선되므로 유일한 국가 최고기관은 아님
3. 우리나라: 대통령제에 입각하고 있으므로 유일한 국가 최고기관은 아님

국회의 구성원리

Ⅰ. 양원제(兩院制)

▌개념

- 독립하여 활동하는 2개의 합의체로 의회 구성
- 두 기관의 일치된 의사만을 의회의 의사로 간주하는 의회제도
- 의회가 두 개의 합의체로 구성되어 권력분립에 의한 입법권 분할의 성격을 지님
- 군주주권에 대한 국민주권의 우위가 주장되면서 상원에서 하원을 제1원으로 하는 양원제로 변모

▌연혁(沿革)

- 영국 Tutor시대에 상원(귀족계급)과 하원(평민계급)이 분리된 데에서 유래
- 영국이 기원으로 역사적 필연에 의해 형성된 결과
- 미국으로 건너가면서 근대 의회제도의 전형이 됨

▌양원제의 유형

1. 하원(下院): 대부분 국민의 직선으로 구성
   1) 연방형(미국, 독일)
   - 국민대표기관인 하원, 연방을 구성하고 주(州)를 대표하는 상원
   2) 비민선형
   - 귀족원형; 영국 이외에는 폐지
   - 임명형: 전부 또는 일부를 국가원수나 정부임명(1949 독일기본법)
   3) 민선형
   - 국민의 직선(美, 日) 또는 간선(프, 오스트리아, 스웨덴)으로 상원의원 선출
   4) 직능대표형

- 바이에른 주헌법(1946), 아일랜드헌법(1937), 직능단체별 상원의원 선출

2. 상원(上院)

- 나라마다 선출방법(간선, 임명, 세습, 선거 등), 권한, 직무의 양상 및 조건이 상이
- 미국의 경우를 제외하고 양원과의 관계에서 하원에 대하여 열위적인 지위(민주적 정당성의 차에서 오는 결과)
- 상·하원은 동시에 개·폐회되는 것이 원칙

▌양원제의 채택이유

1. 사회 내 계급조직 반영
2. 입법부 내의 견제와 균형의 원리 반영
3. 군주국가, 연방국가의 특수한 정치상황에의 적응

구 분	영 국	미 국	프랑스	독 일	일 본
상 원	귀족원 종신제의 귀족	상 원 각 주에서 선출	원로원 지방자치단체 대표	연방참의원 각주의 정부각료	참의원
하 원	서민원(평민원)	하 원	국민의회	연방의회	중의원

▌양원제에서 양원의 관계

1. 양원의 기본관계

1) 조직독립의 원칙
- 양원의 의원자격, 임기, 선거방법의 구별(양원구성원 겸직 금지)
2) 의결독립의 원칙
- 양원의 의사진행의 독립성 보장, 양원의 교섭은 원칙적으로 서면방식
3) 동시활동의 원칙
- 양원은 동시에 개회, 폐회하고, 하원해산 시에는 상원은 폐회

2. 양원의 구성관계

- 선거방법, 선거구, 피선자격, 임기 등 차별(조직의 특수성과 기능상 차이 유지)

3. 양원의 권한관계

- 연방국가이며 대통령제인 경우: 양원의 권한을 대등하게 유지(권력균형)
- 의원내각제: 하원의 권한의 우월성 인정(권력의 합리화)

▌양원제의 기능

순기능(장점)	역기능(단점)
의안심의 시 신중 정부와 충돌 시 양원 중 하나가 조정기능 수행 의회 내 권력분산으로 다수당 전제, 횡포 견제 상원이 소수자 또는 특수이익 보호기능	의안심의가 중복되어 비효율적 양원의 책임전가로 책임소재 불분명 의회권한 분산으로 대정부지위의 상대적 약화 상원이 무용지물이 되거나 보수화되는 폐단

Ⅱ. 단원제(單院制)

▌개념

- 민선의원으로 구성되는 하나의 합의체로 이루어지는 의회제도
- 이론적 기초: 시에예스의 대의민주주의이론, 루소의 인민주권론
- 1791년 프랑스 헌법에서 최초 채택, 신생국가·인구가 적거나 정치적 안정을 유지하고 있는 국가들이 채택
- 스웨덴, 노르웨이, 핀란드, 뉴질랜드, 한국 등

▌제도적 의의

- 동일 사항에 국민의 총의가 두 개일 수 없다는 점
- 대정부 견제기능의 활성화
- 신속한 국정처리를 통한 정치적 안정

Ⅲ. 우리 헌법상 국회의 구성

▌역대 헌법상 국회의 구성

구 분	제 헌	1차개헌	2공화국	3공화국	4공화국	5공화국
구성원리	단원제	양원제		단원제		
구 성		민의원＋참의원		지역＋전국	지역＋간선	지역＋전국

▌현행 헌법상 국회의 구성

1. 구성: 단원제(직선의원 + 전국구의원) 국회
2. 정수: 헌법 제41조(200인 이상), 공직선거법 제21조(300인)
3. 선거권: 선거일 현재 만 20세 이상의 국민(결격사유자, 선거인명부미등재자 제외)
4. 피선거권: 선거일 현재 만 25세 이상의 국민으로 결격사유 없는 자
   ▪ 공직선거법 제47조~제48조(정당추천 또는 선거구내 300인 이상 500인 이하의 추천)
   ▪ 공직선거법 제56조(국회의원 후보 등록신청 시 1,500만원 기탁)

Ⅳ. 국회의 기관

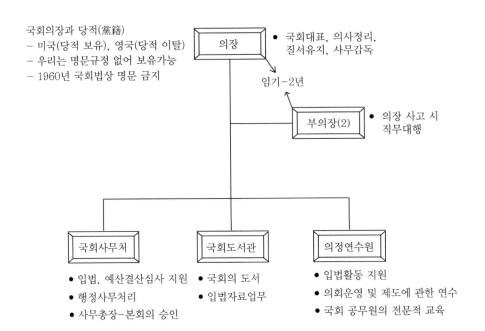

국회의장과 당적(黨籍)
- 미국(당적 보유), 영국(당적 이탈)
- 우리는 명문규정 없어 보유가능
- 1960년 국회법상 명문 금지

의장 → ● 국회대표, 의사정리, 질서유지, 사무감독

임기-2년

부의장(2) ● 의장 사고 시 직무대행

국회사무처
- 입법, 예산결산심사 지원
- 행정사무처리
- 사무총장-본회의 승인

국회도서관
- 국회의 도서
- 입법자료업무

의정연수원
- 입법활동 지원
- 의회운영 및 제도에 관한 연수
- 국회 공무원의 전문적 교육

Ⅴ. 위원회(委員會)

▋ 개념

- 전문지식을 갖춘 소수의 의원들이 의안을 예비심사, 검토하여 본회의 상정 여부를 결정
- 소의회제도

▋ 위원회의 기능

순기능(장점)	역기능(단점)
의안심의시 시간절약 의사운영의 능률적 처리 가능 의원의 전문적 지식을 활용, 국회 전문화 국회의 기능 확대	이익(압력)단체의 로비활동의 통로 행정부의 출장소전락: 대정부견제기능 약화 의안의 개별적 심의로 전체적인 통일, 조정 미약 위원회활동의 정당통제력 강화로 의사반영 곤란 당파적 대립이 있으면 입법기능 마비

▋ 상임위원회

1. 소관사항에 관한 입법 기타 의안심의를 위해 상설적으로 설치된 위원회
2. 구성
   1) 국회규칙이 정하는 수의 상임위원으로 구성(국회의장은 제외, 정보위만 12인)
   2) 현재 상임위원회의 수는 17개(국회법 제37조)(2018.7.17. 개정)
   3) 임기: 2년이며, 보임 또는 개선된 상임위원의 임기는 전임자의 잔여기간

▋ 특별위원회

1. 수개의 상임위원회 소관사항과 관련, 특별한 안건처리를 위해 일시적으로 설치된 위원회
   1) 일반특별위원회
   - 본회의의 의결로 구성되어 일정기간 동안만 활동(임의적 구성위원회)
   - 의장이 본회의 의결된 날로부터 5일 이내 위원선임, 위원장은 호선(위원장 선임까지 연장자가 직무대행)

2) 예산결산특별위원회
  ▪ 예산안과 결산심사를 위해 50인의 위원으로 구성
  ▪ 결산 및 예산안이 본회의에서 의결될 때까지 존속
  ▪ 위원임기 1년, 위원장은 위원 중 본회의에서 선거

3) 윤리특별위원회
  ▪ 국회의원의 자격심사·징계에 관한 사항 심사
  ▪ 임기, 위원장의 임기 및 선거는 상임위원회에 관한 규정 준용

4) 인사청문특위
  ▪ 공무원의 임명동의안, 국회선출 공무원에 대한 선출안 심사
  ▪ 13인의 위원으로 구성

▌소위원회

▪ 특정 안건을 처리하기 위하여 위원회가 설치한 기관
  – 상임위 밑에 3개의 상설소위원회를 두어야 한다.
  – 소위원회는 폐회 중에도 활동 가능

▌위원회의 운영

▪ 위원회 개회: 본회의 의결, 의장 또는 위원장의 필요시, 재적위원 4분의 1 이상
      요구
▪ 의결정족수: 재적위원 과반수의 출석과 출석위원 과반수의 찬성
▪ 회의 과정은 공개. 단 정보위원회는 비공개

▌교섭단체

▪ 동일 정당에 소속한 의원으로 구성되는 원내정파
▪ 기능: 여러 정당에 소속된 의원들로 구성되는 국회에서 의사(議事)를 능률적으
      로 운영
▪ 구성: 20인 이상의 소속의원을 가진 정당은 하나의 교섭단체를 구성

국회의 운영

Ⅰ. 회기제(會期制)

- 회의체이므로 회의가 소집될 때 비로소 활동 가능

▌회기(會期)

1. 국회의 실질적인 활동기간
2. 정기회
   1) 매년 1회(9월 1일) 정기적으로 소집되는 국회(100일 초과금지)
   2) 업무
      ① 예산안의 심의 확정
      ② 국정감사
      ③ 법률안 및 기타 의안의 심의 의결
      ④ 정부시정연설 및 대정부질문
3. 임시회
   1) 대통령 또는 국회 재적의원 4분의 1 이상 요구시
   2) 기간: 30일 초과 금지, 집회요구시 정해진 안건 처리
   3) 대통령의 집회요구시: 기간과 집회요구의 이유 명시

> ※ 입법기(=의회기): 국회의원의 임기개시일부터 임기만료일(또는 국회해산일)까지의 기간

▌의사공개 원칙

1. 국회의 회의를 국민에게 공개: 민의에 따른 국회운영의 요청에서 유래
2. 본회의와 위원회(정보위원회는 제외)에 모두 적용
3. 내용: ① 방청의 자유, ② 국회의사록의 공표, ③ 보도의 자유
4. 단 출석의원 과반수 찬성, 국가안전보장의 필요시: 비공개(非公開)

▎회기계속 원칙

1. 회기 중 의결하지 못한 의안은 다음 회기에서 심의 의결이 가능하다는 의사원칙
2. 국회가 임기 중에는 일체성과 동일성을 가지기 때문
3. 의원의 임기만료시에는 회기불계속의 원칙 적용(입법기 자체의 변경 때문)

> ※ 회기불계속의 원칙 – 회기 중 심의 완료되지 않은 안건은 그 회기가 끝남으로써 소멸

▎일사부재의 원칙

1. 회기 중 부결된 법률안 기타 의안을 동일 회기에 다시 발의 제출을 금지하는 것
2. 소수파에 의한 의사방해(filibuster)를 막기 위함
3. 예외: 사정변경의 원칙이 적용되는 경우
    ① 동일의안을 회기를 달리하여 발의 제출시
    ② 의결에 이르지 못하고 철회된 경우
    ③ 위원회에서 처리된 안건을 본회의에서 재의하는 경우
    ④ 동일한 대상에 대한 해임건의안이 그 후 발생된 새로운 사유를 기초로 재의하는 경우

Ⅱ. 정족수(定足數)

▎개념

- 국회의 회의를 진행하거나 의사를 결정하는 데 필요한 최소한의 의원수

▎의사정족수(議事定足數)

- 국회가 회의를 유효하게 성립시키기 위한 최소한의 의원수(＝개의정족수)
- 국회 재적의원 5분의 1 이상

▎의결정족수(議決定足數)

- 의결에 필요한 최소한의 의원수

- 일반정족수: 재적의원 과반수의 출석과 출석의원 과반수의 찬성
- 특별정족수: 의안의 신중한 처리를 위해 가중된 의원수를 요구하는 경우

재적 2/3 이상	개헌안의결, 대통령탄핵소추의결, 의원제명, 의원자격심사
재과찬	대통령탄핵소추발의, 대통령 이외의 탄핵소추의결, 총리 등 해임건의, 국회의장선출, 계엄해제요구, 긴급명령 등 승인, 개헌안발의
재적 1/3 이상	총리 등 해임건의 발의, 대통령 이외의 탄핵소추발의, 의안발의, 국정조사발의
재적 1/4 이상	임시회소집요구, 국회개회 및 재개회 요구
재과출 출 2/3 이상	환부거부된 법률안의 재의결

국회의 권한

I. 입법에 관한 권한(=입법권)

▌입법권의 개념

- 국회가 법규범을 제정하는 권한
- 국회는 헌법개정안 발의·의결, 법률제정, 조약체결에 대한 동의, 국회규칙 제정을 통해 법제정
- 헌법 제40조 입법권에 관한 다양한 해석

실질설	▪ 국민의 권리와 의무에 관한 것(=법규)을 정립하는 권한 − 그 내용이 법규를 정하는 것이면 형식은 불문(단 관습법은 제외) − 헌법상 예외: 긴급명령, 긴급재정경제명령, 조약체결, 행정입법, 자치입법, 규칙제정
형식설	▪ 형식에 착안하여 형식적 의미의 법률을 제정하는 권한 − 법규사항 + 헌법상 법률에 의하도록 규정한 것 등도 모두 포함 − 긴급명령, 긴급재정경제명령, 조약: 헌법이 인정하는 입법사항에 대한 예외
양립설	▪ 원칙적으로는 형식적 의미로 사용되나 때로는 실질적 의미로도 사용됨 − 법률의 형식으로 된 법규범의 정립작용은 국회가 행사 − 국민의 권리와 의무, 통치조직과 작용에 관한 기본적 사항은 법률형식으로 규정

※ 입법권은 헌법이 국회에 부여한 법규범의 정립권을 의미

▌입법권의 특성

1. 민주성에 기초: 민주적 정당성 + 민주적 절차
2. 법치국가적 질서에 합치
   - 입법의 내용이 명백하고 확정적일 것
   - 합리적이며 평등한 것일 것
   - 일반적이고 추상적인 것일 것(불특정 다수인과 불특정 사항을 대상)
3. 사회국가의 원리의 충족
   - 개인의 생존배려를 위해 필요한 경우 개별성, 구체성 반영

헌재 1996. 2. 16. 96헌가2, 96헌바7,13(병합)   헌법재판소는 5·18 민주화 운동 등에 관한 특별법의 위헌심판에서 실질적 정의를 근거로 개별사건 법률의 합헌성을 인정

█ 입법권의 범위

1. 법규사항: 국민의 권리와 의무에 관련된 사항
2. 법률사항: 헌법이 반드시 국회에서 만든 형식적 법률로 제정하도록 요청한 사항
   - 국가기간조직사항: 국군의 조직과 편성, 행정각부·감사원·법원·헌법재판소·선거관리위원회의 조직, 지방자치단체의 종류 등
   - 국가중요정책사항: 국적, 정당, 교육제도, 계엄, 사면, 국토이용과 개발, 소비자보호운동 등
   - 국회가 법률로 정하는 것이 필요하다고 인정하는 사항

█ 입법권의 한계

1. 합헌성의 원칙에 의한 한계: 헌법의 명문규정에의 위반금지, 기본원리 등 부정 금지
2. 기본권 제한의 일반원칙(헌법 제37조 제2항)의 준수
3. 일반적으로 승인된 국제법규에 위배되지 않는 입법
4. 입법재량의 기속성: 헌법에 반하지 않는 범위 내에서 입법형성의 자유 인정
   - 적법절차, 비례원칙, 과잉금지원칙, 신뢰보호의 원칙, 명확성의 원칙에 합치하는 재량행사

헌재 2001. 10. 25. 2000헌바5   이 법에 정하지 아니한 방법으로 정치자금을 주거나 받은 자를 3년 이하의 징역 또는 3,000만원 이하의 벌금에 처하도록 규정하고 있는 정치자금법에관한법률 제30조 제1항은 입법자의 입법형성의 범위 내의 제한이라 할 것이어서 헌법에 위반되지 아니한다.

█ 입법권의 통제

1. 자율적 통제: 법률안 제출 시 20인 이상 찬성, 상임위 심사 등
2. 대통령 통제: 거부권 행사, 법률안제출권, 조약체결권
3. 법원과 헌법재판소에 의한 통제
   - 위헌법률심판

- 입법에 대한 헌법소원심판
4. 여론과 정당의 통제: 청원권 행사, 여론에 의한 시민불복종운동

Ⅱ. 법률제정권한

▌법률의 개념

1. 헌법에 다음가는 국법형식
2. 국회가 헌법상 절차에 따라 심의·의결, 대통령의 서명·공포로 성립: 형식적 의미의 법률

▌법률의 형태

1. 일반적 법률: 그 내용이 일반성, 추상성을 가지는 것(원칙적 형태)
   - 개인의 자유·평등보장, 인간의 인간에 대한 지배에서 법에 의한 지배로 전환
2. 처분적 법률: 직접 국민에게 권리·의무를 발생시키는 것(예외적 형태)
   - 필요성: 국가기능확대와 위기상황의 항상화로 일반적 법률로 대처하기 어려운 상황 극복
   - 종류
     - 개별인적 법률: 일정 범위나 소수 국민(정치활동정화법 등)
     - 개별사건적 법률: 개별적, 구체적 상황이나 사건(긴급금융조치법 등)
     - 한시적 법률: 적용기한이 한정(동성동본혼인신고제에관한특별조치법 등)
   - 유효성 여부: 긍정설(다수설)과 부정설 대립

▌입법절차

1. 법률안의 제정·개정절차는 제안, 국회심의·의결, 정부이송, 공포의 순으로 이루어짐
2. 법률의 효력발생
   - 특별규정이 없는 한 공포한 후 20일 경과 후
   - 공포일: 법령을 게재한 관보 또는 신문이 발행된 날(최초구독가능시)
   - 법률공포 후에는 헌법과 국회법에 규정된 절차에 의해서만 개폐됨

▪ 모든 국가기관과 국민을 구속

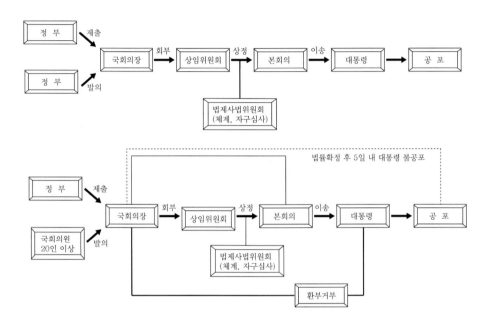

Ⅲ. 법률 이외의 입법에 관한 권한

▌헌법개정에 관한 권한

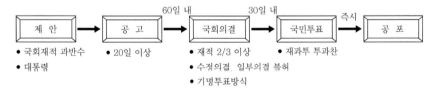

▌조약의 체결, 비준에 대한 동의권

1. 제도적 취지: 대통령의 대외적 대표권 견제(민주적 통제권)
2. 동의를 요하는 조약: 헌법 제60조 제1항
   ▪ 동의 없이 체결, 비준한 경우에는 국제법상은 유효하나 국내법상은 효력발생 않음

3. 동의시기: 체결과 비준필요시(비준전 동의), 체결만으로 완결(기명조인전 동의)

4. 수정, 일부동의: 가분적 성질의 조약을 제외하고는 원칙적으로 인정되지 않음

국회의 재정에 관한 권한

Ⅰ. 서설

1. 입법에 관한 권한과 더불어 가장 중요한 권한 중 하나
2. 국민의 부당한 부담을 방지하기 위해 중요재정사항을 국회의 법률로 정하게 하거나, 기타 국회의결로 행하도록 하는 것(재정민주주의)
3. 국가재원의 대부분은 국민의 조세에 의해 조달되고 이는 국민의 재산권에 중대한 영향력

   ※ 헌법상 국회는 재정입법권, 예산심의 확정권, 결산심사권, 기타정부재정행위에 대한 통제권 등을 가짐

Ⅱ. 제정입법권(조세법률주의)

▌개념

- 조세의 부과징수는 법률의 형식에 의해 국회의 의결을 거쳐야 함
- 영미법상의 "대표 없는 과세 없다"는 사상에서 유래
- 법치주의 실현 및 국민의 재산권 보장과 생활의 안정

헌재 1995. 7. 21. 92헌바27등 병합 조세법률주의의 이념은 과세요건을 규정하여 국민의 재산권을 보장하고 과세요건을 명확하게 규정하여 국민생활의 법적 안정과 예측가능성을 보장하기 위한 것이며 그 핵심적 내용은 과세요건 법정주의와 과세요건명확주의 이다.

▌조세법률주의의 내용

1. 조세의 개념: 일반국민으로부터 반대급부 없이 강제적으로 부과, 징수하는 것
2. 과세요건법정주의

* 과세요건
  – 의무자, 과세물건과 기간, 과세표준, 세율 등 국회가 재정법률로 규정
* 조세의 부과 및 징수절차

헌재 2001. 12. 20. 2000헌바54 이 사건 법률조항은(구 소득세법 제17조 제2항 등) 이자소득의 특성을 감안한 바탕위에 조세정책적·기술적 필요성 등을 종합적으로 고려하여 입법된 것이다. 따라서 이는 입법형성권의 한계를 벗어났다고 볼 수 없어 조세평등주의에 위반된다고 볼 수 없다.

3. 과세요건명확주의

- 과세요건을 정한 법률의 내용이 명확하고 일의적이어야 한다는 원칙
- 추상적, 불명확하면 과세관청의 자의적 해석과 집행의 가능성 있음

헌재 2001. 4. 26. 2000헌바59 지방세법 제233조의9 제1항 제2호는 보세구역 등에 재반입되어 환급의 대상이 되는 사유를 포장 또는 품질의 불량으로 한정하고 있음이 명백하므로 과세요건명확주의에 어긋나지 아니한다.

4. 소급과세금지의 원칙

- 새로 제정된 세법으로 그 이전에 성립한 소득 등에 과세를 하지 않는다는 원칙

5. 공평과세의 원칙

- 국민의 담세능력에 따른 과세의 원칙

※ 조세와의 구별개념		조 세
수수료	반대급부로 부과, 징수하는 것	반대급부 없이 부과, 징수
벌금, 과태료	제재 내지 처벌 목적	국가재원확보 목적
분담금	특정 사업에 이해관계있는 자에게 부과, 징수	일반 국민으로부터 부과, 징수

▌조세법률주의와 입법례

1. 일년세주의: 국회가 매년 조세를 부과, 징수하기 위한 법률을 제정하는 것
2. 영구세주의: 국회가 조세를 법률로 정하면 그에 따라 계속 조세를 부과, 징수하는 것
3. 법률의 효력은 한시적 법률이 아닌 한 영구적이고, 일년세주의를 명시하지 않았

으므로 제59조의 조세법률주의는 영구세주의를 규정한 것

▌ 조세법률주의의 예외

1. 조례에 의한 지방세: 자율과세권의 행사 허용
2. 조약에 의한 협정관세율
   - 조약은 국회의 동의를 얻어 체결, 국내법과 같은 효력을 가지므로 합헌
3. 긴급재정경제명령: 국회의 승인을 받은 경우

Ⅲ. 예산의 심의, 확정권

▌ 예산의 개념

1. 한 회계연도에서 국가의 세입, 세출의 예정준칙으로서 특수한 법형식
2. 실질적 의미: 한 회계연도에서 국가의 재정행위의 준칙
3. 형식적 의미: 국회의 의결로써 성립하는 국법형식으로서의 예산

▌ 예산에 관한 기본원칙

포괄성의 원칙	예산은 수입과 지출 총액을 계상하여야 함
단일성의 원칙	모든 수입지출을 동일하게 다루어져야 함
한정성의 원칙	예산 외의 지출은 금지되어야 함(예산의 구속성)
공개성의 원칙	예산의 편성, 집행, 결산 등 모든 과정은 공개되어야 함
사전승인의 원칙	예산은 다음 회계연도가 개시되기 전에 국회의 승인을 받아야 함

▌ 예산에 관한 입법주의와 법적 성질

1. 예산법률주의: 예산을 법률의 형식으로 의결하는 것(미, 영, 독, 프)
   - 법규범설: 법률과 동일한 국법형식으로 정부의 재정행위를 규율하는 법규범(통설)
2. 예산비법률주의: 예산을 법률과 다른 특수한 형식으로 의결하는 것(일, 스위스)
   - 승인설: 정부의 세출에 대하여 국회가 의결로써 행하는 승인행위

※ 예산과 법률과의 차이

구 분		예 산	법 률
차이점	형 식	별개 형식	입법
	제 안	정부	정부, 국회의원
	제출기간	회계연도 개시 90일 전	제한 없음
	수정여부	삭감만 가능	자유
	구 속 력	국가	국가, 국민
	효 력	당해연도	폐지시까지
공통점		국회의 심의와 의결 의결정족수(재과출 출과찬) 의결권자가 국회인 점	

▌예산의 성립

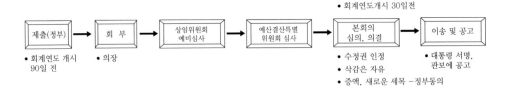

▌예산의 내용

1. 예산총칙: 총괄규정
2. 세입세출예산: 예산의 실질적 내용
3. 명시이월비: 연도내 지출하지 못할 예산을 국회의 승인 후 다음 연도 이월
4. 총액비(계속비)
5. 국고채무부담행위: 국가가 채무를 부담하는 경우

▌예산의 효력

1. 대인적 효력: 관계 국가기관만을 구속
2. 시간적 효력: 한 1회계연도 내에서만 효력 가짐(예산1년주의)
3. 장소적 효력: 국내외를 불문하고 통치권이 미치는 범위 내에서 효력 가짐
4. 실질적 효력: 예산성립 시 법적 효력을 발생하여 정부의 재정행위를 구속

▌ 예산과 관련 있는 제도

1. 계속비: 보정예산의 한 종류로 1년 예산의 원칙에 대한 예외
   - 한 회계연도를 넘어 지출할 국가적 사업에 대한 경비를 일괄하여 국회의 의결을 얻는 경비(헌법 제55조 제1항)
   - 사업목적, 경비총액, 연도별 지출액에 대한 국회의결의 범위 내에서만 지출
2. 예비비: 예측 못한 지출, 예산초과지출을 충당하기 위해 총액으로 국회의결을 얻은 경비(헌법 제55조 제2항)
   - 예비비는 총액만 계정하기 때문에 그 사용은 행정부의 재량사항
   - 개별적 구체적 지출을 차기국회서 승인
   - 승인을 얻지 못해도 지출행위의 효력에는 영향 없음
3. 추가경정예산: 예산성립 후 사유로 예산의 항목변경 필요시 성립하는 예산(헌법 제56조)
   - 추가예산(경비부족시), 경정예산(항목변경시)
   - 편성과 제출은 정부가, 심의와 확정은 본예산의 절차와 동일
4. 준예산: 예산안이 회계연도 개시 30일 전까지 의결되지 못한 경우, 전년도 예산에 준하는 범위 내에서 지출케 하는 제도(헌법 제54조 제3항)
   - 범위: 기관 또는 시설의 유지운영, 법률상 지출의무 이행, 이미 예산으로 승인된 사업계속
   - ※ 가예산: 새로운 회계연도 개시시까지 예산안의 통과가 불가능할 경우 회계연도 개시 후 일정기간 동안 집행할 것을 목적으로 편성하는 잠정예산

Ⅳ. 국회의 정부재정행위에 대한 통제권

▌ 기채동의권

- 정부가 국채를 모집할 경우 미리 국회의 의결을 얻도록 하는 것
- 동의방법: 기채시마다 또는 예정총액으로 일시에 미리 동의 가능

▌예산외 국가부담이 될 계약에 대한 동의권

- 한 회계연도 이상에 걸친 채무부담계약으로 사법상 계약(외국인고용계약, 장기 대차계약)

▌재정적 부담을 지우는 조약의 체결, 비준에 대한 동의권

- 국가나 국민에 중대한 재정적 부담을 지우는 조약의 체결비준은 국회의 동의를 요함

▌대통령의 긴급재정경제 명령 및 처분에 대한 승인권

▌예비비지출 승인권

- 차기정부국회의 승인을 얻지 못하는 경우 정부가 책임(헌법 제55조 제4항)

V. 결산심사권

▌개념

- 예산을 정부가 적법하게 집행했는지 여부를 사후에 심사
- 국회의 권한 중 가장 큰 권한에 해당

▌절차

▌효과

- 결산 후 부당이 있는 경우 정부에 정치적 책임추궁 및 탄핵소추 등 법적 책임 추궁 가능

헌법기관 구성에 관한 권한

Ⅰ. 대통령선출권

▌의의

- 대통령선거에서 최고득표자가 2인 이상일 때 국회에서 대통령을 선출하는 제도
- 국민에 의한 직선제에 대한 예외(간접적으로 국민의 정당성 부여)

▌문제점

- 국민에 의한 결선투표를 배제함으로써 기관창설의 정당성이 약화
- 국회와 행정부의 엄격한 분립을 요구하는 대통령제 정부형태와 모순

Ⅱ. 헌법기관 구성원의 선출권

▌헌법재판소

- 헌법재판소 재판관 9인 중 3인을 선출

▌중앙선거관리위원회

- 중앙선거관리위원회 위원 9인 중 3인 선출

Ⅲ. 헌법기관 구성원의 임명에 대한 동의권

▌국무총리의 임명동의권

1. 헌법 제86조 제1항: 국무총리는 국회의 동의를 얻어 대통령이 임명한다.

2. 제도적 취지

- 국회의 관여를 통한 행정부와의 권력균형 유지
- 행정부와 입법부 상호간의 융화와 협조관계 형성
- 국회의 신임을 배경으로 국무총리의 효율적 집행 보장
- 대통령권한대행권자인 국무총리에 대해 간접적으로 민주적 정당성 부여

▌대법원장, 대법관의 임명동의권

1. 대법원장(국회동의 후 대통령 임명), 대법관(대법원장 제청, 국회동의, 대통령 임명)
2. 제도적 취지
   - 사법부의 독립성 보장
   - 사법부의 민주적 정당성과 권위부여

▌헌법재판소장의 임명동의권

1. 헌법 제111조 제4항: 헌법재판소장은 국회의 동의를 얻어 재판관 중에서 대통령이 임명한다.
2. 제도적 취지
   - 헌법재판소의 민주적 정당성 및 권위부여
   - 정치적 중립성과 독립성 보장

▌감사원장의 임명동의권

1. 헌법 제98조 제2항: 감사원장은 국회의 동의를 얻어 대통령이 임명한다.
2. 제도적 취지
   - 공정한 감사업무의 수행을 담보
   - 감사원의 정치적 중립성 보장
   - 국회의 예산 및 결산에 관한 권한과의 직무관련성 때문에 구성에 관여 허용

국회의 국정통제에 관한 권한

Ⅰ. 국정감사 및 조사권

▌개념

1. 감사(監査): 매년 국정전반에 관해 정기적으로 행하는 일반적 조사
2. 조사(調査): 국회의 권한을 유효하게 행사하기 위해 특정 국정사안에 대한 개별적 조사

구 분	국정감사권	국정조사권
시 기	소관 상임위별 매년 정기적 실시	재적 1/3 이상 요구 시 조사위 담당
대 상	법정감사대상기관	특정 국정사안
기 간	정기회개회 다음날부터 20일간	수시, 특정 사안이 종료할 때까지

▌연혁 및 입법례

1. 1689 영국의회가 아일랜드전쟁 패인과 책임소재 규명을 위한 특별위원회 구성에서 유래
2. 1850 프로이센헌법에서 조사위원회제도 최초로 채택
3. 바이마르헌법에서 최초로 헌법제도화(독, 일, 프 명문화, 영, 미: 당연한 권한으로 인정)
4. 우리나라
   - 국정감사권 인정(1, 2, 3공화국)
   - 4공화국 때 폐지(국회법상으로만 조사권 규정)
   - 5공화국 조사권 최초 명문화
   - 현행 헌법에서 국정감사권 부활, 조사권도 인정

▌제도적 의의

1. 근대 민주적 의회제도의 본질적 요소
2. 타 국가기관을 감시 비판하고 비행을 적발 시정하는 기능
3. 입법, 재정관련 권한을 유효하게 행사하기 위한 정보, 자료의 수집기능
4. 국정상황에 대한 국민의 알권리의 충족

▌법적 성격

1. 독립적 권한설: 국회의 최고기관성에서 유래하는 독립된 권한
2. 보조적 권한설: 국회의 권한을 행사하기 위해 필요한 보조적 권한
3. 양분설: 감사권은 독립적 권한이고, 조사권은 보조적 권한

▌주체

1. 양원제: 상원과 하원, 단원제 ─ 국회
2. 현행 헌법상 국회로 명시, 본회의와 상임위원회가 그 주체임
3. 국정감사: 상임위원회별, 국정조사 ─ 재적 1/4 이상의 요구시 특별위원회 구성

▌대상

1. 감사대상은 국정감사 및 조사에 관한 법률 제7조 명시
   - 국가기관, 광역자치단체(특별시, 광역시, 도), 정부투자기관관리기본법 제2조
   - 지방행정기관, 지방자치단체, 감사대상기관(본회의가 필요하다고 인정한 경우만)
2. 조사대상은 국회본회의가 의결서로 승인한 조사계획서에 기재된 기관

▌기간과 방법

1. 기간: 감사(개회일 익일부터 20일간=법정기간), 조사(본회의의결로 승인받은 기간)
   - 본회의의 의결로 감사는 시기를, 조사는 기간의 연장과 단축 가능
2. 방법: 서류제출, 증인 등 출석요구, 청문회 개최, 동행명령제
   - 증언이나 감정거부에 대한 처벌, 위증 등 처벌
3. 장소: 국회 또는 감사나 조사대상의 현장이나 기타 장소

4. 공개 여부: 원칙상 감사는 비공개, 조사는 공개

▌국정감사, 조사의 범위

1. 입법사항: 개헌안, 법률, 조약, 행정입법, 자치입법, 규칙제정 등 위헌위법 여부
2. 행정사항: 행정작용과 관련된 전반적 사항에 관한 합법성 및 타당성 감사, 조사
   ※ 행정작용의 구체적, 직접적 통제, 군작전권, 외교활동방해, 기밀누설은 불허
   ※ 검찰사무 중 현재 진행 중인 수사를 방해 또는 영향력을 주는 것은 불허
3. 사법사항: 사법행정사항, 사법사무 관련 규칙제정
   ※ 재판 그 자체는 사법권의 독립성 보장을 위해 허용되지 않음
4. 국회내부 사항: 자율권행사를 위해 필요한 사항은 감사, 조사 가능

▌국정감사 및 조사의 한계

1. 절대적 한계: 성질상 조사의 대상이 될 수 없는 것(순수 사적 생활, 사법권 독립 등)
2. 상대적 한계: 이론상 조사대상이 되나 그 행사의 자제 요청(중요국가이익, 기본
   권 등)
3. 권력분립상 한계
   ▪ 행정권에 대한 간섭금지
   ▪ 감사원은 독립된 헌법기관으로, 그 권한은 준사법적 성격을 가지므로 대상에서
     제외
   ▪ 지방자치단체의 고유사무는 지방의회의 기능이므로 대상에서 제외
   ▪ 재판, 범죄수사나 소추 등 준사법적 사무는 사법권의 독립성 보장을 위해 대상
     에서 제외

   ※ 사법권독립을 위해 허용되지 않는 것: 개인의 유조 여부를 유일한 목적으로 하는 조
   사, 계속중인 재판에 대하여 법관의 소송지휘나 재판절차를 대상으로 하는 것, 재판내용
   의 낭무만을 가리기 뷔한 소사

4. 기능상 한계
   ▪ 입법, 재정, 인사기능의 확보를 위해서만 행사 가능
   ▪ 국회의 기능과 무관한 내용은 대상에서 제외

5. 기본권 보장상의 한계

- 국정과 관련 없는 사생활에 관해서는 금지

  ※ 단 정치자금의 출처나 용도, 정부의 부정사건과 관련된 사적 사항은 예외적으로 허용

- 형사상 자기에게 불리한 진술강요는 금지(증인의 증언거부권 인정)
- 정치적 신조나 직무상 비밀에 관한 증언 강제 금지(양심의 자유관련)
- 증인 등의 신체의 자유를 충분히 보장

6. 국가이익상의 한계

- 군사 및 외교사항에 관한 국가기밀 유지 목적
- 조사로 얻는 이익과 불이익을 형량하여 조사권행사를 자제하는 것이 적절한 경우 인정

▌국정감사, 조사의 효과

1. 국정감사, 조사의 결과를 토론이나 표결에 붙일 수 있다.
2. 행정부, 사법부의 위헌사항, 비리 등 발견시 시정요구, 탄핵소추, 해임건의 등 행사

Ⅱ. 국무총리 임명동의권 및 국무총리·국무위원 해임건의권

▌개념

- 국무총리는 정부의 2인자이며 행정부의 일체성을 보장(헌법 제86조 제1항)
- 대통령, 행정부의 독선을 간접적으로 견제하기 위한 정치적 통제권

▌사유

1. 직무집행상 헌법위반 또는 법률위반
2. 정책수립과 집행상 중대한 과오나 무능력
3. 국무회의 구성원으로서 대통령, 총리를 잘못 보좌한 정치적 책임이 있는 경우

▌ 해임건의의 효과

- 법적 구속력 없어 대통령은 해임건의에 구속되지 않음

III. 국무총리, 국무위원의 출석요구 및 질문권

▌ 개념

- 국회나 위원회가 총리 등을 출석하게 하여 질문에 답변하게 할 수 있는 권한
- 의원내각제에서는 당연히 인정. 그러나 대통령제에서는 예외적 사항

▌ 제도적 취지

| 입법부와 행정부의 긴밀한 공화·협조관계 유지
입법부의 행정부통제의 실효성 확보수단 | | 불출석시 해임건의 |

IV. 탄핵소추권

▌ 개념

- 통상 사법절차, 징계절차로 처벌하기 곤란한 고위직 공무원
- 헌법이나 법률에 위반하여 직무집행을 행한 경우
- 국회가 일정한 절차를 거쳐 파면 또는 처벌시키는 제도

▌ 연혁

- 14세기 영국이 Edward 3세 때 탄생, 사권박탈법(Bill of Attainder)으로 발전

▌ 제도적 가치

1. 유용론
   1) 정치적, 심리적 이유에 근거: 탄핵을 두려워하여 비행을 자제

    2) 공분발산의 출구가 없으면 혁명이나 폭력 등 비상수단에 호소(＝ 입헌주의 파괴)

2. 무용론

    1) 제도론적 이유에 근거

    2) 역사적으로 대통령제 국가에서 탄핵제도가 운용된 사례가 거의 없음

    3) 의원내각제에서는 내각불신임으로 탄핵의 목적달성 가능

▌ 탄핵소추기관

1. 양원제국가: 하원이 소추기관, 상원이 심판기관(영, 미)
2. 헌법재판소: 심판기관(독, 프)
3. 독립된 탄핵재판소: 스웨덴, 일본, 노르웨이
4. 현행 헌법: 탄핵소추권은 국회가, 탄핵심판권은 헌법재판소에 부여

▌ 탄핵소추의 대상

1. 대통령, 국무총리, 행정각부의 장, 중앙선거관리위원회 위원, 감사원장, 감사위원
2. 헌법재판소 재판관, 법관
3. 기타 법률이 정한 공무원(현재는 검사만 명시: 검찰청법)

▌ 탄핵소추의 사유

1. 그 직무집행에 있어서 헌법이나 법률을 위배한 때
2. 직무집행과 관련된 행위
    ▪ 현직만 vs. 전직도 포함 여부 논란의 대상
    ▪ 다수설: 현직에 관한 사유만을 대상으로 함. 직무와 무관한 정치적 실책 등은 대상 아님
3. 헌법이나 법률에의 위배
    ▪ 헌법: 형식적 의미의 헌법 ＋ 실질적 의미의 헌법
    ▪ 법률: 형식적 의미의 법률 ＋ 조약, 일반적으로 승인된 국제법규, 긴급명령 등 포함

4. 위법행위

- 고의, 과실에 의한 행위
- 법의 무지로 인한 행위
- 부당행위나 정치적 실책은 그 사유가 아님(해임건의의 사유)

▌ 탄핵소추의 절차

1. 발의와 의결

- 대통령: 재적 1/2의 발의와 재적 2/3 이상 찬성
- 대통령 이외의 자: 재적 1/3 이상의 발의와 재적 1/2의 찬성

2. 절차

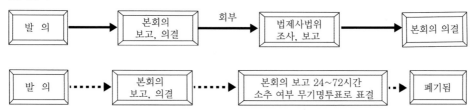

▌ 탄핵소추의 효과

1. 탄핵소추의결을 받은 자는 탄핵심판 결정이 있을 때까지 권한행사 정지
2. 소추의결서 송달 시에는 임명권자는 피소추자의 사직원을 접수하거나 해임하지 못함
   - 탄핵제도의 유명무실화를 방지

V. 국회의 자율권

▌ 개념

- 헌법, 법률 및 국회규칙에 따라 의사와 내부사항을 독자적으로 결정할 수 있는 권한
- 근거: 권력분립의 요청, 국회기능독립성의 요청, 다수파횡포로부터 소수파 보호

▌ 내용

1. 국회의 규칙제정권(規則制定權)

  1) 의의

  ▪ 법률의 범위 내에서 의사(議事)와 내부규율에 관한 사항을 제정할 수 있는 권한

  2) 법적 성질

  ▪ 명령설: 국회의 자율입법(본질), 국회법의 시행세칙(내용), 명령과 유사(효력)

  ▪ 자주법설: 국회의 자주적 결정에 의한 법규범, 명령과 다른 효력

  3) 내용과 범위

  ▪ 의사와 내부규율에 관한 기술적, 절차적 사항

  4) 효력

  ▪ 형식적 효력: 법률의 하위

  ▪ 대인적 효력: 국회의 구성원만 구속, 예외적으로 국회 내 출입한 모든 자에게도
             적용

  ▪ 시간적 효력: 개폐시까지 영속적 효력, 국회 내의 장소적 제한으로 공포(公布)
             를 요하지 않음

2. 의사진행에 관한 자율권

  ▪ 헌법, 국회법 및 국회규칙에만 구속되고 그 이외에는 자율적 의사에 따름

  ▪ 집회·휴회·폐회 회기의 자율결정, 의안의 발의·수정 의결

  ▪ 예외: 대통령의 임시국회소집요구권

3. 내부조직권: 의장단의 선출, 상임위의 구성, 사무총장과 그 직원의 임명 등 권한

4. 신분자율권(의원신분에 관한 권한)

  1) 개념: 소속 의원의 신분에 관계되는 사항에 대해 가지는 자율적 처리권

  2) 의원자격심사권

  ▪ 개념: 헌법과 법률이 정한 의원으로서의 지위를 보유하는 데 필요한 적격성을
         심사할 권한

  ▪ 자격요건

  ① 적법한 당선

  ② 겸직금지된 직에 불취임

  ③ 법정 피선거권의 계속 보유

- 절차: 청구(의원 30인 이상), 윤리특별위원회의 예비심사, 재적 2/3 이상의 찬
      성으로 의결
- 효력: 장래를 향해서만 발생

  3) 윤리심사 및 징계권
- 개념: 원내질서유지를 위해 의원에 대해 윤리심사 및 제재를 가할 수 있는 권한
- 사유
  - 윤리심사(의원윤리강령 위반, 윤리실천규범 위반)
  - 징계(청렴의무 위반, 품위유지의무 위반, 2회 이상 윤리위반 통고, 국회법 위반 등
- 징계의 종류: 공개회의에서 경고, 공개회의에서 사과, 30일 내 출석정지, 제명
- 절차: 청구(의원 20인 이상), 윤리특별위원회의 심사(원칙상 비공개), 본회의 의결

  4) 의원의 활동상 특권
- 국회의원의 면책특권, 불체포특권
- 의원개인의 특권이자 국회의 자율성 보장을 위함

▌한계(사법심사)

1. 자격심사, 징계처분과 사법심사
- 권력분립의 원리 및 국회의 독립성, 자율성 보장의 취지에서 법원에 제소금지

2. 법률제정 등 의사절차와 사법심사
- 긍정설: 법치주의의 원칙상 사법부가 법률에 대한 형식적 심사권 및 적법성 판
      단 가능
- 부정설: 국회의 기능적 독립과 자치의 원칙상 판단 불가
  ※ 입법과정상 명백한 절차상 하자, 국민의 기본권 침해시를 제외하고 불가

3. 원내에서의 의원행위에 대한 사법심사
- 원내에서 의원이 행한 불법적 폭행, 공무집행방해, 모욕 등은 면책특권이 불인정
- 이들 행위에 대한 국회의 고발 필요 여부문제
- 불요설: 일반범죄와 마찬가지로 고발 없어도 기소 및 재판권이 미침
- 필요설: 자율성 존중을 위해 국회의 고발 없이는 기소 및 재판권이 미치지 않음
  ※ 직무관련행위는 국회의 고발필요, 직무관련성 없는 불법행위는 고발 불필요
      (다수설)

국회의원의 헌법상 지위

Ⅰ. 국회의원의 헌법상 지위

▌국회구성원으로서의 지위

- 국회의원의 국가기관성 인정여부
- 부인한 사례

헌재 1995. 2. 23. 90헌라1 헌법 제111조 제1항 제4호 및 헌법재판소법 제62조 제1항 제1호는 헌법재판소가 관장하는 국가기관 상호간의 권한쟁의심판을 국회, 정부, 법원 및 중앙선거관리위원회 상호간의 권한쟁의심판으로 한정하고 있으므로, 그에 열거되지 아니한 기관이나 또는 열거된 국가기관 내의 각급기관은 비록 그들이 공권적 처분을 할 수 있는 지위에 있을지라도 권한쟁의심판의 당사자가 될 수 없으며 또 위에 열거된 국가기관 내부의 권한에 관한 다툼은 권한쟁의심판의 대상이 되지 않는다. 따라서 국회의 경우 현행 권한쟁의심판제도에서는 국가기관으로서의 국회가 정부, 법원 또는 중앙선거관리위원회와 사이에 권한의 존부 또는 범위에 관하여 다툼이 있을 때 국회만이 당사자로 되어 권한쟁의심판을 수행할 수 있을 뿐이고, 국회의 구성원이거나 국회 내의 일부기관인 국회의원 및 교섭단체 등이 국회 내의 다른 기관인 국회의장을 상대로 권한쟁의심판을 청구할 수 없다.

- 긍정한 사례

헌재 1997. 7. 16. 96헌라2 헌법 제111조 제1항 제4호 소정의 "국가기관"에 해당하는지 여부는 그 국가기관이 헌법에 의하여 설치되고 헌법과 법률에 의하여 독자적인 권한을 부여받고 있는지, 헌법에 의하여 설치된 국가기관 상호간의 권한쟁의를 해결할 수 있는 적당한 기관이나 방법이 있는지 등을 종합적으로 고려하여야 할 것인바, 이러한 의미에서 국회의원과 국회의장은 위 헌법조항 소정의 "국가기관"에 해당하므로 권한쟁의심판의 당사자가 될 수 있다.

헌재 2000. 2. 24. 99헌라1 국회의장과 국회의원간에 그들의 권한의 존부 또는 범위에 관하여 분쟁이 생길 수 있고, 이와 같은 분쟁은 단순히 국회의 구성원인 국회의원과 국회의

장간의 국가기관 내부문제가 아니라 헌법상 별개의 국가기관이 각자 그들의 권한의 존부 또는 범위를 둘러싼 분쟁이다. 이 분쟁은 권한쟁의심판 이외에 이를 해결할 수 있는 다른 수단이 없으므로 국회의원과 국회의장은 헌법 제111조 제1항 제4호 소정의 권한쟁의심판의 당사자가 될 수 있다.

▌국민대표자로서의 지위

- 대표의 성격: 정치적 대표(다수설)

헌재 1998. 10. 29. 96헌마186 국민과 국회의원은 명령적 위임관계에 있는 것이 아니라 자유위임관계에 있으므로, 유권자가 설정한 국회의석분포에 국회의원들을 기속시키고자 하는 내용의 '국회구성권'이라는 기본권은 대의제도의 본질에 반영하는 것이어서 헌법상 인정될 여지가 없다.

▌정당대표자로서의 지위

- 의원의 국민대표성과 정당대표성의 양립은 헌법상 불가하다는 견해가 있음
- 국회의원은 소속정당의 지원과 배경으로 당선되는 경우가 대부분이며 유권자도 개인보다도 의원의 소속 정당을 보고 투표
- 따라서 국민대표와 정당대표를 겸하는 이중적 지위를 가짐

▌국민대표자로서의 지위와 정당대표자로서의 지위와의 관계

1. 정당제도의 발달로 의원의 국민대표성 약화
2. 정당대표성보다는 국민대표성이 우선(다수설)

▌국회의원 자격의 발생과 소멸

1. 발생
   1) 원인: 국민의 보통, 평등, 직접, 비밀선거
   2) 시기: 헌법과 법률이 정한 임기개시와 동시에 발생
   3) 개시: 총선(임기만료 다음날), 보궐(당선결정일), 전국구승계(승계결정 통고일)
2. 소멸

1) 임기만료, 사직, 퇴직, 제명
2) 선거무효나 당선무효의 판결
3) 형사사건의 유죄판결 확정
4) 전국구의원의 당적이탈, 변경 또는 이중당적 보유

Ⅱ. 국회의원의 특권

▌헌법상 의의

1. 국회구성원으로서의 원활한 직무수행
2. 국회의 자율성 보장

▌연혁

1. 영국의 권리장전 이래 입법부를 행정부의 정치적 압력으로부터 독립시키기 위함
2. 국회의원 개인의 권리임과 동시에 국회 자체의 특권

▌불체포특권(不逮捕特權)

1. 개념
   ▪ 현행범이 아닌 한 국회의 동의 없이 체포 또는 구금되지 않을 권리
   ▪ 회기 전에 체포 또는 구금된 경우 국회의 요구가 있으면 회기 중 석방되는 특권
2. 연혁
   ▪ 영국에서 유래(17세기 초 의회특권법에서 제도적으로 보장)
   ▪ 1787년 미국연방헌법에서 최초로 명문화
3. 법적 성격
   ▪ 국회의 자주적 활동보장, 의원의 원활한 직무수행 보장
   ▪ 회기 중에 한하여 일시적으로 인정되는 체포유예의 특권
4. 내용
   1) 회기 중
      ▪ 집회일부터 폐회일까지의 기간

- 체포, 구금: 의원의 신체의 자유를 구속하는 일체의 처분 포함(행정상 강제처분 포함)
- 국회동의: 재적의원 과반수 출석과 출석의원 과반수 찬성

2) 회기 전
- 당해 회기의 시작 이전(전 회기 포함)
- 절차: 20인 이상의 연서로 발의 → 본회의에서 재과출, 출과찬으로 의결
- 회기 종료 후 구금, 형사소추 가능

5. 불체포특권의 예외
  1) 현행범인인 경우
  2) 형집행을 위한 체포, 구속인 경우
  3) 국회의 동의가 있는 경우

▌면책특권(免責特權)

1. 개념
- 직무상 행한 발언과 표결에 관하여 국회 밖에서 책임을 지지 않는 특권

2. 연혁
- 1689 영국의 권리장전에서 성문화, 1787 미국연방헌법에서 헌법상 명문화
- 우리나라: 5차개헌(3공화국 헌법) 때부터 인정

3. 제도적 취지
- 국회의원에 대한 행정부의 부당한 탄압 배제
- 전체 국민의 대표자로서 양심에 따른 원활한 직무수행 보장
- 야당의 지위보호

4. 법적 성격
- 국회의원 개인의 특권임과 동시에 국회 자체의 특권
- 직무상의 특권
- 법적 책임의 면제: 불법행위는 성립하나 그 책임만 면제

5. 주체: 국회의원 신분을 가진 자
- 겸직의원의 경우: 신분에 따른 발언을 구분(다수설)

6. 면책의 대상과 범위

- 발언: 직무와 관련된 모든 의사표시
- 표결: 의제와 관련된 찬반의 의사표시
- 국회: 국회본회의, 위원회가 열린 국회 밖의 장소 포함
- 직무행위: 그 자체, 관련 있는 선후행위, 부수된 행위 포함

7. 면책의 효과
- 국회 밖에서만 면책: 내부적인 책임추궁은 가능
- 법적 책임 면제(임기만료 후에도 적용: 영구면책)

8. 면책특권의 예외
- 원외에서 발표, 출판: 면책되지 않음
- 비밀의결, 국가안전보장을 위해 필요하다고 인정한 경우: 면책되지 않음

▌불체포특권과 면책특권의 비교

구 분	불체포특권	면책특권
특권의 성격	국회 내에서 직무 외의 특권 회기 중이면 국회 내외에서 인정	국회 내의 직무상 특권 국회 내 발언과 표결에 관련성
보 호 법 익	의원의 신체활동의 자유	국회 내의 언론, 토론의 자유
기 간	일시적 특권(체포, 구금만 면제)	영구적 특권(책임면제)
국회의 제한 여부	국회의결로 제한 가능	국회의결로 제한 불가

Ⅲ. 국회의원의 권능과 의무

▌국회의원의 권능

1. 국회의 운영과 활동에 관한 권한
   1) 임시회소집요구권: 재적의원 1/4
   - 의회 내 소수파보호를 위한 장치
   2) 의안발의권
   - 국회의원 20인 이상의 찬성
   - 예산상 조치를 수반하는 의안은 예산명세서 제출
   3) 질문권: 국정 전반이나 긴급한 중요한 현안문제에 대해 서면 또는 구두로

　　　　하는 것

　4) 질의권: 현재 의제가 되고 있는 의안에 대한 구두로 하는 것

　5) 토론권

　6) 표결권

2. 세비와 기타 편익을 받을 권리

　1) 수당과 여비를 받을 권리

　▪ 국회의원 수당 등에 관한 법률: 세비, 입법활동비, 특별활동비, 여비 등

　▪ 세비의 법적 성격

　▪ 직무수행에 필요한 비용의 변상(수당설) vs. 근무에 대한 보수(보수설)

　※ 국회의원도 직업으로 인정되는 현실상 보수설이 타당

　2) 교통편익권

　▪ 국유철도, 선박과 항공기 무료이용

　▪ 폐회 중에는 공무의 경우에 한정

▌국회의원의 의무

1. 헌법상 의무

　1) 국가이익우선의 의무

　2) 청렴의무와 지위남용금지의무

　3) 겸직금지의무

2. 국회법상 의무

　1) 본회의와 위원회에 출석할 의무

　2) 국회의장의 질서유지에 복종할 의무

　3) 의사에 관한 법령준수의무

　4) 국정감사 및 조사에 있어서 일정한 주의의무

　5) 발언방해 등 금지

　6) 흡연금지, 선서의무, 품위유지의무

대통령과 행정부

I. 정부형태에 따른 대통령의 지위

미국형 대통령제	국가원수 + 행정부 수반, 입법부·사법부의 장과 동렬
신대통령제	국가원수 + 행정부 수반, 타 국가기관에 우월한 독재적 지위
의원내각제	명목적, 상징적 수반
의회정부제	일반적으로 부존재, 존재하는 경우 명목상 국가원수
이원집행부제	국정의 최고책임자(비상시 국정의 조정자), 의회에 대한 책임 없음

▌역대 헌법상 대통령의 지위변천

제1공화국 헌법	국가원수 + 행정부 수반
제2공화국 헌법	형식적, 의례적, 상징적 지위(의원내각제 헌법)
제3공화국 헌법	국가원수 + 행정부 수반, 국무총리제 채택(행정권의 대통령 집중)
제4공화국 헌법	신대통령제(유신헌법), 국가원수 + 행정부 수반 + 국정조정자
제5공화국 헌법	국가원수 + 행정부 수반

II. 현행 헌법상 대통령의 지위

▌국가원수로서의 지위

1. 국가대표자로서의 지위
   - 대외적 대표자: 조약의 체결비준권, 외교사절의 신임 접수 파견, 선전포고 및 강화권
   - 대내적 대표자: 전국적 대표성, 영전수여권, 사면권 등
2. 국헌수호자로서의 지위
   - 긴급명령, 긴급재정경제명령 및 처분권, 계엄선포권, 위헌정당해산제소권
3. 국정조정자로서의 지위

- 국가적 통일성 보장, 국민의 전체적 이익 수호를 위한 지위
- 헌법개정제안권, 국민투표회부권, 임시회 소집요구권

4. 헌법기관 구성권자로서의 지위
- 헌법재판소 재판관, 대법원장, 대법관, 감사원장, 감사위원, 중앙선거관리위원회 위원

▌행정부 수반으로서의 지위

1. 헌법 제66조 제4항: 행정권은 대통령을 수반으로 하는 정부에 속한다.
2. 행정최고책임자로서의 지위
- 독임제 최고행정기관: 입법부, 사법부와 대등한 지위
- 국군통수권, 행정입법권 기타 행정에 관한 권한 행사

3. 행정부 조직권자로서의 지위
- 헌법과 법률이 정하는 바에 의하여 공무원 임면(任免)
- 국무총리, 국무위원, 행정각부의 장, 감사원장, 감사위원

4. 국무회의의 의장으로서의 지위
- 국무회의를 소집, 주재하며 그 운영을 통괄
- 대통령의 권한에 속하는 중요정책 심의
- 정부의 최고심의기관인 국무회의 의장으로서 중요 정책의 입안에 지도적 역할

Ⅲ. 대통령의 선거

▌대통령의 피선자격

1. 선거일 현재 국내 거주 5년 이상 국내 거주, 40세 이상
2. 후보자
   1) 무소속: 5개 시·도에서 700인 이상 추천장 첨부(3,500명 이상 6,000명 이하)
   2) 정당소속: 추천
   3) 기탁금: 3억원: 유효투표 총수의 10/100 미만이면 국고귀속(15% 미만까지 50%, 15% 이상은 기탁금 전액 반환)

▌선거기간 및 선거일

1. 선거기간: 23일
2. 임기만료: 임기만료일 전 70일 이후 첫 번째 수요일
3. 궐위, 당선자사망, 자격상실: 사유가 확정된 때로부터 60일 이내에 실시

▌선출방법

1. 국민의 보통, 평등, 직접, 비밀선거로 선출
2. 최고득표자 2인 이상: 국회에 의한 간접선거(헌법 제67조 제2항)
3. 1인 후보인 경우: 선거권자 총수의 1/3 이상 득표(무투표당선 배제, 장기집권 방지)

▌대통령의 임기

- 5년 단임, 중임금지

▌대통령선거에 관한 소송

1. 선거소송과 당선소송
2. 대법원전속관할, 제소일로부터 180일 이내 심판

※ 역대 헌법상 대통령선거제도의 변천

시 기	선출방법	임 기	중임 여부
제헌헌법	국회간선제	4년	1차 중임
1, 2차 개헌	직선제	4년	1차 중임(1차), 초대대통령 중임 예외(2차)
제2공화국	간선제	5년	1차 중임
제3공화국	직선제	4년	1차 중임(5차), 3기 연임제(6차)
제4공화국	간선제(통일주체국민회의)	6년	연임, 중임규정 없음
제5공화국	간선제(대통령선거인단)	7년	단임제
제6공화국	직선제	5년	단임제

대통령의 신분상 지위

Ⅰ. 대통령의 권한대행

▌개념

- 대통령의 궐위, 사고로 인한 국정공백을 막기 위해 특정인에게 그 권한을 대행시키는 것

▌권한대행의 사유

1. 궐위
- 대통령이 재위하지 않는 경우(사망, 탄핵결정, 피선자격 상실, 사임, 귀화 등)
2. 사고
- 대통령이 재위하면서 직무수행 불가능 또는 권한행사 정지의 경우
- 신병, 장기해외여행, 탄핵소추가 의결되어 탄핵결정시까지

▌권한대행자

1. 궐위시: 국무총리와 정부조직법(제26조 제1항)이 정한 국무위원의 순
2. 사고시: 1차적으로는 대통령이 결정, 결정할 수 없는 경우에는 궐위시에 준하여 적용

▌권한대행의 범위

1. 현상유지 vs. 현상유지를 벗어나서도 행사 가능
2. 대행자가 민주적 정당성을 갖추지 못했기 때문에 현상유지적인 것에 국한(다수설)

Ⅱ. 대통령의 형사상 특권

▌개념

- 헌법 제84조: 대통령은 내란 또는 외환의 죄를 범한 경우를 제외 재직 중 형사
  소추 안함
- 대통령이라는 특수한 직책의 원활한 수행

▌내용

1. 재직 중 형사소추의 유예제도: 따라서 퇴직 후에는 형사소추 가능
2. 재직 중 소추가능한 것: 내란죄, 외환죄, 민사소송, 행정소송, 탄핵소추

▌효과

- 헌재 1995. 1. 20. 94헌마246
1. 재직 중 공소시효 정지: 임기만료시부터 시효진행
2. 내란죄, 외환죄의 경우에는 시효진행

헌재 1995. 1. 20. 94헌마246 대통령의 불소추에 관한 헌법규정은 대통령직책의 원활한 수행을 보장하고 국가의 권위를 유지해야 할 필요 때문에 재직 중인 동안만 형사상 특권을 부여하는 것이다. 따라서 대통령의 재직 중 형사상 소추를 할 수 없는 범죄에 대한 공소시효의 진행은 정지되는 것으로 해석하는 것이 원칙이다. 피의자 전두환에 대한 군형법상 반란죄 등에 관한 공소시효는 대통령으로 재직한 7년 5월 24일간은 진행이 정지되어 2001년 이후에야 완성된다.

Ⅲ. 대통령의 책무와 예우

▌직무에 관한 책무

1. 국가독립, 영토보존, 국가의 계속성과 헌법수호 책무
2. 조국의 평화적 통일을 위한 성실한 의무
3. 고도의 정치성을 띠는 것이므로 법적 의무라기보다는 정치적 성격을 가짐

▌선서의무

- 헌법 제69조: 대통령에게 직무수행의 방향을 제시하는 것

▌겸직금지의무

- 국무총리, 국무위원, 행정각부의 장 기타 법률이 정하는 공사(公私)의 직

▌전직대통령의 예우

1. 직전대통령: 국가원로자문회의의 의장(현재 구성되어 있지 않음)
2. 전직대통령 예우에 관한 법률

대통령의 권한

Ⅰ. 행정에 관한 권한

▌행정의 최고지도권

1. 행정부 수반으로서 행정기관에 대한 지휘, 감독권
2. 행정권의 최고책임자로서의 권한

▌법률집행권

1. 국회가 제정한 법률을 공포하고 집행할 권한
2. 법률집행을 위해 대통령령(위임, 집행명령)을 발할 수 있는 권한

▌외교권

1. 국가원수로서의 대외적 대표권
2. 조약의 체결비준권, 외교사절의 신임 접수 파견권, 선전포고 강화권
3. 국군의 해외파견, 외국군대의 주류
4. 외국정부의 승인권
   ※ 접수: 외국외교사절이 우리나라에서 외교활동을 할 수 있도록 수락하는 것

▌국군통수권

1. 개념: 대통령이 헌법, 법률이 정하는 바에 의하여 국군을 지휘 통솔하는 권한
2. 법적 성격
   - 국가원수권한설(권)
   - 행정부수반권한설(김)
   - 절충설(허): 행정부 수반과 국가원수가 모두 관련되어 있음
3. 내용: 군정권(양병작용) + 군령권(용병작용)

4. 행사방법과 절차

- 국가안전보장회의의 자문
- 국무회의의 심의 후 국무총리와 국방부장관의 부서(문서주의＋부서주의)
- 국군통수에 필요한 명령: 대통령령의 형식

5. 국군의 조직과 편성의 법정주의

- 국가의 재정: 국민의 납세의무와 관련
- 국민의 국방의무와 관련

▌공무원임면권

1. 임면: 임명과 면직은 물론 보직, 전직, 휴직, 징계처분 등 모두 포함(통설)
2. 공무원신분관계의 발생, 변경, 소멸(= 변동)의 원인
3. 공무원임명권의 제한

- 선거직 공무원: 국회의원, 지방자치단체장, 지방의회의원
- 일정기관의 제청 필요: 국무위원, 행정각부의 장, 감사위원, 대법관
- 국회의 동의: 국무총리, 감사원장, 대법원장, 대법관, 헌법재판소장
- 국무회의 심의: 검찰총장, 합동참모회 의장, 각군 참모총장, 국립대총장, 대사 등

4. 공무원면직권의 제한

- 국무총리 또는 국무위원에 대한 국회의 해임건의(법적 구속력 없음)
- 헌법상 신분보장: 법관, 헌법재판소 재판관, 선거관리위원회 위원
- 헌법과 법률상 면직사유 존재: 일반공무원, 신분보장을 받는 별정직 공무원

▌재정에 관한 권한

1. 예산안 제출권, 추가경정예산안 제출권, 계속비, 예비비 등의 편성 집행권
2. 기채 및 예산외 국가부담이 될 계약
3. 정부가 재정에 대한 주도권 보유
4. 국회는 예산을 삭감할 수 있어도 정부의 동의 없이 증액 불가
5. 국회에 의한 견제장치 마련: 국민의 재정적 부담과 직결되므로

- 조세법률주의, 국회의 예산안심의권
- 예비비지출의 차기국회 승인권
- 국채모집 및 예산 외 국가의 부담이 될 계약체결에 대한 국회의결

▌ 영전수여권

1. 국가원수의 지위에서 가지는 전통적 권한
2. 국민평등의 원칙에 반하는 특권부여는 불허

Ⅱ. 국회와 입법에 관한 권한

▌ 임시국회소집요구권

1. 국회와 정부의 협동을 위해 대통령에게 부여한 의원내각제적 요소
2. 기간과 집회요구의 이유 명시

▌ 국회에의 출석, 발언권

1. 대통령이 국회에 출석하여 발언하거나 서한으로 의견표시를 할 수 있는 권한
2. 정부와 국회의 협동을 기하기 위한 의원내각제의 요소
3. 이는 대통령의 권한일 뿐 의무는 아니므로 국회는 이를 요구할 수 없음

▌ 법률안제출권

1. 의원내각제적 요소
2. 입법과정에 정부의 능동적 역할 보장: 정부와 국회의 협력관계 형성
3. 행정부 수반의 지위에서 국무회의의 심의를 거쳐 행사

▌ 법률안거부권, 공포권

1. 개념
   - 국회에서 의결되어 정부에 이송된 법률안에 대해 대통령이 이의서를 붙여 국회에 환부하여 재의를 요구할 수 있는 권한
2. 제도적 기능
   - 국회의 입법기능 견제
   - 헌법수호기능: 법률집행권자의 실질적 심사권 부여

- 소수파의 의견, 이익을 무시하는 입법에 대한 견제기능
- 정지적 기능: 국회의 재의결시까지 법률로의 확정을 정지시키는 기능

3. 유형

  1) 환부거부(통상거부, 정지거부, 교서에 의한 거부)

- 대통령이 법률안을 정해진 기일 내에 이의서를 붙여 국회에 되돌려 보내는 방식
- 수정거부, 일부거부는 할 수 없음

  2) 보류거부

- 개념: 대통령이 일정 기간 내에 국회에 되돌려 버리지 않음으로써 법률안이
  자동 폐기
- 보류거부의 인정 여부

  ① 부정설: 회기계속의 원칙 채택, 폐회 중의 환부도 허용

  ② 부분긍정설: 예외적으로 의원의 임기만료, 국회해산시에만 인정

4. 행사절차

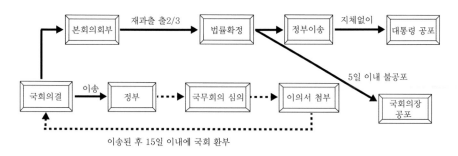

▎헌법개정안 제안, 공고, 공포권

1. 대통령이 국무회의의 심의를 거쳐 개헌안 제안
2. 공고: 제안 후 20일간 대통령이 공고
3. 공포: 국회의원 재적 과반수 투표와 투표자 과반수의 찬성으로 확정되며 즉시 공포

▎행정입법권(行政立法權)

1. 개념

- 대통령, 국무총리, 행정각부의 장이 법률의 구체적 범위를 정한 위임받은 사항

또는 법률집행을 위하여 법규를 제정하는 권한

2. 행정입법의 필요성

- 비전문가로 구성된 국회가 모든 사항을 법률로 직접 규정하는 것이 불가능
- 행정의 양적, 질적 변화에 따른 법률의 전문성, 기술성의 증대
- 각 지방의 특수 사정을 고려해야 할 필요성
- 전시 기타 비상시에 대처하기 위한 광범한 수권의 필요성 증대

3. 법적 성격

- 행정부에 의한 법정립작용: 국회중심입법의 원칙에 대한 예외
- 행정입법: 실질적으로는 입법작용이나 형식적으로는 행정작용

4. 유형

(1) 제정주체(대통령령, 총리령, 부령), 성질(법규명령, 행정규칙)

구 분	법규명령	행정명령
개 념	법규와 관련한 일반적, 추상적 법규범	법규와 직접 관련 없는 규정
권력적 기초	일반통치권	특별권력
규 율 대 상	국가와 국민간의 대외관계	행정조직, 특별권력관계의 내부관계
구 속 성	양면적, 대외적 구속력	일면적, 대내적 구속력
법단계 위치	개별적, 구체적 처분보다 우위	개별적, 구체적 처분과 동위
형 식	문서의 형식	일반형식 없고, 구두로도 가능
위 반 효 과	위법, 행정쟁송, 손해배상문제 발생	위법아님, 쟁송제기 불가, 내부적 징계

(2) 위임명령과 집행명령

1) 위임명령: 법률의 위임에 기초하여 발하는 명령

① 근거: 헌법 제75조 전단, 제95조

② 제도적 의의: 법률의 위임범위 내에서 새로운 법규사항을 제정하는 것(= 보충명령)

③ 범위 및 한계

- 위임은 개별적 구체적으로 범위를 정하여 특정 행정기관에 위임

- 전면적, 포괄적, 백지 위임이나 일반적, 추상적 위임은 허용 안 됨
- 복위임금지: 수권법의 변경에 해당하므로 금지
- 헌법에서 국회의 전속적 권한으로 하고 있는 사항의 위임 금지
※ 벌칙의 위임: 처벌대상행위를 법률에서 구체적으로 정하고 위임하는 경우
   는 가능

대법원 2000. 10. 19. 98두6265 헌법 제75조의 규정상 대통령령으로 정할 사항에 관한 법률의 위임은 구체적으로 범위를 정하여 이루어져야 하고, 이때 구체적으로 범위를 정한 다고 함은 위임의 목적·내용·범위와 그 위임에 따른 행정입법에서 준수하여야 할 목표·기준 등의 요소가 미리 규정되어 있는 것을 가리키고, 이러한 위임이 있는지 여부를 판단함에 있어서는 직접적인 위임 규정의 형식과 내용 외에 당해 법률의 전반적인 체계와 취지목적 등도 아울러 고려하여야 하고 규율 대상의 종류와 성격에 따라서 요구되는 구체성의 정도 또한 달라질 수 있으나 국민의 기본권을 제한하거나 침해할 소지가 있는 사항에 관한 위임에 있어서는 위와 같은 구체성 내지 명확성이 보다 엄격하게 요구된다.

헌재 2001. 6. 28. 99헌바34 의료법 제5조 제3호 중 "보건복지부령이 인정하는" 부분은 외국의 학교 중에서 우리나라의 한방의학을 전공하는 대학을 인정하는 것을 보건복지부 장관이 보건복지부령 등으로 정하도록 입법위임하고 있다고는 볼 수 없어서 포괄위임입법금지원칙에 위배되지 아니한다.

2) 집행명령: 법률을 집행하는 데 필요한 세칙을 정하는 명령
  ① 근거: 헌법 제75조 후단
  ② 제도적 의의: 법률집행의 통일성, 평등성, 합리성 보장
  ③ 범위 및 한계
    - 특정 법률 또는 상위명령을 집행하는데 필요한 구체적 절차, 형식만 규정
    - 새로운 범규사항이 규정은 불가능

대법원 1989. 9. 12. 88누6962 집행명령은 근거법령인 상위법령이 폐지되면 특별한 규정이 없는 이상 실효되나 상위법령이 개정됨에 그친 경우에는 당연히 실효되지 아니하고 개정법령의 시행을 위한 집행명령이 제정·발효될 때까지는 그 효력을 유지한다.

  ④ 효력
    - 법률하위의 법률종속적 효력
    - 모법이 소멸하면 종속성으로 명령도 당연 소멸

5. 행정입법에 대한 통제

  1) 행정부 내부에서의 통제

  ▪ 대통령령은 반드시 국무회의의 심의를 거쳐야 함

  ▪ 국무총리와 관계 국무위원의 부서가 있어야 함

  2) 국회에 의한 통제

  ▪ 대통령에 대한 탄핵소추, 국무총리와 국무위원에 대한 개별적 해임건의

  ▪ 국정감사 및 조사권, 질문권의 행사

  ▪ 명령에 대한 법률우위성을 통한 통제

  3) 법원에 의한 통제

  ▪ 위헌위법의 명령 등 심사권 행사

  4) 헌법재판소에 의한 통제

  ▪ 헌법소원의 제기

Ⅲ. 사면권(赦免權)

▌개념

1. 사법부의 사법권행사의 결과에 관여할 수 있는 권한
2. 군주의 은전권(恩典權)의 유물, 미국연방헌법상 최초로 헌법상 명문화

▌유형

1. 사면(赦免): 형사절차에 의하지 않고 형의 선고의 효과, 공소권의 소멸, 형집행의
              면제

  1) 일반사면: 범죄의 종류를 지정하고 이에 관련되는 죄를 범한 자에게 모두
            적용

  2) 특별사면: 형의 선고를 받은 특정인을 대상으로 형집행을 면제하는 것

2. 감형(減刑): 선고받은 형을 경감하거나 형집행을 경감

  1) 일반감형: 형의 선고를 받은 자에게 형을 변경

  2) 특별감형: 형의 선고를 받은 자에게 형의 집행을 변경

3. 복권(復權): 형선고의 부수적 효력으로 자격상실이나 자격정지된 경우 그 자격
             을 회복
  1) 일반복권: 죄 또는 형의 종류를 정하여 이와 관련된 자에게 모두 적용
  2) 특별복권: 특정한 자에 대하여 행하는 복권

▮ 대상자

1. 일반사면: 죄를 범한 자
2. 특별사면과 감형: 형의 선고를 받은 자
3. 복권: 형의 선고로 법령이 정한 바에 따라 자격상실 또는 정지된 자

▮ 한계

1. 권력분립의 원칙상 사법권의 본질적 내용 침해 불가능
2. 정치적 남용, 집권당에 유리한 수단으로 활용 불가능
3. 절차상 사법부의 의견청취
4. 국민의 법 앞의 평등의 원칙을 침해해서는 안 됨
5. 사면권행사에 대한 사법심사의 가부(可否)
  1) 부정설: 권력분립의 원리와 무관, 통치행위의 일종
  2) 긍정설: 법적 행위의 한 종류이므로 당연히 포함

대법원 1997. 10. 13. 96모33 형법 제41조, 사면법 제5조 제1항 제2호, 제7조 등의 규정의 내용 및 취지에 비추어 보면 여러 개의 형이 병과된 사람에 대하여 그 병과형 중 일부의 집행을 면제하거나 그에 대한 형의 선고의 효력을 상실케 하는 특별사면이 있은 경우 그 특별사면의 효력이 병과된 나머지 형에까지 미치는 것은 아니므로 징역형의 집행유예와 벌금형이 부과된 신청인에 대하여 징역형의 집행유예의 효력을 상실케 하는 내용의 특별사면이 그 벌금형의 신고의 효력까지 상실케 하는 것은 아니다.

Ⅳ. 헌법기관 구성 관여권

▮ 대법원장과 대법관 임명권

  ▪ 대법원장: 국회동의 후 임명

- 대법관: 대법원장의 제청으로 임명

▌ 헌법재판소의 장과 재판관 임명권

- 재판관 9인을 임명, 헌법재판소장은 재판관 중 1인을 국회 동의 후 임명

▌ 중앙선거관리위원회 위원 임명권

- 중앙선거관리위원회 위원 9인 중 3인 임명

▌ 감사원장과 감사위원 임명권

- 감사원장: 국회동의 후 임명, 감사위원 — 감사원장의 제청으로 임명

V. 국민투표부의권

- 주권행사기관인 국민의 신임을 작접확인하여 정당성 확보를 위함(입법은 불포함)
- 총 6회 실시(헌법개정: 4회, 신임투표적 국민투표: 2회)

VI. 정당해산제소권

▌ 의의

1. 정부수반으로서의 지위 + 국가수호자로서의 지위
2. 특징
    - 제소권은 정부에, 심판권은 헌법재판소에 부여
3. 일사부재의의 원칙 적용
    - 합헌결정시 동일 사유로 제소 금지

VII. 긴급재정경제처분, 명령권

▌개념

- 내우, 외환, 천재, 지변 또는 중대한 재정, 경제상의 위기
- 긴급한 조치의 필요성 + 국회의 집회를 기다릴 여유가 없는 경우의 긴급처분 및 명령

▌법적 성격

- 국회에 부여된 재정의결의 원칙(재정의회주의)에 대한 예외

▌발동요건

1. 상황요건: 비상사태 또는 재정, 경제분야의 긴급사태
2. 목적요건: 국가안전보장, 공공의 안녕질서 유지를 위한 긴급한 필요성
3. 국회의 집회를 기다릴 여유가 없을 것
4. 절차요건: 국무회의의 심의, 국무총리와 관계 국무위원의 부서

▌내용과 효력

1. 재정사항과 경제사항에 국한, 필요불가결한 최소한의 것
2. 처분: 처분적 효력
3. 명령: 법률적 효력
4. 국회가 불승인: 그때부터 효력 상실

▌통제

1. 사전통제· 행정부 내부에서의 절차적 통제
2. 사후통제
   - 국회통제: 보고, 승인(가장 실효성 있는 통제수단)
   - 법원통제: 긴급처분의 경우 위헌위법명령규칙처분심사권의 심사대상
   - 헌법재판소통제: 처분(헌법소원의 대상), 명령(위헌법률심판, 헌법소원 대상)

VIII. 긴급명령권

▎개념

- 중대한 교전상태에서 국가보위를 위하여 긴급한 조치가 필요
- 국회의 집회가 불가능한 때

▎법적 성격

- 국회입법의 원칙 및 입헌주의에 대한 예외

구 분	긴급명령	긴급재정경제명령	긴급재정경제처분
발동사유	국가안위(교전상태)	비상상황, 재정경제상 긴급상황	
목 적	국가의 보위	국가의 안전보장, 공공의 안녕질서의 유지	
시 기	국회집회 불가능	국회집회를 기다릴 여유가 없을 때	
내 용	국가보위를 위한 명령	재정경제상 명령	재정경제상 처분
효 력	법률과 동등한 효력		처분

▎요건

1. 중대한 교전상태: 전쟁, 이에 준하는 내란 또는 사변 등
2. 법률의 형식에 의하지 않으면 목적달성이 불가능한 조치
3. 사실상의 국회집회 불가능: 폐회나 휴회 중 비상사태 발생
4. 절차적 요건: 국무회의의 심의와 부서, 국회에의 보고와 승인

▎효력

1. 국회승인: 승인 전(잠재적 효력), 승인 후(영속적 효력)
2. 법률적 효력: 헌법개정 불가능, 국회해산 불가능(국회에의 보고 승인 필요하므로)

▎통제

1. 사전통제: 행정부 내부의 절차적 통제
2. 국회통제: 국회의 승인권, 사후 입법권의 발동을 통한 통제

3. 법원통제: 재판의 전제가 된 경우 헌법재판소에 위헌법률심판 제청
4. 헌법재판소통제: 위헌법률심판, 헌법소원심판

Ⅸ. 계엄선포권

▎개념

- 전시, 사변 또는 이에 준하는 국가비상사태 발생
- 병력으로써 군사상 필요 또는 공공의 안녕질서를 유지할 필요성
- 대통령이 전국 또는 일정한 지역을 병력으로 경비하는 제도

▎법적 성격

1. 현상유지적 조치
2. 비상집행적 조치로서의 고전적 국가긴급권

▎선포요건

1. 전시, 사변(무장반란집단의 폭동), 이에 준하는 국가비상사태 발생
2. 군사상(군대의 안전을 위한 군작전상 필요), 공공의 안녕질서(경찰상 질서유지)
3. 절차적 요건: 국무회의 심의, 국무총리 및 관계 국무위원의 부서
4. 국회에 사후통고

▎계엄의 종류

1. 비상계엄: 적과 교전상태에 있거나 사회질서가 극도로 교란된 지역에 선포
2. 경비계엄: 사회질서가 교란된 지역에 선포

▎계엄선포권의 내용

1. 선포권자: 대통령만 가능
2. 계엄변경: 국무회의 심의 후 계엄지역의 확대 및 축소, 계엄의 종류, 계엄사령관
   경질

3. 계엄선포시 그 이유, 종류, 일시, 지역 및 계엄사령과 공고

▌계엄의 효력

1. 비상계엄
   1) 특별조치: 영장제도, 언론 출판 집회 결사의 자유, 정부나 법원에 관해서
   2) 기본권 제한의 범위: 거주 이전의 자유, 단체행동권의 제한 허용(계엄법 제9조)
   ▪ 합헌설: 헌법 제77조 제3항은 예시적 규정
   ▪ 위헌설: 헌법 제77조 제3항은 한정적 규정
   3) 군사법원의 관할: 일반인도 일정 범죄(계엄법 제10조)에 관해 군사법원의
      단심재판
   4) 국회와 헌법재판소에 관한 특별조치는 불가능
2. 경비계엄
   1) 계엄지역 안의 군사에 관한 행정사무와 사법사무 관장
   2) 헌법과 법률에 의하지 않는 정부나 법원의 권한, 기본권 제한 불가능

▌계엄의 해제

1. 평상상태로 회복된 때, 국회재적 과반수 찬성으로 해제 요구시
2. 계엄해제일로부터 모든 행정사무와 사법사무는 평상상태로 회복
3. 군사법원에 계속 중 사건 비상계엄 해제와 동시에 일반법원으로 이전

▌계엄의 통제

1. 사전통제: 행정부 내부에서의 절차적 통제
2. 국회통제: 국회의 계엄해제 요구권, 정부통제권을 통한 통제
3. 법원통제: 계엄선포(통치행위로 사법심사 제외), 계엄당국의 개별행위(사법심사
      가능)
4. 헌법재판소통제: 헌법소원심판

대법원 1983. 5. 24. 82도142 비상계엄이 해제되었다 하더라도 계엄실시중의 계엄포고령 위반행위에 대한 형이 범죄 후 법령의 개폐로 폐지된 것에 해당한다고 볼 수 없으므로 계 엄법 위반죄로 처벌된다(동지 대법원 1982. 10. 26. 82도1861; 1985. 5. 28. 82도1045).

대통령의 권한행사방법과 통제

Ⅰ. 권한행사의 방법

▌ 자문기관의 자문

1. 필요적 자문기관: 국가안전보장회의
2. 임의적 자문기관: 국가원로자문회의, 민주평화통일자문회의, 국민경제자문회의
3. 자문을 받을 것인지 여부판단: 대통령의 재량

▌ 국무회의 심의

1. 취지: 국정의 통일성, 정책결정의 신중성 부여
2. 심의를 거치지 않은 국법상 행위
   - 유효설: 그 자체는 유효 단 탄핵소추의 대상
   - 무효설: 그 자체 무효

▌ 문서주의

1. 취지: 권한행사의 내용 명확화, 법적 안정성 부여, 증거를 남김으로써 권한행사의 신중
2. 문서에 의하지 않은 행위: 원칙상 법적 효력 발생하지 않음

▌ 부서(副署)

1. 의의
   - 대통령의 서명에 이어 국무총리, 관계 국무위원이 서명하는 것
2. 법적 성격
   - 보필책임설: 대통령의 전제방지, 부서권자의 보필책임과 책임소재 명백화
   - 물적 증거설: 국무행위에 참여했다는 물적 근거의 성질
3. 부서권자
   - 국무총리와 관계 국무위원

4. 부서 없는 대통령의 국법상 행위의 효력

- 무효설: 국법상 행위의 유효요건
- 유효설: 단순 위법행위가 되어 탄핵사유가 될 뿐

▌국회의 동의, 승인, 통고

1. 동의

- 조약의 체결 비준, 선전포고, 국군의 해외파견, 외국군의 국내주류, 일반사면 등

2. 승인

- 예비비지출, 긴급재정경제처분 및 명령, 긴급명령

3. 통고

- 계엄의 선포

Ⅱ. 권한행사의 통제

▌기관 내 통제

국무회의 심의, 부서, 각종 자문기관의 자문

▌기관 외 통제

1. 국민: 선거권, 국민투표권, 저항권, 여론을 통한 통제
2. 정당: 야당의 이유 있는 비판, 국민에 대한 여론 환기
3. 국회: 탄핵소추권, 국정감사·조사권, 긴급명령 등의 승인권, 계엄해제 요구권, 국무총리·국무위원 해임건의권, 대정부질문권 등
4. 법원: 대통령령, 행정처분에 대한 위헌위법심사권 등
5. 헌법재판소: 탄핵결정, 긴급명령, 긴급재정경제명령, 조약의 위헌심사, 정당해산 심판 등

정부

Ⅰ. 국무총리

▌헌법상 지위

1. 대통령의 권한대행자로서의 지위: 사고나 궐위 시 제1순위 대행권자
2. 대통령의 보좌기관으로서의 지위: 대통령의 명을 받아 행정각부를 통괄
3. 집행부의 제2인자로서의 지위
   - 국무위원 및 행정각부 장의 임명제청 및 해임건의, 국무회의 부의장, 국정전반의 부서권
4. 국무회의 부의장으로서의 지위
5. 중앙행정기관으로서의 지위
   - 소관업무: 기획 조정업무, 성질상 어느 한 부서에 관장시키기 곤란한 업무

▌신분상 지위

1. 임명
   - 국회의 동의(인사청문특별위원회의 심사 후)를 얻어 대통령이 임명
2. 국무총리 서리제의 위헌 여부
   - 위헌론: 헌법조항의 준수, 권력분립의 원리상, 유고시 제1순위 대행권자이므로 검증 필요
   - 합헌론: 국가비상사태, 헌법유고, 헌법장애(국회의 내부적 사정)
3. 국회의원의 겸직문제
   - 국회법 제29조 제1항: 국회의원의 겸직금지대상에 불포함
   - 국회와 행정부의 융화도모, 국회의 신임을 바탕으로 강력한 행정추진
4. 해임
   - 대통령이 행하며, 국회의 해임건의 가능(법적 구속력 없음)

▌국무총리의 권한

1. 국무회의에서의 심의 참가권
2. 집행부의 구성관여권: 국무위원, 행정각부의 장에 대한 임명제청, 해임건의
3. 부서권과 대통령의 권한대행권
4. 행정각부의 통할(= 행정각부에 대한 지시와 조정), 감독권
5. 총리령 발포권(헌법 제95조): 법률이나 대통령령의 위임 또는 직권
   - 총리령과 부령의 우열관계: 동위설(다수설)
6. 국회에의 출석발언권

▌책무

1. 대통령에 대한 책무: 대통령보좌, 행정각부 통할, 대통령의 모든 국법상 행위에 의 부서
2. 국회에 대한 책무: 국회에의 출석, 답변요구에 응할 책무

Ⅱ. 국무회의

▌헌법상 지위

1. 필수적 헌법기관의 지위
   1) 미국 각료회의: 대통령이 임의로 구성하고 운영하는 자문기관
   2) 영국 내각: 헌법적 관행으로 형성된 의결기관
2. 정부의 정책심의기관
   - 법적 구속력 있는 의결 불가, 단순 자문도 아닌 중간형태
3. 최고정책심의기관
   - 대통령에 소속된 하급기관이 아닌, 정책결정에 대한 보좌기관

▌구성

- 대통령, 국무총리와 15인 이상 30인 이하의 국무위원
- 수가 적으면 독선기능방지 효용성 저하, 너무 많으면 사무처리의 지연 가능성 노출

▌ 심의(審議)

1. 개의(開議): 국무위원 과반수의 출석, 의결(議決): 출석국무위원 2/3 이상의 찬성
2. 대상: 헌법 제89조, 법령에서 국무회의의 심의사항으로 규정한 것
3. 효과: 대통령을 법적으로 구속하는 효력 없음(다수설)
   ▪ 심의단계를 결여한 국법상 행위의 효력: 효력에는 영향이 없고 탄핵사유가 됨

Ⅲ. 국무위원

▌ 헌법상 지위

1. 국무회의 구성원으로서의 지위
2. 대통령의 보좌기관으로서의 지위

▌ 신분상 지위

1. 임명: 국무총리의 제청으로 대통령이 임명
2. 국무위원도 국회의원직 겸직 가능

▌ 국무위원의 권한

1. 국정심의권: 국무회의의 구성원이므로
2. 부서권, 국회에의 출석, 발언권
3. 대통령의 권한대행권

▌ 책무

1. 대통령에 대한 책무: 국법상 행위에 부서할 책임
2. 국회에 대한 책무: 출석 답변의무 부담, 탄핵소추, 해임건의에의 기속

Ⅳ. 행정각부

▮ 개념

1. 집행부의 구성단위로 법률이 정하는 행정사무를 처리하는 중앙행정기관
2. 기관의 장이 국무위원이 아니거나 부령발포권이 없으면 행정각부 아님(89헌마221)

헌재 1994. 4. 28. 89헌마221 정부조직법제14조제1항등의위헌여부에관한헌법소원 헌법이 "행정각부"의 의의에 관하여는 아무런 규정도 두고 있지 않지만, "행정각부의 장"에 관하여는 "제3관 행정각부"의 관에서 행정각부의 장은 국무위원 중에서 임명되며(헌법 제94조) 그 소관사무에 관하여 법률이나 대통령령의 위임 또는 직권으로 부령을 발할 수 있다(헌법 제95조)고 규정하고 있는바, 이는 헌법이 "행정각부"의 의의에 관하여 간접적으로 그 개념범위를 제한한 것으로 볼 수 있다. 즉, 성질상 정부의 구성단위인 중앙행정기관이라 할지라도, 법률상 그 기관의 장이 국무위원이 아니라든가 또는 국무위원이라 하더라도 그 소관사무에 관하여 부령을 발할 권한이 없는 경우에는, 그 기관은 우리 헌법이 규정하는 실정법적 의미의 행정각부로는 볼 수 없다는 헌법상의 간접적인 개념제한이 있음을 알 수 있다. 따라서 정부의 구성단위로서 그 권한에 속하는 사항을 집행하는 모든 중앙행정기관이 곧 헌법 제86조 제2항 소정의 행정각부는 아니라 할 것이다.

▮ 행정각부의 조직

1. 정부조직법: 17부 4처
2. 각부의 장은 국무위원 중 임명(15~30인 이내): 이 범위 내에서 설치 가능

▮ 행정각부의 장의 지위와 권한

1. 국무위원 중 국무총리의 제청으로 대통령이 임명
2. 행정각부의 장과 국무위원과의 관계

구 분	행정각부의 장	국무위원
성 격	정부구성단위: 중앙행정기관(행정관청)	정책기관인 국무회의 구성원(보좌자)
사무범위	소관사무만 담당	사무의 한계가 없음
권 한	소관사무의 집행권	국무회의에서의 심의, 표결권
대외적 효력	부령발포권(자기명의로 국가의사표시)	대외적 국가의사표시 불가능

V. 감사원

▌개념

1. 결산, 회계감사 및 직무감찰을 위한 대통령 소속하의 헌법기관
2. 변천: 제헌헌법(심계원) → 2공화국(감찰위원회) → 3공화국(감사원 = 심계원 + 감찰위)
3. 유형
   1) 입법부형: 미국(회계검사원), 영국(회계감사원)감사활동을 체계적으로 실시
   2) 행정부형: 2차대전 이전의 독일, 프랑스 일본
   3) 독립형: 현재의 독일, 프랑스, 일본
   4) 우리나라: 행정부형(감사기관의 중복회피를 통한 예산절약, 인원감축, 독립성 강화)

▌헌법상 지위

1. 필수적 헌법기관: 헌법상 그 설치, 운영이 강제적
2. 대통령소속기관: 대통령(국가원수) 소속의 중앙행정기관
3. 독립기관: 직무상 독립성 보장
4. 합의제기관: 감사위원회의에서 의결의 형식으로 업무처리
   ▪ 감사기관의 독립성 보장, 직무수행의 신중성 확보

▌감사원의 구성

1. 조직: 원장과 감사위원(5인 이상 11인 이하)으로 구성
2. 임기: 4년, 1차 중임가능
3. 신분보장: 탄핵결정, 금고 이상의 형의 선고, 심신쇠약으로 직무수행 불가능시를 제외

▌감사원의 권한과 의무

1. 예산의 검사, 보고권: 국가의 세입, 세출을 결산 그 결과를 대통령과 차년도 국회 보고

2. 회계검사권: 국가 및 법률(감사원법)이 정한 단체의 회계검사

3. 직무감찰권: 행정기관과 공무원의 직무에 관한 감찰

- 법원과 국회의 공무원은 감사원의 감찰대상에서 제외

4. 감사결과와 관련된 권한: 변상책임의 판정권, 재심의권 등

5. 감사원규칙제정권

- 감사에 관한 절차, 내부규율, 감사사무처리에 관한 규칙(감사원법 제52조)

- 법규명령 vs. 행정규칙

6. 의무: 겸직금지의무(감사원법 제9조), 정치운동의 금지(감사원법 제10조)

VI. 선거관리위원회

▌개념

선거와 국민투표의 공정한 관리, 정당사무처리를 위한 독립된 헌법기관

▌헌법상 지위

1. 필수적 헌법기관: 2공화국 헌법 이래 독립된 헌법기관으로 설치

2. 독립기관: 기능상 국회, 법원, 대통령으로부터 완전 독립

3. 합의제기관: 위원 과반수의 출석으로 개의, 출석 과반수의 찬성으로 의사결정

▌선거관리위원회의 구성

1. 종류: 중앙선관위, 광역단체 선관위, 기초단체 선관이, 투표구선관위

2. 위원장: 각 선관위를 대표, 사무통할(※ 위원장은 위원 중 호선〈互選〉)

3. 위원: 중앙선관위(대통령, 국회, 대법원장 각 3인씩), 투표구선관위(7인)

4. 임기: 6년, 연임이나 중임에 관한 제한 규정 없음

5. 신분보장: 탄핵, 금고 이상의 형의 선고 제외

6. 정치적 중립성: 정당가입, 정치관여 금지

▮ 선거관리위원회의 권한

1. 선거와 국민투표의 관리권
   - 선거운동, 투표, 개표, 당선자 확정, 선거사무, 국민투표사무
2. 정당사무관리 및 정치자금배분권
   - 정당법이 정하는 정당관련 사무, 정치자금법상의 정치자금의 조성 및 배분사무
3. 규칙제정권
   - 법령의 범위 안에서 선거와 국민투표관리, 정당사무에 관한 규칙제정
   - 법률의 범위 안에서 내부규율에 관한 규칙제정
4. 재정(裁定)신청권: 선거관련 고발사건에 대해 공소제기 않는다는 통지를 받은 경우

▮ 선거공영제

1. 의의
   - 공명선거를 위해 국가가 선거운동을 관리하고 선거경비를 국고 또는 기탁금 충당
2. 선거운동기회균등의 원칙(제116조 제1항): 후보자, 정당 모두에 보장
   - 선거운동: 특정 후보자의 당선되게 하거나 되지 못하게 하기 위한 행위
3. 선거비용국가부담의 원칙(제116조 제2항)

법원(法院)

Ⅰ. 법원의 비교법적 지위

▌공통점

1. 사법기관(司法機關)
2. 다른 국가기관으로부터 독립성을 보장받는 제3의 권력

▌사법집중형 국가

1. 일반법원에 헌법재판권 부여: 미국, 일본 등
2. 기본권 보장기관, 헌법보장기관으로서 기능수행

▌사법분산형 국가

1. 헌법재판권을 헌법재판소 또는 헌법평의회에 부여: 독일, 프랑스 등
2. 약화된 기본권 보장기관과 헌법보장기관

▌역대 헌법상 법원의 지위

1. 헌법위원회에 헌법재판권 부여: 제1, 4, 5공화국
2. 사법집중형: 제3공화국
3. 헌법재판소에 헌법재판권 부여: 제2, 6공화국

Ⅱ. 현행 헌법상 법원의 지위

▌사법기관으로서의 지위

1. 소송제기시 법을 해석, 적용하여 분쟁을 해결하는 헌법기관

법원 | **329**

2. 법원사법(法院司法)의 원칙(헌법 제101조 제1항)
3. 예외
- 국회의원의 자격심사, 징계, 제명처분은 국회의 자율권으로
- 위헌법률, 탄핵, 위헌정당해산, 권한쟁의, 헌법소원은 헌법재판소에
- 사면권은 대통령에 부여

▋ 기본권 보장기관으로서의 지위

1. 국가권력 특히 행정권의 자의적 행사로부터 국민의 자유와 권리 보장
2. 재판: 기본권 침해시 이를 구제하는 최종적인 제도적 보장방법
3. 가장 근본적인 지위
4. 위헌위법의 명령처분규칙 심사권(제107조 제2항)
5. 위헌법률심판제청권(제107조 제1항)

▋ 사법적 통제기관으로서의 지위

1. 법원의 중립적 권력기관성
- 입법부, 행정부로부터의 독립, 사법부 내부와 정치사회 제세력으로부터의 독립
2. 예외
- 대통령의 대법원장, 대법관 임명
- 정부의 법원예산안 편성, 국회의 법원예산 심의 확정
- 비상계엄하에서 법원의 권한에 대한 특별조치 인정

▋ 법질서수호기관으로서의 지위

1. 법규의 해석 적용을 통한 법질서를 수호하는 기관
2. 헌법재판: 의회내 다수파의 횡포와 자의적 입법으로부터 헌법수호
3. 행정재판: 집행권의 자의적 발동을 견제
4. 법원의 헌법수호적 기능 일부 담당
- 위헌위법의 명령규칙처분심사권, 위헌법률심사제청권, 선거에 관한 재판
- 현행 헌법상 헌법수호기능은 원칙적으로 헌법재판소 담당

Ⅲ. 사법권의 개념

▌ 실질적 의미의 사법과 형식적 의미의 사법

1. 실질적 의미

구체적 쟁송사건에 대한 무엇이 법인가를 판단, 선언하는 작용

모든 재판작용 포함(민사, 형사, 행정, 헌법재판 포함)

특징: 법해석 작용(행정과 동일), 수동적 국가작용(행정과 구별)

2. 형식적 의미

사법기관인 법원의 권한에 속하는 모든 국가작용

재판작용 + 규칙제정권(입법권), 사법행정권

3. 양립설: 사법행정권과 사법입법권을 제외하고 사법권을 형식적으로 파악

헌재 2001. 3. 15. 2001헌가1,2,3(병합) 공적자금관리특별법 제20조 및 부칙 제3조 중 각 파산관재인 부분('이사건 조항')은 정당한 입법목적을 지니며 보다 효율적이고 신속한 공적자금의 회수에 기여할 것이라고 인정될 수 있으므로 자의적이거나 불합리하게 법원의 사법권을 제한한 것이라고 보기 어렵다.

▌ 광의의 사법과 협의의 사법

1. 광의의 사법: 독립기관인 법원의 권한에 포함된 일체의 작용

- 재판작용, 비송사건, 사법행정작용, 사법입법작용 포함

2. 협의의 사법: 법원이 관장하는 재판작용

- 민사재판, 형사재판, 행정재판

Ⅳ. 사법권의 본질과 기능

▌ 사법작용

▌사법권의 본질적 특성

1. 사건성: 권리, 의무에 관한 법률적 분쟁으로서의 사건을 전제
2. 수동성: 당사자에 의한 소송제기가 있어야 함
3. 소극성: 분쟁해결을 통하여 기존의 법질서를 유지하려는 소극적 작용
4. 독립성: 사법작용의 공정성을 위해 법원의 독립과 정치적 중립성 요구됨
   ※ 이론상 곤란한 문제
   - 판결의 법정립작용성: 새로운 권리의무관계를 창설하는 경우
   - 사법집중형 국가의 경우 사법의 정치화 우려

▌사법작용의 기능

- 국민의 기본권 보장기능
- 소수자의 권익보호기능
- 법질서의 수호기능

V. 사법권의 범위

▌행정형 국가와 사법형 국가

1. 행정형
   - 행정법체계 인정: 행정상 쟁송을 일반법원에서 독립된 행정재판소 관할
   - 사법권의 범위에서 행정재판 제외
2. 사법형
   - 행정법체계 불인정: 모든 분쟁을 일반법원 담당
   - 행정재판뿐 아니라 헌법재판도 일반법원 관할
3. 양제도의 접근
   - 행정형 국가: 개괄주의와 사법절차의 준용채택
   - 사법형 국가: 행정법의 인정

▌현행 헌법하의 사법권의 범위

1. 민사재판

   1) 사인간의 권리의무관계의 존부, 의무불이행

   2) 소송절차에 따라 법률관계의 확정과 의무이행을 보장하는 재판제도

   3) 판결절차, 강제집행절차, 등기, 호적, 공탁, 경매 등 모두 포함

2. 형사재판

   1) 범죄가 발생한 경우 범죄를 확정하여 형벌을 귀속시키는 재판제도

   2) 공판절차, 약식재판, 영장발부제도, 소년법에 의한 형사절차, 군사재판 포함

3. 행정재판

   1) 행정작용에 관한 법적 분쟁을 당사자의 소송제기를 통해 해결하는 재판제도

   2) 행정재판도 사법권에 포함(사법형 제도채택)

   3) 행정법원 설치: 3심제 채택, 항고소송, 당사자소송, 민중소송, 기관소송

4. 헌법재판

   1) 헌법보장을 위한 소송제도

   2) 위헌법률심판, 탄핵심판, 위헌정당해산심판, 권한쟁의심판, 헌법소원심판

5. 법원에 속하는 사법유사의 권한

   1) 명령, 규칙에 대한 위헌위법심사권

   2) 선거소송심판권

   ▪ 대통령, 국회의원, 광역자치단체장 선거: 대법원 관할

   ▪ 지방의회의원, 기초자치단체장 선거: 선거구 관할 고등법원

   3) 기관소송심판권

   ▪ 지자체장의 명령 등이 감독권행사로 취소된 경우, 지방의회가 재의결한 사항
이 법령위반인 경우

VI. 사법권의 한계

▌ 헌법상 한계

1. 성질상 사법권행사의 대상이 되나 헌법이 배제한 경우

- 헌법재판소의 관할 사항
- 국회의 자율권, 비상계엄하의 군사재판

▌ 국제법상 한계

1. 치외법권자
2. 조약: 국가간, 국가와 국제조직간 또는 국제조직 상호간의 문서상 합의
   - 헌법우위설(헌법 제6조 제1항)의 입장에서 사법심사의 대상이 됨

▌ 사법본질상의 한계

1. 단순한 법적 의문이나 법적 해석은 사건성 결여로 사법권의 범위 밖
2. 소의 이익: 소송제기를 통해 보호받는 이익이 법률상 보호가치 있는 것이어야 함
3. 당사자적격: 소송을 수행할 정당한 이익이 있는 자에 의한 제기
4. 사건의 성숙성: 현재의 급박한 문제

▌ 권력분립상 한계

1. 국회의 자율기능: 의결절차의 당부, 의결정족수의 존부 등
2. 행정부의 자유재량행위: 합목적성과 관련하여 당, 부당이 문제됨
   - 재량의 한계를 넘거나 남용이 있을 때는 사법심사의 대상이 됨
3. 특별권력관계에서의 처분
   - 제한적 긍정설: 기본관계와 내부관계로 구분
   - 기본관계에 관해서만 사법심사의 대상 인정
4. 적극적 형성재판: 부정
5. 통치행위

- 개념: 고도의 정치성을 띤 국가행위
- 학설: 긍정설 vs. 부정설 대립
- 국민의 기본권 침해와 직접적 관련이 없는 경우: 사법심사 자제
- 국민의 기본권 침해와 직접적 관련이 있는 경우: 사법심사의 대상이 됨
- 범위: 국가긴급권, 선전포고 강화, 외교적 행위, 사면권, 국군통수권 등

Ⅶ. 사법권의 독립

▌개념

1. 협의: 법관의 직무상 독립 = 판결의 자유
2. 광의: 법관의 신분상 독립 = 법관의 신분보장

▌연혁

1. 절대군주의 자의적 재판으로부터 시민의 자유와 권리 보장
2. 사법권의 독립의 이론적 기초제공: 몽테스키외 '법의 정신'
3. 성문화: 버지니아권리장전(최초), 프랑스인권선언, 우리의 경우 제헌헌법부터 규정

▌제도적 의의

- 법생활의 안정과 시민적 자유의 보장

헌재 1990. 6. 25. 89헌가98내지101 금융기관의연체대출금에관한특별조치법제7조의3에대한 위헌심판 사법권의 독립에 있어서 법관이 재판함에 있어서 지시로부터의 독립이 그 한가지 내용을 이룬다면 이는 사법권의 독립에 위협의 소지가 될 수 있는 특권이고, 나아가 사법권은 법관으로 구성된 법원에 속한다고 하여 명실상부하게 사법권을 법원에 귀속시켜 권력분립의 구조위에 민주체제를 확립하고자 하는 지표와도 조화되기 어려운 특권이라고 할 것이다.

Ⅷ. 법원의 독립

▌개념

- 공정한 재판을 위해 법원의 조직, 운영 기타 제도적 측면에서 국회와 행정부로부터 독립

▌국회로부터의 독립

1. 의의

- 조직, 구성, 업무의 본질적인 면에서 상호 독립성 보장

2. 내용

1) 법관과 국회의원의 겸직금지
2) 국정조사 및 감사는 사법행정에 한해서 행사
3) 상호 견제와 균형의 수단을 통한 권력균형 유지

▌행정부로부터의 독립

1. 의의

- 관방사법에 대한 투쟁의 산물이므로 사법권독립의 본질적 요소

2. 내용

1) 법관과 행정부구성원 상호간의 겸직금지
2) 조직, 운영, 구성 및 기능면에서의 상호독립성 보장
3) 상호 견제와 균형의 수단을 통한 권력균형 유지

Ⅸ. 법관의 독립

▌직무상 독립(= 물적, 재판상 독립)

1. 개념

- 헌법과 법률에 의하여 그 양심에 따라 독립하여 심판하는 것

2. 내용(內容)

1) 헌법과 법률 및 양심에 따른 심판

- 제도적 의의: 재판의 정당성 보장, 법질서의 통일성 유지
- 헌법과 법률: 형식적 의미의 것뿐 아니라 모든 형식의 법규범 포함(통설)
- 법률의 범위
  - 형사재판: 죄형법정주의의 요청상 형식적 의미의 법률로 한정
  - 민사, 행정재판: 형식적, 실질적 의미의 법률 모두 포함
- 법관의 양심: 객관적 양심(= 법관의 직업적 양심)
  - 법관으로서의 양심과 인간으로서의 양심 충돌시 전자에 근거하여 심판

헌재 2001. 11. 29. 2001헌가16 어떤 범죄를 어떻게 처벌할 것인가 하는 문제 즉 법정형의 종류와 범위의 선택은 광범위한 입법재량 내지 형성의 자유가 인정되어야 할 분야이다. 이사건 법률 조항(성폭력범죄의처벌및피해자보호등에관한법률 제5조 제2항)이 별도의 법률상 감경사유가 없는 한 집행유예의 선고를 할 수 없도록 그 법정형을 정하였다고 하여 곧 그것이 법관의 양형결정권을 침해하였다거나 법관독립의 원칙에 위배된다고할 수 없다.

2) 외부적 간섭으로부터의 독립

- 다른 국가기관으로부터의 독립
- ※ 입법, 행정, 헌법재판소, 선거관리위원회, 지방자치단체 등
- 정치적, 사회적 세력으로부터의 독립
- ※ 여론, 대중시위, 법정투쟁 등
- 소송당사자로부터의 독립
- ※ 소송법상 법관의 제척, 기피, 회피제도 마련

헌재 1995. 11. 30. 92헌마44 헌법 제101조는 사법권독립을 보장하고 있는바, 형사재판에 있어서 사법권 독립은 신판기관인 법원과 소추기관인 검찰의 분리를 요구함과 동시에 법관이 실제 재판에 있어서 소송당사자인 검사와 피고인으로부터 부당한 간섭을 받지 않은 채 독립하여야 할 것을 요구한다.

3) 내부적 간섭으로부터의 독립

- 상급법원의 지휘, 명령을 받지 않는 재판의 보장
- 합의제 재판의 경우에도 배석판사는 재판장의 지시나 명령을 받지 않음

- 법원조직법 제8조: 상급법원의 재판에서의 판단은 당해 사건에서 하급심을 기속한다.
- ※ 상급법원이 행한 파기, 취고환송사건의 판결에 대한 법률상 판단: 하급법원 기속
- ※ 상급재판의 기속력도 구체적 사건에 한하여 인정

▌신분상 독립(= 인적 독립)

1. 개념
- 법관의 신분보장: 직무상 독립보장을 위한 전제조건
- 법관의 자격제, 임기제, 인사의 독립성

2. 내용
1) 법관인사의 독립
- 대법원장(국회동의 후 대통령 임명), 대법관(대법원장 제청으로 국회동의 후 대통령 임명)
- 일반법관: 대법원장이 대법관회의의 동의를 얻어 임명

2) 법관의 자격과 임기
- 법관자격법정주의(헌법 제101조 제3항)

구 분	임 기	중 임	연 임	정 년
대법원장	6년	×	×	70세
대법관	6년	×	○	65세
일반법관	10년	×	○	63세

- ※ 임기제: 법관의 보수화, 관료화 방지
- ※ 성년세: 법관의 노쇠화 방지

3) 법관의 신분보장
- 면직사유의 제한: 탄핵 또는 금고 이상의 형의 선고만 가능
- 징계처분의 제한: 법관징계위원회의 징계처분(정직, 감봉, 견책)
- 퇴직사유: 중대한 심신상 장애
- 파견근무의 제한, 보수법정주의

4) 법관의 겸직금지

- 국회의원, 지방의회의원, 행정공무원, 정치운동관여, 허가 없이 보수 있는 직무에의 종사
- 금전상 이익목적의 업무, 법인 등의 고문, 임원 직원 등 취임, 대법원규칙이 정한 업무

▌사법권독립의 예외

1. 국회의 관여: 임명동의권, 법원예산심의확정권, 국정조사, 법관탄핵소추
2. 행정부의 관여: 임명권, 비상계엄, 법원예산편성권, 사면권

X. 법원의 조직

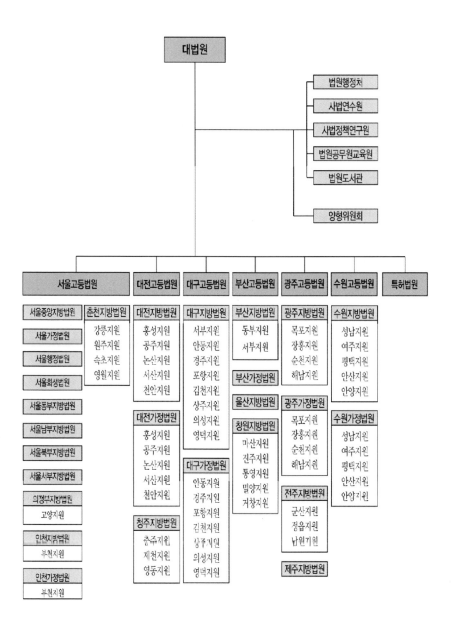

XI. 대법원

▌대법원의 지위

1. 최고법원으로서의 지위
   - 최종심으로서 모든 재판의 귀결점
   - 예외: 비상계엄하의 군사재판
2. 최고사법행정기관으로서의 지위
   - 사법권을 운영하기 위한 사법행정권 보유

▌대법원의 조직

1. 구성원: 대법원장 + 대법관(14인), 대법관 아닌 법관
2. 내부조직
   - 대법관회의
   - 대법관전원합의제
   - 부(部): 일반부와 특별부

▌대법원장의 권한과 대법원의 관할

1. 대법원장의 권한
   - 법원대표권, 대법관제청권, 헌법재판소 재판관 및 중앙선거관리위원회 위원 중 3인 지명권, 각급판사의 임명 및 보직권, 법원공무원임명, 사법행정권
2. 대법원의 관할
   - 명령규칙에 대한 최종심사권, 위헌법률심판제청권, 군사법원의 상고심, 선거소송, 규칙제정권, 상고사건, 재항고사건 등

XII. 하급법원

▌고등법원

1. 조직
- 고등법원판사(고등법원장, 부장판사)
- 민사부, 형사부, 특별부(3인의 합의부재판)
2. 관할
- 항소사건, 항고사건, 고등법원의 권한에 속하는 사건(행정소송사건, 지방의회의 원과 기초자치단체의 장의 선거 및 당선소송)

▌특허법원

1. 조직: 특허법원장과 부장판사
2. 관할: 특허법, 실용신안법, 의장법, 상표법이 정하는 제1심사건 등

▌지방법원

1. 조직
1) 본원(本院), 지원(支院): 지방법원판사로 구성(지방법원장, 지원장과 부장판사)
2) 시군법원: 지방법원 또는 그 지원의 판사 중 지명된 판사
2. 관할
1) 합의부(1심): 합의부심판결정사건, 대법원규칙으로 정한 민사사건, 단기 1년 이상의 징역 또는 금고에 해당하는 사건 및 그 공범사건, 지방 법원판사에 대한 제척기피사건
2) 합의부(2심): 지법단독판사의 판결에 대한 항소사건 및 결정, 명령에 대한 항고사건
3) 단독판사: 대법원규칙이 정하는 민사사건 및 단독판사권한의 사건, 형사사건(= 절도, 폭행사건, 단기 1년 미만의 징역, 금고, 벌금)
4) 시군법원: 소액사건심판법의 적용사건, 화해 독촉 및 조정사건, 20만원 이하의 벌금 또는 구류나 과료에 처할 범죄사건, 협의상 이혼의 확인

▌가정법원

1. 조직: 가정법원장과 부장판사
2. 관할
   1) 합의부(1심): 가사소송, 가정법원판사에 대한 제척기피사건
   2) 합의부(2심): 단독판사의 판결, 심판, 결정, 명령에 대한 항소 및 항고사건
   3) 단독판사: 합의부에 속하지 않는 가사소송법상 사건

▌행정법원

1. 조직: 행정법원장과 부장판사
2. 관할: 행정소송법상 행정사건, 다른 법률에 의해 행정법원의 권한에 속하는 사건

▌특별법원

1. 개념
   법관자격을 갖지 않는 자가 재판을 담당하는 법원
   최종심인 대법원에 상고가 인정되지 않는 법원
2. 군사법원: 현행 헌법이 인정하는 유일한 특별법원
   ※ 2차개헌 때 군법회의의 헌법적 근거마련, 현행 헌법상 군사법원으로 개칭
   1) 성격: 대법원의 하급법원으로서의 지위, 상고심은 대법원으로 연결
   2) 종류 및 설치
   ▪ 보통군사법원: 장관급장교가 지휘하는 예하부대 또는 기관 이상에 설치
   ▪ 고등군사법원: 국방부에 설치
   3) 심판권
   ▪ 군인, 군무원의 범죄
   ▪ 법률로 정한 민간인의 특정범죄와 비상계엄선포시
   ▪ 비상계엄하의 군사법원의 단심재판(제110조 제4항)

XIII. 법원의 권한

▌분류

- 법적 쟁송사건에 관한 재판권
- 명령, 규칙심사권(제107조 제2항)
- 위헌법률심판제청권(제107조 제1항)
- 대법원규칙제정권(제108조)
- 법정질서유지권

⎫
⎬ 법원의 권한
⎭

- 사법행정권
- 헌법기관구성원의 선출권(제111조 제3항, 제114조 제2항)

⎫ 대법원장의
⎬ 권한
⎭

※ 선거소송에 관한 재판권: 고등법원과 대법원의 권한
※ 대법원규칙제정권: 대법관회의의 권한

XIV. 법적 쟁송에 관한 재판권

▌개념

- 고유한 사법의 권한
- 민사, 형사, 행정, 가사, 특허, 선거소송 등 법률상 쟁송에 관하여 재판할 권한
- 사건성, 수동성, 소극성, 독립성 + 당사자능력, 소의 이익

▌종류

1. 민사재판권
- 사인간의 생활관계에 관한 분쟁을 해결하기 위한 절차

2. 형사재판권
- 국가가 소추한 범죄인에게 유무죄를 판단하여 형벌을 과하는 절차

3. 가사재판권
  - 신분관계에서 발생하는 분쟁을 해결하기 위한 절차

4. 선거쟁송재판권
  - 선거로 인하여 발생하는 소송의 총칭
  - 선거소송, 당선소송

5. 특허재판권
  - 특허법, 실용신안법, 의장법, 상표법 기타 산업재산권에서 발생하는 법적분쟁해결절차
  - 고등법원급의 특허법원이 특허재판의 1심사건 관할

6. 행정재판권
  - 행정법규의 적용과 관련된 분쟁, 공법상 법률관계에 관한 분쟁해결의 절차
  - 기능: 행정의 합법성, 합목적성 보장, 국민의 권리구제
  - 특성
    - 직권심리주의의 채택: 행정법규의 적정한 적용과 국민의 권익구제
    - 제소기간의 제한: 행정법관계의 조속한 확정
    - 처분청의 피고적격성 인정

XV. 위헌법률심사제청권

▌개념

  - 법률의 위헌 여부가 재판의 전제가 되는 경우
  - 직권 또는 소송당사자의 신청에 따른 결정
  - 법원이 헌법재판소에 위헌심판을 제청할 수 있는 권한

▌법적 성격

  - 법원의 법률에 대한 합헌결정권 내지 합헌판단권의 인정 여부

긍정설	- 법률의 효력에 대한 심사권은 법관의 고유권한 - 위헌심판제청 시 위헌이라고 해석되는 이유 기재 - 당사자 신청이 기각되면 직접 헌법소원을 제기할 수 있도록 한 점

부정설	- 구헌법상의 '법률이 헌법에 위반되는 것으로 인정할 때'라는 문구 삭제 - 하급법원의 위헌제청에 대한 실질심사권을 대법원에 부여했던 조항 삭제

▌내용

1. 주체: 대법원과 각급법원(군사법원 포함)
2. 대상: 법률(형식적 의미 + 실질적 의미)

▌형식과 절차

1. 제청: 법원이 직권으로 또는 당사자의 신청에 의한 결정
2. 절차

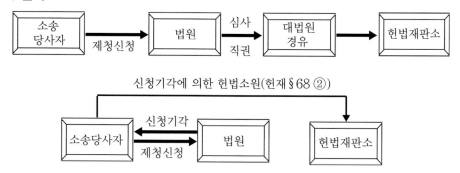

▌제청의 효과

1. 재판정지: 긴급한 경우 종국재판 이외의 소송절차는 진행가능
2. 소송당사자 등의 의견: 당사자와 법무부장관은 헌법재판소에 의견서 제출 가능
3. 헌법재판소의 심판권한과 의무

XVI. 명령, 규칙, 처분심사권

▌개념

- 하위법규(명령, 규칙)의 상위법규(헌법, 법률)에의 위반 여부심사
- 위헌 또는 위법일 때 그 적용을 거부하는 권한

※ 처분에 대한 심사 = 행정재판

▌제도적 기능

1. 국법질서의 통일성 유지, 헌법수호 및 법률보장
2. 국민의 기본권 보장

▌주체

1. 각급법원(군사법원 포함)
2. 최종심사권: 대법원보유, 각급법원의 심사권은 전심권으로서의 성격
   ※ 헌법재판소의 명령, 규칙에 대한 심사권보유 여부
   ▪ 긍정설: 재판의 전제성 없는 권리구제형 헌법소원의 경우에는 허용(다수, 헌재 89헌마178)

헌재 1990. 10. 15. 89헌마178 법무사법시행규칙에 대한 헌법소원 헌법 제107조 제2항이 규정한 명령·규칙에 대한 대법원의 최종심사권이란 구체적인 소송사건에서 명령·규칙의 위헌여부가 재판의 전제가 되었을 경우 법률의 경우와는 달리 헌법재판소에 제청할 것 없이 대법원이 최종적으로 심사할 수 있다는 의미이며, 명령·규칙 그 자체에 의하여 직접 기본권이 침해되었음을 이유로 하여 헌법소원심판을 청구하는 것은 위 헌법규정과는 아무런 상관이 없는 문제이다. 따라서 입법부·행정부·사법부에서 제정한 규칙이 별도의 집행행위를 기다리지 않고 직접 기본권을 침해하는 것일 때에는 모두 헌법소원심판의 대상이 될 수 있는 것이다.

   ▪ 부정설: 헌법 제107조 제2항에서 법원의 권한으로 부여하고 있으므로(대법원)

▌내용

1. 심사요건
   ▪ 명령, 규칙이 헌법이나 법률에 위반되는 여부가 재판의 전제가 된 경우
2. 심사기준
   ▪ 헌법과 법률(형식적 의미 + 실질적 의미 모두 포함)
3. 심사대상
   ▪ 명령: 행정부에 의해 제정된 법규(대통령령, 총리령, 부령)
   ▪ 규칙: 국가기관에 의해 정립된 법규범의 형식

    – 국회규칙, 대법원규칙, 헌법재판소규칙, 중앙선거관리위원회규칙, 자치법규

4. 심사범위

- 형식적 심사권: 절차적 요건의 구비 여부 심사
- 실질적 심사권: 내용이 상위법규에 위반되는지 여부 심사

5. 심사방법과 절차

- 구체적 규범통제를 전제로 대법관 전원 2/3 이상 출석한 합의체에서 과반수 찬성으로 결정

▌효력

1. 위헌, 위법판결을 받은 명령, 규칙의 효력

- 당해 사건에서의 적용을 거부하는 효력만 인정
- 명령, 규칙 자체의 효력에는 무영향

2. 위헌, 위법의 명령, 규칙에 따른 행위의 효력

- 무효(이설 있음)

▌심사권의 한계

1. 통치행위

- 고도의 정치성을 띤 문제이므로 사법심사를 자제

2. 조약

- 그 밖의 조약
  - 행정부의 전권으로 성립 = 명령과 같은 효력
  - 법원에 의한 명령심사의 대상이 됨
  - 법원의 조약에 대한 위헌, 위법판결의 효력은 국제적 효력은 없음

※ 위헌법률심사제와 위헌위법명령규칙심사제의 비교

구 분	위헌법률심사제	위헌위법명령규칙심사제
주 체	헌법재판소	모든 법원
대 상	법률	명령, 규칙
기 준	헌법	헌법, 법률
규범통제	구체적 규범통제	구체적 규범통제
효 력	일반적 효력	개별적 효력

XVII. 규칙제정권

▌개념

- 법률에 저촉되지 않는 범위 안에서
- 소송절차, 법원내부규율, 사무처리에 관한 규칙을 제정할 수 있는 권한

▌제도적 의의

1. 권력분립적 견지: 사법권의 독립성 보장
2. 기술적, 합목적적 견지: 소송기술과 관련한 대법원의 통제권, 감독권 강화

▌내용

1. 규칙제정권의 대상
   - 소송에 관한 절차사항: 소송법의 보충법규
   - 내부규율, 사무처리기준: 헌법이나 법률에 위반되지 않는 범위 내에서 자주법규로서 인정
2. 규칙제정권의 범위
   - 법률에 저촉되지 않는 범위 안에서 허용
   - 헌법 제108조의 예시사항인지 여부
   ① 예시설: 사법권과 관계있는 것이면 법률의 위임 또는 대법원의 재량으로 규칙제정 가능
   ② 열거설: 제108조 이외의 사항을 규칙으로 제정하면 당연 무효

▌제정절차와 공포

1. 절차: 대법관회의의 의결사항
2. 공포
   - 대법원규칙의공포에관한규칙을 따름
   - 의결 후 15일 이내에 관보에 게재(공포일: 관보발행일)

▍효력

1. 효력발생시기: 공포한 날로부터 20일 경과
2. 대법원규칙과 법률 경합시 효력의 우열 여부
   - 규칙우위설 vs. 법률우위설(통설)
   - 법률에 저촉되지 않는 범위 안에서 규칙제정 허용

XVIII. 재판의 심급제

▍목적

- 사법절차상의 과오방지
- 소송절차의 신중 ⟹ 공정한 재판 보장 ⟹ 국민의 기본권 보장

▍원칙: 3심제

1. 헌법 제101조 제2항: 심급제도 명시
2. 법원조직법에서 3심제의 원칙 규정(제3조, 제14조, 제28조, 제32조, 제40조)

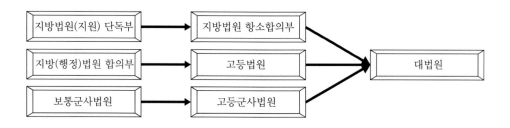

▍예외

1. 2심제: 특허재판(특허법원), 기초자치단체 장과 지방의회의원선거(고등법원)
2. 단심제: 대통령, 국회의원, 광역자치단체장 선거 및 당선소송, 비상계엄하 군사재판

XIX. 재판의 공개제

▎개념

1. 의의: 재판의 심리와 판결을 소송당사자 이외의 일반인에게 공개하는 것
2. 제도적 취지: 재판의 공정성, 소송당사자의 인권보호, 재판에 대한 국민의 신뢰성 부여

▎재판공개의 원칙

1. 헌법 제109조: 재판의 심리와 판결은 공개한다.
2. 심리: 법관 앞에서 원, 피고가 증거제시, 변론전개
3. 판결: 심리결과에 따라 당해 사건의 실체에 대한 법관의 판단
4. 공개의 의미: 사건과 무관한 일반인의 방청허용, 보도의 자유 포함
5. 공개범위
   - 민사재판(구두변론절차)
   - 형사재판(공판절차)
   - 행정재판 및 특허재판(구두변론절차와 사건실체에 대한 법원의 판단)
6. 비공개대상
   - 공판준비절차, 가사심판절차, 비송사건절차
   - 판결이 아닌 결정이나 명령
7. 공개재판의 원칙위반: 헌법위반으로 상고이유

▎재판공개의 예외

1. 헌법 제109조 단서: 국가의 안전보장 또는 안녕질서, 선량한 풍속을 해할 염려
   단 판결의 선고는 반드시 공개
2. 판결 이외의 법원의 결정이나 명령은 반드시 공개대상이 아님

XX. 배심제도

▌개념

- 일반시민 중 추천된 배심원이 기소 여부, 유무죄를 결정하는데 참여하는 사법제도

▌유형

1. 기소배심(= 대배심)

- 피의자를 기소할 것인지의 여부를 결정하는 배심
- 미국연방헌법상 채택

2. 심리배심(= 소배심)

- 피고인의 유무죄, 원고와 피고의 승패 여부를 결정하는 배심
- 미국연방헌법 수정조항 제6조, 제7조에서 채택

▌배심제도의 기능(윤명선 교수)

순기능(장점)	역기능(단점)
사법제도에의 국민의 참여보장 국민의 사법부에 대한 감시기능 민주주의의 보루의 기능	배심원들의 전문성 결여 배심원의 자의 개입가능 시간과 비용의 과다요구

▌배심제도 도입검토의 필요성(권영성 교수)

1. 사법과정의 민주성 보장
2. 법관의 관료화 억제기능
3. 사법절차이 인권보장적 기능 향상
4. 국민이 재판에 친근해질 수 있는 제도

▮ 참심제

1. 의의
   - 국민 중 선거나 추첨에 의해 선출된 자가 법관과 함께 합의체를 구성하여 재판하는 제도
2. 독일에서 발달한 제도
3. 배심제와의 차이점
   (1) 배심제: 배심원이 법관으로부터 독립하여 판정
   (2) 참심제: 참심원이 법관과 더불어 합의체를 구성하여 재판

XXI. 법정질서의 유지제도

▮ 개념

법정의 존엄과 질서를 해할 우려가 있는 자의 입정금지 또는 퇴정 명령
법정의 질서유지에 필요한 명령을 발할 수 있는 제도

▮ 성격

1. 가택권적 자율권
2. 명령위반에 대한 불이익처분: 사법행정상의 질서벌
3. 법원과 재판장의 권한임과 동시에 의무

▮ 내용

1. 녹화등 금지(법 제59조): 보도의 자유 인정
2. 경찰관의 파견요구(법 제60조)

▮ 효과

1. 법정질서유지를 위한 명령 위반: 20일 이내 감치 100만원 이하의 과태료
   - 병과가능, 검사의 기소 없이 결정

2. 감치: 경찰서유치장, 교도소 또는 구치소에 유치함으로써 집행
- 노역장유치나 삭발을 명하지 못함

▌한계

1. 시간적 한계: 개정 중이거나 이에 근접한 전, 후 시간에만 허용
2. 장소적 한계: 법정과 법관이 직무를 수행하는 장소로만 한정
3. 대인적 한계: 소송관계인과 법정에 있는 자

헌법재판소

Ⅰ. 헌법재판의 의의

▌개념

- 독립된 국가기관이 헌법분쟁을 사법절차에 따라 해결하는 국가작용
  - 협의: 위헌법률심사제
  - 광의: 탄핵심판, 위헌정당해산심판, 권한쟁의심판, 헌법소원심판, 선거소송 포함
- 헌법의 최고규범성 확보 → 기본권의 직접적 효력성, 통치권의 기본권기속성 실현

▌제도적 기능

1. 민주주의 실천원리: 민주적 헌법의 유지, 발전
2. 권력분립을 통한 개인의 자유와 권리 수호
3. 소수자 보호
4. 정치적 평화유지: 정치세력 간 타협과 융화
5. 중앙과 지방간의 관할권 보호기능
※ 헌법보장제도로서의 제도적 기능 수행

Ⅱ. 헌법재판의 본질

▌사법작용설(司法作用說)

- 헌법재판: 법규범에 대한 사법적 법인식작용
- 일반법률해석과 달리 헌법 자체의 추상적 해석만을 하므로 법 창설적 기능 가

짐을 간과

▌정치작용설(政治作用說)

- 헌법분쟁은 정치적 분쟁의 성격을 가지므로 이의 해결수단인 헌법재판은 정치적 작용임
- 헌법재판의 규범해석적 측면을 간과

▌입법작용설(立法作用說)

- 헌법해석은 헌법의 형성적 기능을 가지는 법 정립작용

▌제4의 국가작용설

- 입법, 행정, 사법을 통제하는 기능때문에 고전적 3권과는 다른 제4의 국가작용
- ※ 사법작용, 정치작용, 입법작용을 모두 포함하면서 이들 작용을 통제하는 제4의 국가작용
- ※ 헌법재판＝정치적 사법작용(통제)로서의 본질

Ⅲ. 헌법재판권 행사의 소극주의와 적극주의

▌일반재판권과의 관계

- 공통점: 사법작용(＝법의 해석, 인식작용)
- 차이점: 헌법문제에 관한 분쟁, 헌법 자체의 해석

▌사법소극주의

1. 이의: 법률이 헌법합치성을 전제로 위헌판단을 히피하는 입장
2. 근거
   1) 사법부 구성의 비민주성: 국회가 제정한 법률을 무효화
   2) 사법부의 비전문성
   3) 고전적 권력분립론: 정치문제에의 개입 자제 필요

4) 합헌성 추정의 강조

▌사법적극주의

1. 의의: 헌법의 탄력적 해석을 통해 입법부와 행정부의 행위를 적극적으로 판단하는 입장
2. 근거
    1) 사법심사의 민주적 성격: 원내다수파의 횡포방지
    2) 헌법수호자적 기능수행
    3) 양심적 역할과 국민의사의 대변

▌현대적 경향

- 정당국가화의 경향: 입법부와 행정부의 밀접한 관계형성
- 사법부의 헌법수호, 기본권 보장의 적극적 역할 수행 요구의 증대

Ⅳ. 헌법재판기관의 유형

▌재판기관기준

1. 헌법법원형(= 헌법재판소형)
    1) 일반법원으로부터 독립된 기관에 헌법재판권을 부여한 형태
    2) 입법례: 독일, 오스트리아, 이탈리아, 스페인, 이집트 등
    3) 이유: 권력분립의 원칙, 선례구속원칙의 결여, 통상법원의 부적합성
    4) 관할: 기관쟁송, 탄핵, 헌법소원, 선거소송, 정당해산소송 등 포함
2. 일반법원형(= 사법기관형)
    1) 일반법원이 헌법재판권도 행사
    2) 입법례: 미국, 일본, 인도, 필리핀 등
    3) 논거: 법원의 중립성과 조직의 안정성, 사법권독립에의 기여
    4) 관할: 협의의 헌법재판인 위헌법률심사제

3. 정치기관형

1) 독립된 헌법위원회, 헌법평의회에 헌법재판권을 부여한 형태
2) 입법례: 프랑스 제5공화국 헌법평의회, 포르투갈, 우리나라 1, 4, 5공화국
3) 특색: 정치적 목적을 위한 헌법재판행사와 구성원의 정치성 인정

▌심사작용의 내용기준

1. 사전예방적 위헌심사제

- 법률공포 전 위헌여부를 심사, 위헌판단 시 공포와 시행을 유보하는 제도
- 장점: 위헌적 입법에 의한 기본권 침해 예방, 법적 안정성, 정치적 평화정착, 입법권존중

2. 사후교정적 위헌심사

- 법률시행 후 그 위헌 여부를 심사하여 위헌판단시 법률의 적용거부 또는 무효화하는 제도

1) 추상적 규범통제
- 일정조건을 구비한 제소권자에게 위헌심사청구권 부여
- 장점: 분쟁발생 전 위헌성 문제를 제거(법적 안정성), 권력분립원칙의 충실

2) 구체적 규범통제
- 구체적 소송사건을 전제로 당사자의 신청 또는 직권으로 위헌 여부를 심사하는 것
- 일반법원형: 위헌판단 시 당해 사건에의 적용만 배제(개별적 효력)
- 헌법재판소형: 위헌판단 시 그 효력의 상실인정(일반적 효력)

V. 우리 헌법상 헌법재판제도의 변천

구 분	제1공화국	제2공화국	제3공화국	제4,5공화국	제6공화국
담당기관	헌법위원회	헌법재판소	법원	헌법위원회	헌법재판소
구 성 원	부통령 대법관(5인) 국회의원(5인)	대통령(3인) 대법원(3인) 참의원(3인)	법관	대통령(3인) 국회(3인) 대법원장(3인)	대통령(3인) 국회(3인) 대법원장(3인)
상설여부	수시	상시	상시	상설기관	상설기관
권 한	위헌법률심사	권한쟁의심판 정당해산결정	위헌법률심사	위헌법률심사 정당해산결정	위헌법률심판 탄핵심판

	대통령선거소송 탄핵심판		탄핵결정	정당해산심판 권한쟁의심판 헌법소원심판
법원제청	필요	불필요	필요	
위헌선언효력	개별적 효력	일반적 효력	개별적 효력	일반적 효력
통제	구체적 규범통제			

※ 제2공화국은 헌법재판소구성을 위한 헌법재판소법이 채택되었으나 5.16쿠데타로 미설치

VI. 헌법재판의 한계

- 일반재판과의 특수성 때문에 한계문제 논란

▌한계긍정설

1. 헌법재판의 기능상 내재적 한계를 당연한 것으로 인정
2. 한계의 범위: 통치행위, 헌법 자체가 부여한 자율적 권한, 자유재량행위
3. 논거: 헌법의 규범적 측면 강조

▌한계부정설

1. 모든 헌법문제는 헌법재판의 심사대상이 됨을 인정
2. 헌법재판의 한계: 헌법재판의 기능과 실효성 제고를 위한 정책적 고려의 산물
3. 논거
   - 헌법재판의 본질이 모든 국가작용을 헌법에 합치되도록 통제하는 데 있음을 전제
   - 통치행위, 자율권 등은 정책적 배려에서 심사자제

헌재 2000. 2. 24. 98헌바73 법률조항의 한정위헌결정을 구하고 있는 경우라도 법률조항 자체의 위헌성에 관한 청구로 충분히 이해될 수 있는 경우 심판청구는 적법하다.

※ 양 견해는 정치문제에 관해 헌법재판의 자제라는 점에서 동일

※ 따라서 논증형식상의 차이만 인정됨

Ⅶ. 헌법재판소의 헌법상 지위

▌헌법보장기관으로서의 지위

1. 헌법재판을 통한 헌법수호기능 수행
   - 위헌법률심판: 대국회견제권
   - 탄핵심판, 권한쟁의심판, 헌법소원심판: 대정부, 대사법부견제권
   - 위헌정당해산심판: 위헌정당으로부터 헌법수호
2. 헌법수호의 최종적 보루기관

▌기본권 보장기관으로서의 지위

1. 헌법재판을 통해 국민의 기본권을 최종적으로 보장하는 헌법기관
2. 직접적 보장방법
   - 헌법소원, 위헌법률심사제
3. 간접적 보장방법
   - 위헌정당해산심판, 탄핵심판, 권한쟁의심판

▌권력통제기관으로서의 지위

1. 헌법재판을 통해 다른 국가기관을 통제하는 기능 수행
2. 정치적 기관에 대한 사법적 통제기능 수행
3. 그럼으로써 국가기관 상호간의 정치적 평화 유지

▌최고기관성 여부 문제

1. 국가최고 기관 중의 하나로서의 지위
2. 구성상 대통령, 국회, 대법원장이 협력
3. 국회의 헌법재판소장, 재판관에 대한 탄핵소추 가능
4. 헌법재판소의 권한의 성격: 소극적, 수동적 권한

VIII. 헌법재판소의 구성

▌헌법재판소 재판관의 임명

1. 법관의 자격을 가진 9인의 재판관으로 구성
2. 국회선출(3인), 대법원장지명(3인), 대통령지명(3인)
3. 헌법재판소장: 국회의 동의를 얻어 재판관 중 대통령이 임명
※ 헌법재판소장, 국회선출 재판관은 인사청문특별위원회의 심사 필요

▌헌법재판소 재판관의 자격

　15년의 법조경력, 40세 이상의 법조인의 자격을 갖춘 자

▌헌법재판소 재판관의 임기와 연임

1. 임기: 6년, 법률이 정하는 바에 따라 연임 가능
2. 임기 중 재판관 결원: 30일 이내 후임자 임명
3. 정년: 헌법재판소장(70세), 헌법재판소 재판관(65세)

IX. 헌법재판소의 조직

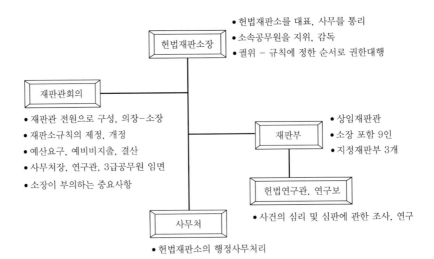

헌법재판소의 심판절차

Ⅰ. 일반심판절차

▌재판부(裁判部)

1. 원칙
   - 전원재판부, 재판장(소장)
   - 재판장(심판정의 질서유지, 변론지휘, 평의의 정리)
   - 재판관 7인 이상의 출석으로 심리개시

2. 예외
   - 지정재판부(재판관 3인으로 구성)
   - 사건처리의 신속성 확보(남소의 가능성이 많은 헌법소원의 경우)

3. 재판관의 제척, 기피, 회피(법 제24조)
   - 헌법재판의 공정성 확보수단

   1) 제척: 법정사유가 있는 경우 당해 헌법재판에서 배제되는 경우
   - 당사자, 당사자와 친족, 사건에 관해 증언 또는 감정, 당사자의 대리인, 사건관여

   2) 기피: 당사자의 신청에 의해서 당해 헌법재판에서 배제되는 경우
   - 재판관에게 심판의 공정을 기대하기 어려운 사정이 있는 경우

   3) 회피: 제척 또는 기피의 사유가 있을 때 재판관 스스로 헌법재판에서 빠지는 경우

Ⅱ. 심판당사자와 대표자, 대리인

▌심판당사자

- 청구인(자기 이름으로 심판청구자) vs. 피청구인(그 상대방)

- 위헌심판(제청법원), 헌법소원(심판청구인), 탄핵(소추위원), 정당해산(정부), 권한쟁의(국가기관 또는 지방자치단체)

▌대표자와 소송대리인

1. 정부, 국가기관 또는 지방자치단체가 당사자인 경우
   - 정부: 법무부장관
   - 국가기관, 지방자치단체: 변호사 또는 변호사 자격 있는 소속직원(대리인선임)
2. 사인이 당사자인 경우
   - 변호사강제주의. 단 본인이 변호사자격이 있는 경우 예외
   - 국선대리인제도(법 제70조): 헌법소원심판청구자가 변호사를 선임할 자력이 없는 경우

헌재 1990. 9. 3. 89헌마120 본인소송주의를 채택함으로써 변호사선임비용을 지출하지 않을 이익과 변호사강제주의에 따른 공공복리와의 이익형량을 할 때 공공복리의 이익이 더 크다고 볼 수 있으므로 변호사강제주의가 무자력자의 헌법재판을 받을 권리를 크게 제약하는 것이라고 해도 국선대리인제도가 마련되어 있으므로 본질적 내용을 침해한 것이라고 볼 수 없다.

Ⅲ. 심리(審理)

▌심리방식(審理方式)

- 재판관 7인 이상의 출석으로 사건을 심리하여 출석 과반수의 찬성으로 결정(법 제23조)
1. 구두변론주의: 탄핵심판, 정당해산심판, 권한쟁의심판
2. 서면심리주의: 위헌법률심판, 헌법소원심판
3. 의견서제출: 위헌법률심판, 위헌심사형 헌법소원, 권리구제형 헌법소원
   - 당사자, 법무부장관, 이해관계 있는 국가기관 또는 공공단체
4. 증거조사와 조회 및 자료제출요구 등
   - 당사자의 신청 또는 직권: 증거조사
   - 재판부결정: 다른 국가기관에 사실조회, 기록의 송부나 자료의 제출 요구

▌심판의 지휘와 재판정의 질서유지

1. 재판장: 심판정의 질서유지와 변론의 지휘, 평의(評議)의 정리
2. 심판정의 질서유지와 용어사용: 법원조직법 준용

Ⅳ. 심판(審判)

▌심판의 원칙

1. 심판의 공개(법 제34조)
   - 공개대상: 심판의 변론과 결정의 선고
   - 비공개: 서면심리와 평의
   - 공개주의의 예외: 국가의 안전보장, 질서유지, 선량한 풍속 보호(법원조직법 제57조 준용)
2. 일사부재리의 원칙(법 제39조)
   - 이미 심판을 거친 동일 사건은 다시 심판 불가
3. 직권심리주의의 원칙(법 제31조)
   - 위헌법률심판에서 개별 조항의 위헌결정으로 당해 법률 시행 불가능시 직권으로 전부 위헌선언 가능
4. 심판비용의 국고부담원칙(법 제37조)
   - 당사자 신청에 의한 증거조사 비용은 재판소규칙이 정하는 바에 따라 신청인 부담
   - 헌법소원심판 청구인에게는 재판소규칙이 정하는 공탁금납부 명령 가능
5. 심판기간(법 제38조)
   - 심판사건 접수일로부터 180일 이내 종국결정 선고
   - 재판관 궐위 시 궐위 기간은 심판기간에 불 산입
6. 준용규정(법 제40조)
   - 원칙: 헌법재판소법상 특별규정이 있는 경우 이외에는 민사소송에 관한 법령 준용

- 탄핵심판: 형사소송에 관한 법령 준용
- 권한쟁의, 헌법소원: 행정소송법을 함께 준용

V. 종국결정(終局決定)

▌결정정족수

1. 6인 이상의 찬성
   1) 법률의 위헌결정, 탄핵결정, 정당해산결정
   2) 헌법소원의 인용결정
   3) 종전 헌법재판소의 의견변경(판례변경)
2. 그 이외의 결정: 종국심리에 관여한 재판관 과반수의 찬성

▌결정의 형식(유형)

1. 각하결정: 심판청구가 부적법한 경우
2. 기각결정: 심판청구가 적법하지만 이유 없는 경우
3. 위헌법률심판
   - 합헌결정, 위헌결정, 변형결정

▌가처분결정

1. 본안결정의 실효성 확보를 위해 잠정적으로 임시의 지위를 정하는 것
2. 정당해산심판, 권한쟁의심판에 관해서만 규정

▌결정서

1. 재판관 서명 및 기재사항
   - 사건번호와 사건명, 당사자와 심판수행자(대리인), 주문, 이유, 결정일자
2. 재판관의 의견표시: 위헌법률심판, 권한쟁의심판, 헌법소원심판에 관여한 재판관
3. 송달: 종국결정선고시 당사자에게 즉시 송달
4. 공시: 종국결정은 관보에 게재하여 공시함

헌법재판소의 권한

Ⅰ. 위헌법률심판권

▍개념

- 법률이 헌법에의 위반여부가 재판의 전제가 된 경우
- 법원의 제청으로 헌법재판소가 심판하여 해당법률의 위헌 여부를 결정하는 제도
- 연혁: 미국연방대법원의 Marbury v. Madison사건을 통해 확립

▍제도적 기능

- 헌법의 최고규범성과 헌법질서의 수호, 유지
- 국민의 자유와 권리의 보장
- 다수파의 횡포로부터 소수자 보호
- 대립된 정치세력 간의 타협촉진 기능

▍위헌법률심판의 성질

- 사후 교정적 위헌심사
- 구체적 규범통제

▍위헌법률심판의 요건

1. 실질적 요건: 재판의 전제성(헌재 1989. 9. 8. 88헌가6)
   1) 구체저 사건이 법원에 계속 준일 것
   2) 위헌 여부가 문제되는 법률이 당해 소송사건의 재판과 관련하여 적용
   3) 위헌결정 여부에 따라 당해 사건을 담당한 법원이 다른 내용의 재판을 하게
      되는 경우

2. 형식적 요건: 법원의 제청

   1) 법원의 직권 또는 당사자의 신청에 의한 결정

   2) 서면신청, 하급법원이 제청하는 경우에는 대법원 경우

▌ 위헌법률심판의 대상

1. 형식적 의미의 법률

  ▪ 국회의결을 거쳐 성립한 법률로써 공포된 것

  ▪ 위헌심판시를 기준으로 효력을 가지고 있는 법률

2. 법률과 동일한 효력을 가지는 법규범(조약, 긴급명령, 긴급재정경제명령)

3. 폐지되거나 개정된 법률의 위헌심사 여부

  ▪ 원칙: 위헌심사의 대상이 되지 않음

  ▪ 예외: 권리침해가 있고, 그로 인한 법률상태가 재판시까지 계속되는 경우 허용

> **헌재 1989. 7. 14. 88헌가5, 8, 89헌가44(병합)** 국민의 기본권이 침해된 경우에 비록 침해한 법률이 합헌적으로 개정되었다 하더라도 종전의 위헌성이 치유된 것은 아니고, 신구법 중 어느 법률의 조항이 피감호청구인에게 유리한가를 판단해야 한다는 이유로 폐지된 법률에 대한 위헌심사를 해야 하다.

> **헌재 1999. 9. 16. 99헌가1** 위헌제청이 되지 아니한 법률조항이라고 해도 위헌제청된 법률조항과 일체를 형성하고 있는 경우에는 그에 대한 판단을 할 수 있다.

▌ 위헌법률심판의 기준

1. 헌법: 형식적 의미의 헌법 + 실질적 의미의 헌법(헌법적 관습)

2. 자연법과 정의

  ▪ 심판기준으로 인정 여부에 관해 논란

  ▪ 독일연방헌법재판소 긍정

▌ 위헌법률심판의 내용

1. 법률의 헌법합치성 여부

  ▪ 법률의 형식적 합헌성(성립절차 등) + 실질적 합헌성(내용 등) 심사

2. 판단의 범위

  ▪ 위헌이 의심되는 법률 또는 법률조항

▪ 위헌제청된 법률과 일체를 형성하는 제청되지 않은 법률조항

헌재 1994. 4. 28. 92헌가3 헌법재판소는 법률의 위헌여부에 대한 법적 문제만 판단하고 법원에 계속 중인 당해 사건에 있어서의 사실확정과 법 적용 등 고유의 사법작용에는 관여할 수 없으나 법률의 위헌여부에 대한 법적 문제를 판단하기 위하여 입법의 기초가 된 사실관계, 즉 입법사실을 확인하여 밝힐 수 있고 헌법재판소가 확인하여 밝힐 수 있는 입법사실과 당해 사건이 계속 중인 법원에서 확정하여야 할 사실문제가 중복되어 있는 경우에는 법률의 위헌여부를 판단하기 위하여 필요한 범위 내에서만 입법사실을 확인하고 밝히는 것이 바람직하다.

▌위헌심판의 결정

1. 결정정족수: 재판관 7인 이상 출석, 심리하여 6인 이상의 찬성
2. 결정의 유형과 내용
   1) 합헌결정
      ① 단순합헌결정: …법률(조항)은 헌법에 위반되지 아니한다.
      ② 위헌불선언결정: …법률(조항)은 헌법에 위반된다고 선언할 수 없다.
   ▪ 위헌의견이 과반수를 넘으나 재판관 6인 이상의 찬성이 없는 경우

헌재 1993. 5. 13. 90헌바22, 91헌바12, 13, 95헌바3, 4(병합) 위헌결정에 찬성하는 재판관이 과반수이면서도 위헌결정 정족수 6인에 미달하였기 때문에 위헌결정을 선고할 수 없어 부득이 '헌법에 위반된다고 선언할 수 없다'라고 표시한다.

   2) 위헌결정
      ① 단순위헌결정: 법률(조항)은 헌법에 위배된다.
      ② 일부위헌결정
      ▪ 양적 일부위헌결정: 심판대상이 된 법조문의 일부분만 위헌선언
      ▪ 질적 일부위헌결정: 심판대상 법조문은 그대로 둔채 특정 적용사례에 대해서만 위헌선언

헌재 2000. 12. 14. 2000헌마659 위헌의견인 재판관이 5인이고 기각의견인 재판관이 4인이어서 위헌의견이 다수의견이기는 하나, 헌법 제113조 제1항, 헌법재판소법 제23조 제2항 단서 제1호에서 정한 위헌결정을 위한 심판정족수에는 이르지 못하여 위헌결정을 할 수 없으므로 심판청구를 기각한다.

3) 변형결정

- 개념: 단순합헌, 단순위헌도 아닌 중간형태의 결정
- 취지: 헌법합치적 해석의 필요성, 입법형성권의 존중, 법적 안정성의 확보
- 변형결정의 인정 여부
  - ① 긍정설: 헌법재판소의 입장
    양자택일적 판단의 법적 안정성침해, 입법형성의 자유제한
  - ② 부정설: 대법원의 입장
    위헌결정의 효력은 헌법재판소법 제47조 제2항에 의해 직접 발생
- 변형결정의 유형
  - ① 한정합헌결정: '…은 …한 해석에 따라 헌법에 위반되지 아니한다'의 형식
  - ⅰ. 당해 조문을 헌법과 조화될 수 있는 방향으로 해석하여 조문의 효력을 유지시키는 결정형식
  - ⅱ. 합헌적 법률해석의 전형적인 예

헌재 2000. 7. 20. 98헌바91 당해 재산에 대하여 부과되는 지방세"라는 규정은 이를 당해 재산의 소유 그 자체에 담세력을 인정하여 부과하는 강학상의 재산세에 한하여 적용되는 것으로 좁게 해석하는 한 재산권의 침해나 조세법률주의의 위반과 같은 헌법위반의 문제가 생기지 아니할 것이므로, 이 사건 법률조항 단서부분에 대하여 한정합헌결정을 한 것이다.

  - ② 한정위헌결정: … 로 해석하는 한 헌법에 위반된다.
  - ⅰ. 헌법과 조화될 수 없는 내용을 한정하여 그 범위 내에서 법률적용을 배제시키는 결정형식
  - ⅱ. 한정위헌결정은 단순한 법률해석에 불과하므로 기속력 없음(대법원 입장)
  - ※ 위의 양자는 부분위헌결정으로 본질상 같음
  - ※ 양자가 모두 가능할 경우에는 합헌적 해석원칙에 따라 한정합헌결정을 우선 선택
  - ③ 일부위헌·조건부위헌결정
  - ⅰ. 법률의 문언을 축소 제한하여 위헌으로 결정하는 형식

헌재 2001. 7. 19. 2000헌마91 국회의원선거에 있어서 지역구국회의원선거와 병행하여 정당명부식 비례대표제를 실시하면서도 별도의 정당투표를 허용하지 않는 공직선거법 제

146조 제2항 중 "1인 1표로 한다" 부분은 위헌이다.

④ 헌법불합치결정
 ⅰ. 법률의 위헌성을 인정하면서 위헌적인 법률의 효력의 계속기간을 정해주
  는 결정형식
 ⅱ. 위헌결정의 일종으로 다른 국가기관을 기속함(헌법재판소)

헌재 2001. 11. 29. 99헌마494 이 사건 심판대상규정에 대하여 단순위헌결정을 선고하면 외국국적동포의 경우는 재외동포법이 부여하는 지위가 그 순간부터 상실되어 법치국가적으로 용인하기 어려운 법적 공백과 그로 인한 혼란을 야기할 수 있으므로 헌법불합치를 선고하고, 입법자가 합헌적인 방향으로 법률을 개선할 때까지 2003. 12. 31.을 한도로 잠정적으로 적용하게 한다. … 이 사건 심판대상규정은 '정의규정'이므로 이에 대한 위헌성의 확인은 재외동포법 중 외국국적동포에 관련되는 조문에 대한 위헌성의 확인을 수반하게 되고, 이와 같은 사정은 하위법규인 시행령과 시행규칙의 경우에도 같으므로, 입법자가 2003. 12. 31.까지 입법개선의무를 이행하지 않는다면 2004. 1. 1.부터는 재외동포법의 관련규정뿐만 아니라 하위법규인 시행령과 시행규칙도 그 관련 부분은 효력을 상실한다.

⑤ 입법촉구결정
 ⅰ. 위헌이 될 가능성이 있는 경우 입법자에게 당해 법률의 개정, 보충을 촉구
  하는 결정형식
 ⅱ. 헌법불합치결정에 따른 부수적 주문으로 선고

헌재 2001. 11. 29. 99헌마494 수신료 수입이 끊어지면 한국방송공사의 방송사업은 당장 존폐의 위기에 처하게 될 것이고 이는 우리 사회에 엄청난 파장을 미치게 됨은 물론 방송의 자유와 국민의 알권리에 심각한 훼손을 입히게 되는 반면, 수신료부과 자체는 위헌성이 있는 것이 아니어서 위 조항의 잠정적용으로 인한 기본권 침해의 정도는 상대적으로 크지 않다고 할 것이므로 단순위헌결정을 하여 바로 그 효력을 상실시키는 대신 빠른 시일내에 헌법위반상태의 제거를 위한 입법촉구를 하되 그 때까지는 위 소항의 효력이 시속되도록 한다.

▌위헌결정의 효력

1. 위헌결정의 기속력: 법원 기타 국가기관 및 지방자치단체를 기속
2. 일반적 효력
 ▪ 그 법률 자체의 효력을 상실＝법률폐지와 같은 효력

- 객관적 규범통제: 구체적 규범통제이면서 위헌결정이 내려진 법률(조항)의 효력을 절대적으로 상실시키는 것
- 헌재가 피청구인의 처분을 취소하는 결정은 그 처분의 상대방에 대하여 이미 생긴 효력에는 영향을 미치지 않음(법 제67조 제2항)

3. 위헌결정의 효력발생시기

1) 원칙적 장래효(법 제47조 제2항)
- 위헌결정이 있은 날로부터 효력을 상실
- 법적 안정성을 확보하기 위함

2) 예외적 소급효
- 형벌조항의 위헌결정이 있는 경우(인권보장의 차원)
- 기타 법률에 대한 위헌결정의 소급효 인정
  ① 당사자의 권리구제를 위한 구체적 타당성이 현저
  ② 소급효를 인정해도 법적 안정성을 침해할 우려가 없는 경우
  ③ 구법에 의해 형성된 기득권자의 이익을 해치지 않는 경우
  ④ 소급효 부인이 정의와 형평관념에 배치되는 경우

II. 탄핵심판권

▌개념

- 사법절차나 징계절차로 책임추궁이 곤란한 고위직 공무원, 신분보장 받는 공무원
- 직무상 중대한 비위 발생시
- 국회소추로 처벌 또는 파면하는 제도

▌탄핵소추

- 소추의 대상자, 소추사유, 소추절차, 소추효과 등

▌탄핵심판의 내용

1. 심판절차

　1) 증거조사와 심문

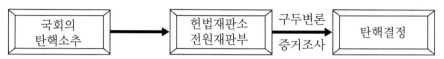

　　▪ 당사자의 신청 또는 직권으로 필요한 증거조사 가능

　2) 구두변론주의의 채택

　3) 동일사유로 형사소송진행의 경우 심판절차 정지가능

2. 일사부재리의 원칙 적용

▌탄핵결정의 효력

1. 결정정족수: 재판관 7인 이상 출석, 심리하여 6인 이상의 찬성

2. 결정형식: 피청구인 ○ ○ ○을 ○ ○ ○ 직에서 파면한다

3. 효력발생시기: 명문규정은 없으나 결정선고일에 즉시 결정의 효력이 발생

4. 피청구인은 공직으로부터 파면

　▪ 이에 의하여 민사상, 형사상 책임은 면제되지 않음

5. 탄핵결정으로 파면된 자는 결정선고일로부터 5년간 공직취임 금지

　▪ 이의 위헌 여부 논란대상이 됨

　▪ 탄핵제도의 본질상 불가피한 것으로 합헌(통설)

6. 탄핵결정을 받은 자의 사면 가능 여부

　▪ 결정의 효력이 공직파면이므로 성격상 불가능

Ⅲ. 정당해산심판권

▌개념

정당의 목적이나 활동이 민주적 기본질서에 위배

정부가 헌법재판소에 제소하고, 그 심판에 의해서 해산하는 제도

▌제소권자(提訴權者)

1. 정부: 국무회의의 심의를 거쳐 제소
2. 정당에 대한 위헌 여부의 제1차적 판단권 보유

▌정당해산심판절차

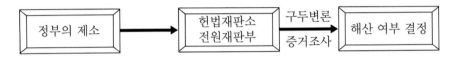

1. 심리방식
   - 구두변론주의와 공개주의
   - 민사소송에 관한 법령 준용
2. 청구 등의 통지
   - 국회와 중앙선거관리위원회에 통지
   - 정당해산심판 청구, 가처분결정을 한 때, 심판이 종료한 때
3. 일사부재리의 원칙 적용

▌정당해산의 결정과 집행 및 효과

1. 결정: 재판관 7인 이상이 출석, 심리하여 6인 이상의 찬성으로 결정
   - 정당해산결정: 법원과 모든 국가기관 구속
2. 결정의 집행: 중앙선거관리위원회가 정당법의 규정에 의해 집행(법 제60조)
3. 결정의 효과
   - 정당해산시기: 정당해산을 명하는 결정이 선고된 때
   - 정당의 모든 특권 상실
   - 잔여재산의 국고귀속
   - 해산정당의 강령과 동일 또는 유사한 대체정당의 창설금지
   - 소속의원은 자격상실(다수설: 방어적 민주주의의 관점)

Ⅳ. 권한쟁의심판권

▌개념

1. 의의
- 국가기관간, 국가기관과 지방자치단체간, 지방자치단체 상호간
- 권한의 존부나 범위에 관하여 분쟁이 발생한 경우
- 독립적 지위를 가진 기관이 그 권한의 존부나 범위를 명백히 하여 분쟁을 해결하는 제도

2. 목적
- 국가기능의 수행원활, 권력상호간의 견제와 균형의 유지

▌권한쟁의심판의 유형

1. 국가기관 상호간의 권한쟁의
- 국회, 정부, 법원 및 중앙선거관리위원회

2. 국가기관과 지방자치단체 상호간의 권한쟁의
- 정부와 광역자치단체, 정부와 기초자치단체 상호간의 권한쟁의

3. 지방자치단체 상호간의 권한쟁의
- 광역자치단체 상호간, 기초자치단체 상호간, 광역자치단체와 기초자치단체 상호간

▌권한쟁의심판의 청구

1. 당사자: 국가기관, 지방자치단체, 교육위원회
※ 私人은 제외

헌재 2000. 2. 24. 99헌라1 국회의장과 국회의원은 헌법상 국가기관으로서 헌법 제111조 제1항 제4호 소정의 권한쟁의심판의 당사자가 될 수 있다. … 국회의장(피청구인)을 대리한 국회부의장이 국회 본회의에서 일부 국회의원들이 의사진행을 방해하는 가운데 남녀차별금지및구제에관한법률안 등 법률안들을 가결선포한 행위가 헌법 또는 법률에 의한 국회의원들의 법률안 심의 표결권을 침해하지 않는다.

2. 청구사유

- 기관간의 권한의 존부나 범위에 관한 다툼이 있는 경우
- 피청구인의 처분 또는 부작위가 청구인의 법률상 권한을 침해 또는 침해의 현저한 위험

헌재 1999. 7. 22. 98헌라4 도시계획사업실시계획인가사무는 건설교통부장관으로부터 시·도지사에게 위임되었고, 다시 시장·군수에게 재위임된 기관위임사무로서 국가사무라고 할 것이므로 청구인의 이 사건 심판청구 중 도시계획사업실시계획인가처분에 대한 부분은 지방자치단체의 권한에 속하지 아니하는 사무에 관한 것으로서 부적법하다고 할 것이다.

3. 청구기간: 사유가 있음을 안 날로부터 60일 이내, 사유가 있은 날로부터 180일 이내

4. 심판절차

- 구두변론주의와 공개주의 적용
- 가처분결정: 종국결정 선고시까지 피청구기관의 처분의 효력을 정지하는 결정
- 민사소송에 관한 법령과 행정소송법 준용. 단 양자 저촉시 민사소송관련법령 준용 안함

▎권한쟁의심판의 결정

1. 결정정족수: 재판관 7인 이상의 출석과 관여 재판관 과반수의 찬성
2. 결정내용: 심판대상기관의 권한의 존부 또는 범위 판단, 권리침해시 처분 등의 취소 또는 무효 확인
3. 결정효력

- 모든 국가기관과 지방자치단체 기속
- 피청구기관의 처분 상대방에 대하여 이미 발생한 효력에는 영향 없음

헌재 1997. 7. 16. 96헌라2 피청구인이 국회법 제76조 제3항을 위반하여 청구인들에게 본회의 개의일시를 통지하지 않음으로써 청구인들은 이 사건 본회의에 출석할 기회를 잃게 되었고, 그 결과 이 사건 법률안의 심의표결과정에도 참여하지 못하게 되었다. 따라서 … 피청구인의 그러한 행위로 인하여 청구인들이 헌법에 의하여 부여받은 권한인 법률안 심의표결권이 침해되었음이 분명하다.

V. 헌법소원심판

▌개념

- 국가공권력의 행사 또는 불행사로 기본권을 침해당한 자
- 헌법재판소에 그 구제를 청구할 수 있는 제도

▌연혁

- 1818년 독일의 바이에른 주 헌법에서 비롯 → 1969 본기본법 개정을 통해 채택
- 모든 공권력행사를 대상으로 하는 입법례: 독일, 스페인, 스위스
- 재판을 제외한 공권력행사를 대상: 오스트리아
- 우리나라: 오스트리아와 같이 재판을 제외한 공권력을 대상으로 함

▌기능

- 기본권 보장기능
- 헌법보장기능

⟹ 헌법소원제도의 이중적 기능

▌헌법소원의 유형

1. 권리구제형 헌법소원(법 제68조 제1항)
- 공권력의 행사 또는 불행사로 기본권을 침해당한 자가 청구하는 헌법소원
- 본래 의미의 헌법소원

2. 위헌심사형 헌법소원(법 제68조 제2항)
- 위헌법률심판의 제청이 법원에서 기각된 경우 제청신청을 한 당사자가 청구하는 헌법소원
- 규범통제형 헌법소원 또는 위헌소원
- 법적 성격
  ① 헌법소원설: 법원의 기각결정에 대한 헌법소원의 제기를 허용

② 위헌법률심판설: 형식은 헌법소원이나 본질은 위헌법률심판

　ⅰ. 헌법소원의 전제조건인 기본권 침해가 없음

　ⅱ. 헌법소원제기자는 당해 사건의 소송절차에서 동일사유로 위헌제청 금지 (법 제68조 제2항)

　ⅲ. 위헌법률심판의 기재사항 준용(법 제71조 제2항)

　ⅳ. 헌법소원인용시 위헌심판에 관한 규정 준용(법 제75조 제6항)

▌헌법소원심판의 청구

1. 청구권자

1) 권리구제형 헌법소원

- 공권력의 행사 또는 불행사로 기본권이 침해되었다고 주장하는 모든 국민

- 자연인, 법인(국내 사법인), 일정 범위 내에서 권리능력 없는 사단

2) 위헌심사형 헌법소원: 위헌제청신청을 한 당사자

2. 청구의 형식적 요건

1) 서면청구주의(법 제71조)

- 권리구제형: 청구인 및 대리인, 침해된 권리, 침해원인인 공권력의 행사 또는 불행사, 청구이유, 기타 필요한 사항

- 위헌심사형: 위헌법률심판의 제청서 준용

2) 변호사강제주의

3) 청구기간

- 권리구제형: 사유발생을 안 날(60일 이내), 사유발생일(180일 이내)
  구제절차를 거친 경우는 최종결정통지일로부터 30일 이내

- 위헌심사형: 위헌제청 신청이 기각된 날로부터 14일 이내

3. 청구의 실질적 요건

1) 당사자적격

- 침해의 직접성: 공권력의 행사 또는 불행사로 기본권이 직접 침해된 경우

- 침해의 현재성: 기본권이 현재 침해

　※ 단순히 장래에 잠재적 가능성은 불포함

2) 보충성

- 다른 법률에 구제절차가 있는 경우에는 그 절차를 거치기 전에는 청구 불가

- 예외: 정당한 이유가 있는 경우, 전심절차이행의 기대가능성이 없는 경우
3) 권리보호의 이익
- 기본권을 구제하기 위한 제도
4) 재판의 전제성
- 권리구제형: 재판의 전제성과 관련 없이 제기 가능
- 위헌심사형: 재판의 전제성 필요
5) 자기관련성: 기본권 침해가 청구인 자신에 관한 것일 것

▌헌법소원의 대상

1. 입법작용에 대한 헌법소원
1) 법률, 법규명령 등이 직접 기본권 침해 시 헌법소원의 대상

헌재 2001. 11. 29. 99헌마494 법률안이 거부권 행사에 의하여 최종적으로 폐기되었다면 모르되 그렇지 아니하고 공포되었다면 법률안은 그 동일성을 유자히여 법률로 확정되는 것이라고 보아야 하므로 이에 대한 헌법소원은 적법하다. '수혜적 법률'의 경우에는 수혜 범위에서 제외된 자가 그 법률안에 의하여 평등권이 침해되었고 주장하는 당사자에 해당 되고 당해 법률에 대한 위헌 또는 헌법불합치 결정에 따라 수혜집단과의 관계에서 평등권 침해 상태가 회복될 가능성이 있다면 기본권 침해성이 인정된다.

2) 입법부작위
- 단순입법부작위: 청원권행사의 대상
- 진정입법부작위: 한정된 범위에서 예외적으로 인정
- 부진정입법부작위: 입법부작위 자체를 헌법소원의 대상으로 할 수 없음

헌재 2000. 4. 27. 99헌마76 국가유공자의 범위를 규정하면서 특수부대원을 그 범위에 포 함시키고 있지 아니한 것은 국가유공자에 대한 사항을 불완전불충분하게 규율한 것으로 서 이른바 부진정입법부작위에 해당하며 부진정입법부작위에 대한 헌법소원은 헌법재판 소법 소정의 청구기간내에 제기하여야 한다.

2. 집행작용에 대한 헌법소원
1) 처분: 행정소송제도가 마련되어 있고, 재판은 대상에서 제외되므로 헌법소 원 불가
2) 원행정처분: 헌법재판소는 헌법소원의 대상으로 인정(96헌마172)

헌재 1997. 12. 24. 96헌마172,173(병합) 법원의 재판과 행정처분이 다같이 헌법재판소의 위헌결정으로 그 효력을 상실한 법률을 적용함으로써 청구인의 기본권을 침해한 경우에는 그 처분의 위헌성이 명백하므로 원래의 행정처분까지 취소하여 보다 신속하고 효율적으로 국민의 기본권을 구제하는 한편, 기본권 침해의 위헌상태를 일거에 제거함으로써 합헌적 질서를 분냉하게 회복하는 것이 법지수의의 요청에 부응하는 길이다.

- 학설: 부정설 vs. 긍정설 대립
3) 검사의 처분: 검사의 불기소처분 등은 헌법소원대상이 됨
4) 행정부작위: 이도 재판의 대상이 되므로 헌법소원의 대상이 되는 경우 적음
5) 행정계획: 헌법소원의 대상이 됨(92헌마68)

헌재 1992. 10. 1. 92헌마68, 76 행정계획안도 그 내용이 국민의 기본권에 직접적 영향을 미치고, 앞으로 그대로 실시될 것이 예상되는 경우에는 그로 인해 직접 기본권의 침해를 받는 사람에게는 사실상 규범작용으로 인한 위험성이 이미 현실적으로 발생하였다고 보아야 할 것이므로, 이는 헌법소원의 대상이 되는 헌법재판소법 제68조 제1항 소정의 공권력의 행사에 해당된다.

3. 사법작용에 대한 헌법소원

1) 법원의 재판: 법 제68조 제1항에서 명문으로 제외됨을 명시
- 예외: 국민의 기본권을 침해한 재판은 헌법소원의 대상(96헌마172 등)

헌재 1997. 12. 24. 96헌마172, 173 헌법재판소법 제68조 제1항 본문의 법원의 재판에 헌법재판소가 위헌으로 결정한 법령을 적용함으로써 국민의 기본권을 침해한 재판도 포함되는 것으로 해석하는 한도 내에서 헌법재판소법 제68조 제1항은 헌법에 위반된다.

- 요건: 헌법재판소가 위헌으로 결정한 법령을 적용하고, 국민의 기본권을 침해
2) 헌법재판소의 결정: 자기기속력 및 법적 안정성을 위해 부인

▌ 헌법소원의 심판절차

1. 사전심사: 3인의 재판관으로 구성되는 지정재판부

1) 각하결정
- 보충성원칙 위배, 재판에 대한 청구, 청구기간 경과, 대리인부재,

　부적법한 청구

　2) 심판회부결정

- 각하결정을 하지 않는 경우
- 헌법소원심판 청구 후 30일이 경과하도록 각하결정이 없는 경우

2. 전원재판부의 심리: 서면심리와 비공개를 원칙으로 함

▌ 헌법소원의 종국결정

1. 결정의 유형

　1) 각하결정: 헌법소원의 대상이 못되거나 청구요건을 갖추지 못한 경우

　2) 기각결정: 심판청구는 적법하나 본안심리 결과 기본권 침해가 없는 경우

　3) 인용결정: 공권력의 행사 또는 불행사로 기본권이 침해되었음을 인정하는
　　　　　　　경우

- 정족수: 7인 이상이 출석, 심리하여 6인 이상의 찬성
- 내용: 침해된 기본권과 침해의 원인인 공권력의 행사 또는 불행사를 특정
　　　　공권력의 행사를 취소하거나 불행사가 위헌임을 확인
　　　　근거법률(조항)의 위헌선언 가능
- 효과: 모든 국가기관과 지방자치단체를 기속

※ 인용결정과 관련된 소송사건이 확정된 경우 당사자는 재심청구 가능

Ⅵ. 규칙제정권

▌ 개념

- 법률에 저촉되지 않는 범위 내
- 심판에 관한 절차, 내부규율, 사무처리에 관한 내용을 정할 수 있는 권한

▌ 제도적 의의

- 헌법재판소의 자주성, 독립성 보장
- 전문적, 기술적 사항에 대한 부분의 합리성 부여

▌내용

- 대상: 심판에 관한 절차사항, 내부규율에 관한 사항, 사무처리방법
- 범위: 법률하위 또는 법률종속규칙이므로 법률에 저촉되지 않는 범위
- 제정절차
  - 재판관회의의 의결(재판관 7인 이상의 출석과 출석 과반수의 찬성)

▌효력

- 특별규정이 없는 한 공포일로부터 20일 경과 후 효력발생

공저자 약력

백윤철
서울대학교 대학원(법학박사)
현) 대구사이버대학교 교수
경력) 경희대 교수, 동양대 교수, 대법원 조사위원, 한국공법학회 이사, 한국헌법학회 이사, 토지
　　공법학회 부회장, 각종 국가고시 출제위원, 국가기관 자문위원, 평가위원 등
저서) 프랑스 지방자치학, 헌법학, 헌법개론, 법률정보접근방법론, 대학필수한자, 최신판례헌법, 법
　　학개론, 헌법재판, 헌법강의, 개인정보보호법, 인터넷법학, 인터넷과 전자상거래법 등 다수

이준복
동국대학교 대학원(법학박사)
현) 서경대학교 공공인적자원학부 법학전공 교수, 개인정보관리사(CPPG)
경력) 국민권익위원회 전임자문위원, 과학기술정책연구원 위촉연구원, 4차산업융합법학회 정보이사,
　　한국테러학회 상임이사, 한·독사회과학회 일반이사, 각종 공무원시험 출제위원·면접위원,
　　국가기관 자문위원·평가위원 등
저서) 인터넷 윤리, 인터넷과 개인정보보호법, 인터넷과 전자상거래법, 사회복지법제 등

문재태
현) 동국대학교/대구사이버대학교 강사, 동국대학교 비교법문화연구원 전문연구원, 서울동부지검
　　형조정위원
경력) 한국양성평등교육진흥원 교수, 동국대학교 강의초빙교수, 한국인터넷진흥원 선임연구원,
　　대통령소속 군의문사진상규명위원회 조사전문위원

헌법요론

초판발행	2019년 9월 1일
지은이	백윤철·이준복·문재태
펴낸이	안종만·안상준
편 집	이승현
기획/마케팅	조성호
표지디자인	박현정
제 작	우인도·고철민
펴낸곳	㈜ **박영사**
	서울특별시 종로구 새문안로3길 36, 1601
	등록 1959. 3. 11. 제300-1959-1호(倫)
전 화	02)733-6771
f a x	02)736-4818
e-mail	pys@pybook.co.kr
homepage	www.pybook.co.kr
ISBN	979-11-303-3419-6　93360

정 가　　25,000원